Lutherstätten in der DDR
mit Eisenbahnverbindungen

Berlin
Belzig
Niemegk Treuenbrietzen
Berlin
Zerbst
Dietersdorf
Zahna
Dessau **Wörlitz** **Wittenberg**
Kemberg Seyda
Lutherstein Jessen Schweinitz Berlin
Muldenstein Bad Pretzsch Annaburg Schlieben Berlin
Schmiedeberg Prettin Herzberg Cottbus
Sachau
Mulde Löbnitz
Torgau
Landsberg Bad
le Belgern Liebenwerda
Eilenburg *Schwarze Elster* Görlitz
Leipzig
Grimma
Neukieritzsch **Elbe**
Weiße Elster Börna Leisnig Döbeln Görlitz
Dresden
Zeitz
Altenburg

Zwickau

Schönau

W0230888

rst

Eine Entfernungstabelle der Eisenbahnkilometer
finden Sie am Schluß des Buches

REISEN ZU LUTHER

von Udo Rößling und Paul Ambros

Nicolaische Verlagsbuchhandlung Berlin

Die Einleitung ist die gekürzte und bearbeitete Fassung der Rede von Herrn Dr. Gerhard Brendler auf der Zentralen Wissenschaftlichen Konferenz der Historiker der DDR vom 16. und 17. Mai 1979 in Berlin.

Seite 2: Martin Luther 1523, Kupferstich von Daniel Hopfer

1. Auflage 1983
© VEB Tourist Verlag, Berlin/Leipzig 1983
Lektor: Brunhilde Windoffer
Redakteur: Claus Peter Woite
Einbandgestaltung: Marlies Hawemann
Typographie: Jürgen Schumacher
© der Lizenzausgabe für die Nicolaische Verlagsbuchhandlung,
Berlin 1983
Redaktionelle Bearbeitung: Cord Schwartau

Printed in the German Democratic Republic
ISBN: 3–87584–113–1

Inhaltsverzeichnis

Reisen zu Luther

Reisen zu Luther sind Reisen in die DDR, sind Reisen nach Sachsen und Thüringen. Zahlreiche Lutherstätten und andere Sehenswürdigkeiten — repräsentiert durch Gedenkstätten, Kirchen, Klöster, Bürgerhäuser, historische Gasthöfe, Burgen und Schlösser, häufig inmitten schöner Landschaften gelegen — prägen die Gebiete, in denen der Reformator sein Leben verbrachte.

Dieser Reiseführer dokumentiert in Wort und Bild die Spuren Luthers und verbindet sie mit der Gegenwart. Die wichtigsten Stätten lutherischen Wirkens werden in alphabetischer Reihenfolge vorgestellt und durch zahlreiche Ausflugsempfehlungen ergänzt. Dabei werden die Städte Wittenberg, Eisleben, Erfurt, Eisenach und Mansfeld besonders umfassend gewürdigt. Neben vielem Wissenswerten über diese Gebiete begegnen uns auch viele Menschen, Zeitgenossen, Freunde und auch Gegner von Luther.

Die Idee und Ausführung dieses Reiseführers lagen in den Händen des Tourist Verlages der DDR, dem wir für die Berücksichtigung von Sonderwünschen und Anregungen danken. Um die Vorbereitung und Durchführung individueller Reisen zu erleichtern, haben wir darüber hinaus die angebotenen Beherbergungsmöglichkeiten nach Preis, Lage und Ausstattung bewertet. Tips und Hinweise beschließen den allgemeinen Reiseteil.

Das Buch erscheint zum 500. Geburtstag Martin Luthers, der 1983 weltweit und vor allem auch in der DDR gewürdigt wird. Man ist deshalb als Gast sehr willkommen, die DDR stellt sich auf einen großen Besucherstrom ein.

Den Touristen aus der Bundesrepublik Deutschland, aus Österreich und der Schweiz sowie aus anderen westlichen Ländern wünschen wir eine gute «Reise zu Luther»!

Cord Schwartau
Nicolaische Verlagsbuchhandlung

Einleitung

Als der römische Kardinal Cajetan im Jahre 1518 das «väterliche Verhör» Martin Luthers in Augsburg beendet hatte, erklärte er: «Ich will mit dieser Bestie nichts mehr zu tun haben, denn er hat tiefe Augen und wunderliche Gedanken in seinem Kopf». Seitdem sind 465 Jahre vergangen. Den römischen Kardinal kennen nur noch einige Spezialisten, aber Millionen Menschen feiern den 500. Geburtstag jener «Bestie» mit den wunderlichen Gedanken, die zu dem progressiven Erbe der deutschen Geschichte gehört.

Eine gerechte historische Würdigung Martin Luthers setzt voraus, daß man ihn in den Zusammenhängen seiner Epoche betrachtet, also nach seiner Leistung für die bürgerliche Revolution und Emanzipation fragt. Eine Charakterisierung Luthers als «bürgerlich» ist nur in einem sehr allgemeinen Sinne richtig, weil sie vor allem die enge Verzahnung seiner Position mit den beginnenden Übergangsprozessen vom Feudalismus zum Kapitalismus verdeckt.

In der Geschichte der Familie und im persönlichen Lebensweg Martin Luthers werden diese Übergangsprozesse auf spezifische Weise greifbar: In Luthers Elterngeneration vollzieht sich der Übergang von der bäuerlichen Lebensweise mit ihren vielfältigen Bindungen zum Unternehmertum im Bergbau. Symptomatisch für die gesellschaftlichen Ambitionen dieser Schicht ist der Wunsch von Hans Luther, seinem Sohn Martin durch das Jurastudium zu einer gehobenen und geachteten Position in der damaligen Gesellschaft zu verhelfen. Doch Martin Luther bricht aus diesen vom väterlichen Willen vorgezeichneten Bahnen aus und gelangt mit dem Klostereintritt in die Lebenssphäre einer Institution, die dem Fortschritt im Wege steht und immer mehr ins Kreuzfeuer der Kritik aller Stände gerät. Luther wird Mönch, geweihter Priester und Professor der Theologie. Das heißt: Luther entstammt zwar dem Unternehmertum, bleibt aber dieser Schicht nicht verhaftet, sondern wandert gleichsam in seiner sozialen Stellung von hier aus über Kloster und Universität ab zum Fürstendienst — eine Entwicklung, die auf ihre Weise symptomatisch ist für Tendenzen dieser Zeit. Er wird damit zu einem Vertreter der dem Bürgertum nahestehenden, vom Territorialfürstentum und der Kirche materiell abhängigen Intelligenz.

Diese Intelligenz versucht, sich aus den hierarchischen und disziplinarischen Bindungen der Kirche zu lösen, macht sich dabei zum Fürsprecher städtebürgerlicher Interessen und ist auf den Schutz durch den Landesherrn angewiesen: Eine Intelligenz, die die Mönchskutte ablegt, zum

Beamten wird, in ihrer Lebensweise verbürgerlicht, dem Fürstenstaat gewissenhaft dient und diesen Staat mitformt. Das heißt aber selbstverständlich auch, daß sie diesen Staat gegen Aufständische verteidigt.

Von dieser Position her agiert Luther und erfüllt eine ihr entsprechende Funktion in der frühbürgerlichen Revolution. Zusammengefaßt läßt sich diese wie folgt beschreiben: Martin Luther wirkt zunächst mit den 95 Thesen als Auslöser der Reformation und damit der ersten Phase der frühbürgerlichen Revolution. Er entwickelt sich sodann in den Jahren von 1517 bis 1520/21 schrittweise zum führenden Ideologen der aus verschiedenen Klassen und Schichten zusammengesetzten antirömischen Bewegung; legt in den reformatorischen Hauptschriften des Jahres 1520 die Programmatik einer die Volksbewegung kanalisierenden «Reformation von oben» dar, einer Reformation «ohne Poltern, Brechen und Stürmen»; versucht, in den Jahren von 1521 bis 1524 trotz des Auseinanderbrechens der antirömischen Bewegung an der illusorischen Einheit von Volksbewegung und reformatorischer Ständeopposition festzuhalten; unterstützt ideologisch die Wittenberger Bewegung von 1521/22, deckt sodann ihren Rückzug agitatorisch gegen den Kurfürsten ab und verallgemeinert wenig später ihre Erfahrungen durch die Fundierung des reformatorischen Gemeindeprinzips und die Konkretisierung des Säkularisationsprogramms in der Vorrede zur Leisniger Kastenordnung von 1523; versucht, die reformatorische Bewegung in geordnete Bahnen unter Vermeidung von bewaffneten Aufständen zu lenken; bremst die Radikalisierung der frühbürgerlichen Revolution, wendet sich gegen die von Thomas Müntzer ideologisch repräsentierte Herausbildung einer selbständigen plebejischen Fraktion; versucht seit Sommer 1524 mit allen Mitteln (Einsetzung lutherischer, Vertreibung radikaler Prediger; landesherrlicher, ritterschaftlicher und städtegemeindlicher Druck auf noch katholischen Klerus), den drohenden Volksaufstand zu verhindern und wendet sich dann im Mai 1525 in nicht zu überbietender Schärfe gegen den Bauernkrieg. Luther sah in der Niederlage des Bauernkrieges keine Katastrophe; für ihn und viele Bürger, die auf sein Wort hörten, bedeutete sie im Gegenteil einen Erfolg der eigenen Sache.

Wenn man über Luther spricht, muß man auch seinen Charakter, seine individuelle Persönlichkeit darstellen. Martin Luther ist eine faszinierende Persönlichkeit, und je mehr man sich in ihn vertieft, desto interessanter erscheint der Mann, wenn auch keineswegs nur etwa anziehend. Als hervorstechende Charaktereigenschaft ist zu nennen die Besessenheit von seiner Aufgabe. Luther hat ununterbrochen gearbeitet, gelesen, studiert, geschrieben, Vorlesungen gehalten, gepredigt, korrespondiert und organisiert. Er war nicht nur einer der begabtesten, er war auch einer der gebildetsten Männer seiner Zeit.

Luther war eine Kämpfernatur, kein Stubengelehrter. Er hat sein Ohr im direktesten Sinne des Wortes an der Masse, zunächst im Beichtstuhl, dann im Hörsaal, aber auch auf der Gasse und in den Wirtshäusern. Er hat nach seinen eigenen Worten dem Volk aufs Maul geschaut, ohne ihm nach dem Mund zu reden; volksverbunden in jeder Beziehung. Dabei hartnäckig und unnachgiebig in den Dingen, die er für Grundfragen hielt. Selbstkritik war ihm fremd; er kannte sie nur als Mittel der Satire, hatte er sich doch lange genug in mönchischer Selbstzerknirschung üben müssen. Mutig hat er sein Leben aufs Spiel gesetzt, hat den Widerruf verweigert (Worms 1521). Bei alledem war er aber kein unbedachter Draufgänger. Zweifel haben an ihm genagt. Er hat jede seiner zahlreichen Predigten gründlich vorbereitet, auch die poltrigsten. Diplomatie war ihm keineswegs fremd, er konnte auch schweigen, wenn er dies für situationsgerecht hielt oder wenn der fürstliche Geheimsekretär Spalatin ihm dies riet.

Luther liebte die Geselligkeit, schätzte das Einbecker Bier, war ein fröhlicher Zecher und lauter Sänger. Freigiebig bis zur Verschwendung. Sein Käthchen hatte ihre liebe Not mit ihm, dem Vater ihrer vier Kinder. Und er war ein starker Hasser, er hielt viel von einem guten, starken Zorn. Um ihn war viel menschliche Wärme, die er auch ideologischen Gegnern nicht versagte. Während zum Beispiel Erasmus dem todkranken Hutten in Basel die Tür wies, nahm Luther 1525 Karlstadt in dessen größter Bedrängnis bei sich auf. Und — auch das sei nicht vergessen — sehr zum Unterschied zum Beispiel von Melanchthon, den meisten Humanisten und vielen Theologen, hielt er nichts von Astrologie und Zeichendeutung, war aber selbstverständlich überzeugt von der Existenz des Teufels. Damit war er für seine Zeit ein moderner Mensch.

Bei alledem sollte man nie Luthers Beruf vergessen: Wie übrigens auch Müntzer war er Theologe, und zwar ein Theologe, der sein Fach ernst nahm, es im Lebenskampf einsetzte und mit seiner Theologie Politik machte.

Seinen geistigen Aufstand gegen das Papsttum begann er als geschworener Doktor der Theologie. Darauf hat er sich immer wieder berufen. Von daher nahm er die Legitimation, über die schwierigsten Materien gegen die höchsten Autoritäten der Kirche anzutreten. Luther war gläubig, aber nicht autoritätsgläubig. Er anerkannte nur eine einzige Autorität, die Bibel. Alles andere war ihm Menschenwerk, die Bibel allein hielt er für das Wort Gottes — und verhielt sich trotzdem kritisch zu ihr. Wir können getrost sagen: Im Rahmen des ihm Möglichen verhielt er sich «wissenschaftlich» zur Bibel, unterschied verschiedene historische Schichten in ihr, bezeichnete unter anderem das Alte Testament zutreffend als «der Juden Sachsenspiegel» und verwarf den Jakobusbrief als «strohene Epistel». Mit Luther beginnt die historische Bibelkritik.

Sein Werk und seine Schriften widerspiegeln nicht nur die Probleme seiner Zeit, sie zeugen auch von seinem Charakter und der Spannweite seines Geistes: Von der geschliffensten philosophischen und theologischen Distinktion im klarsten Latein, über seine sauber gegliederten Vorlesungen, seine schlagkräftigen Pamphlete in einem Deutsch, das man nur Luther-Deutsch nennen kann, hin zu seelsorgerischen Meditationen und bezaubernden Briefen an seine Kinder bis hin zu den Liedern, die Volksweisen wurden, und derben Sprüchen, die in die Volksweisheit eingingen. Luther war alles mögliche, nur pfäffisch war er nicht. Er stand im Dienste des Fürsten, ohne zu liebdienern. Dies bestimmte auch seine Position nach 1525.

In höchst eigenartiger, aber doch auch wieder bezeichnender und aufschlußreicher Verzahnung von Revolutionsverlauf und persönlichem Schicksal sind die Jahre nach dem Bauernkrieg für Luther Jahre zunehmender körperlicher Beschwerden, das Alter meldet sich — und seine Gutachten zu politischen Fragen werden nicht selten bei Hofe im ersten Entwurf zurückgewiesen. Der jüngere und leiser tretende Melanchthon schiebt sich jetzt in den Vordergrund; er stand ja auch nicht in des Kaisers Acht.

Der alternde Luther verbürgerlicht. Er gelangt zu einem gewissen Reichtum, erwirbt Grundbesitz, Vieh und Stallungen, richtet sich häuslich ein, umgibt sich mit Gesinde und gewinnt an Leibesfülle. Aus dem hageren Mönch, bei dem man alle Rippen zählen konnte, ist ein wohlbestallter Professor geworden. Ihn plagen keine Klosterängste mehr, sondern eher Steine und Kreislaufbeschwerden. Er genießt sein häusliches Glück, erträgt lächelnd die Herrschaft seiner Frau im Hause, gibt bei Tische humorige und bissige Sentenzen von sich und ist mehr denn je davon überzeugt, daß man die Welt nicht ändern kann, wohl aber sich kämpfend in ihr bewähren muß. So wird der alte Luther zur Symbolfigur des trotzigen Durchhaltens und des Sicheinrichtens in der Welt nach durchstandenem Kampfe. Und für ihn gilt dann die Devise, die noch heute in goldenen Lettern vom Wittenberger Rathausportal prangt: «Fürchte Gotte, ehre die Obrigkeit und sei nicht unter den Aufrührern!» Von ihm so wohl nicht formuliert, aber dem Sinne nach gelehrt, wenn auch selber keineswegs in allen Stücken und zu jeder Zeit vorgelebt. Geistigen Aufruhr zumindest hat er vorgelebt und gesellschaftlichen mitverursacht, und auch den wohl nicht ganz wider Willen. Der junge Luther war Rebell im Mönchsgewand, er goß Öl ins Feuer; der alte war Ordnungshüter in der Professorenrobe, er hatte Wogen zu glätten.

Wir würdigen Martin Luther als einen progressiven Akteur im Prozeß der frühbürgerlichen Revolution, wenn auch behaftet mit den Widersprüchen seiner Zeit.

Gerhard Brendler

Darauf sollte man achten

Für viele Bürger der Bundesrepublik Deutschland, Privatreisende und Geschäftsleute, sind Reisen in die DDR zu Verwandten, Bekannten oder Freunden, aber auch Touristenreisen schon zur Routine geworden. Diese vorbereitenden Hinweise und Informationen wenden sich besonders an jene, die bisher die DDR nicht besuchten. Manche Bundesbürger müssen die DDR als Reiseland erst noch entdecken. Die DDR ist sicher kein Ziel für einen Massentourismus im Vergleich zu anderen Urlaubsländern wie etwa Österreich, Jugoslawien oder Ungarn. Dem vorhandenen Angebot an Unterkünften seitens der DDR steht auch noch ein eingeschränktes Interesse in der Bundesrepublik Deutschland gegenüber.

Trotz niedriger Kosten für eine Fahrt in die benachbarte DDR sind Touristenreisen im Durchschnitt teurer als entsprechende Reisen in andere sozialistische Länder. Individuelle Bildungsreisen lassen sich jedoch auch hinsichtlich der Kosten attraktiv gestalten. Das Reisebüro der DDR ist dabei gern behilflich. Die Ausgaben für Grundnahrungsmittel, für Speisen und Getränke in oft einfachen Gaststätten, für die Benutzung öffentlicher Verkehrsmittel und für den Besuch kultureller Veranstaltungen sind in der DDR im Vergleich zur Bundesrepublik wesentlich niedriger. Bei den Unterkünften kann zwischen kleineren Hotels und den komfortableren Interhotels gewählt werden, die je nach Lage, Größe und Ausstattung jedoch erhebliche Preisunterschiede aufweisen. Das Angebot an kleineren Hotels ist relativ gering.

Zur schnelleren Orientierung werden hier die am Wege einer Reise zu Luther liegenden Beherbergungsstätten genannt und in drei Kategorien eingeteilt.

— Kategorie A (ausreichend)
  Relativ preiswert; überwiegend Hotels in kleinen Orten, oft günstig und reizvoll gelegen, den Anforderungen an eine Bildungsreise durchaus genügend.
— Kategorie B (bequem)
  Mittlere Preisklasse; häufig in Städten, meist Zimmer mit Bad und WC vorhanden, umfangreiche Gastronomie, Intershop und Hotelbar die Regel.
— Kategorie C (komfortabel)
  Internationale Hotels mit entsprechenden Preisen; Zimmerservice, Bad und WC, Hotelbar, Intershop, oft Schwimmbad, leistungsfähige Gastronomie selbstverständlich.

Ort	Bezirk	Name des Hotels	Kategorie
Bad Liebenwerda	Cottbus	Norddeutscher Hof	A
Berga	Halle	Clubgaststätte Erholung	A
Burg	Magdeburg	Hotel Stadt Burg	B
Dresden	Dresden	Hotel Gewandhaus	B
		Interhotel Astoria	B
		Interhotel Königstein	C
		Interhotel Lilienstein	C
		Interhotel Motel	C
		Interhotel Newa	C
Eisenach	Erfurt	Hotel Stadt Eisenach	B
		Parkhotel	B
		Hotel auf der Wartburg	B
Erfurt	Erfurt	Interhotel Erfurter Hof	C
		Interhotel Kosmos	C
Gera	Gera	Hotel Stadt Gera	B
		Interhotel Gera	C
Gotha	Erfurt	Hotel Waldbahn	A
		Hotel Volkshaus zum Mohren	A
Halle	Halle	Interhotel Stadt Halle	C
Jena	Gera	Hotel Schwarzer Bär	B
		Interhotel International	B
Karl-Marx-Stadt	Karl-Marx-Stadt	Interhotel Moskau	B
		Interhotel Chemnitzer Hof	C
		Interhotel Kongreß	C
Kelbra	Halle	Hotel Tourist	A
Leipzig	Leipzig	Interhotel International	B
		Interhotel Astoria	C
		Interhotel Merkur	C
Magdeburg	Magdeburg	Interhotel International	B
Mühlhausen	Erfurt	Hotel Stadt Mühlhausen	B
Quedlinburg	Halle	Hotel zum Bär	A
		Motel Quedlinburg	B
Sangerhausen	Halle	Gaststätte Walkmühle	A
Suhl	Suhl	Interhotel Thüringen Tourist	C
Weimar	Erfurt	Hotel International	B
		Hotel Einheit	B
		Interhotel Elephant	C
Wernigerode	Magdeburg	Hotel Weißer Hirsch	A
Wittenberg	Halle	Hotel Goldener Adler	A
		Hotel Wittenberger Hof	A

Nach Buchung eines dieser Hotels in einem Reisebüro erhält der Tourist — gewissermaßen automatisch — die Aufenthaltserlaubnis für den jeweiligen Bezirk der DDR, in welchem die gewählte Unterkunft liegt. Touristen aus West-Berlin und bei Verwandten und Freunden wohnende Bundesbürger erhalten regelmäßig auch ohne besonderen Antrag eine Aufenthaltserlaubnis für die ganze DDR.

Auskünfte über die jeweils aktuellen Preise können in den DER-Reisebüros erfragt werden. Es ist zu beachten, daß in Eisleben und Mansfeld keine Hotels angeboten werden; allerdings wird das Reisebüro der DDR Ausweichangebote in die Umgebung, z. B. nach Halle und Leipzig, machen. Einige preiswerte Unterkünfte befinden sich in Berga, Kelbra, Quedlinburg und Sangerhausen. Erfahrungsgemäß sind die Hotels in Halle und Leipzig jeweils eine Woche im März und September durch Besucher der Leipziger Messe längere Zeit vorher ausgebucht.

Sowohl in der Hotelliste als auch im Hauptteil werden die Bezirke bei den zentralen Orten mit angegeben. In folgenden Ausnahmefällen ist eine Erweiterung der Aufenthaltserlaubnis unbedingt nötig, wenn die im Hauptteil empfohlenen Ausflüge wahrgenommen werden, denn dabei werden Bezirksgrenzen überschritten. Deshalb ist es in diesen Fällen ratsam, schon vorab bei Buchung der Reise eine erweiterte Aufenthaltserlaubnis auch für die entsprechenden Nachbarbezirke zu beantragen:

Eisenach (Bezirk Erfurt)	mit Ausflügen nach Bad Liebenstein und Möhra im Bezirk Suhl
Leipzig (Bezirk Leipzig)	mit Ausflug nach Merseburg im Bezirk Halle
Nordhausen (Bezirk Erfurt)	mit Ausflügen nach Sangerhausen, Stolberg und Wallhausen im Bezirk Halle
Torgau (Bezirk Leipzig)	mit Ausflügen nach Herzberg, Bad-Liebenwerda und Schlieben im Bezirk Cottbus
Wittenberg (Bezirk Halle)	Um von Wittenberg die hier besonders zahlreichen Ausflugsmöglichkeiten wahrnehmen zu können, benötigen Touristen aus der Bundesrepublik eine Aufenthaltserlaubnis auch für die angrenzenden Bezirke Cottbus, Leipzig und Potsdam.
Zeitz (Bezirk Halle)	mit Ausflug nach Eisenberg im Bezirk Gera
Zwickau (Bezirk Karl-Marx-Stadt)	mit Ausflug nach Weida im Bezirk Gera

Hat man mit diesem Reiseführer alle Orte ausgewählt, die dazugehörigen Bezirke aufgelistet und vor Antritt der Reise bei Buchung der Unterkunft die erweiterte Aufenthaltserlaubnis für diese Orte und Bezirke beantragt, kann man sich mit dem Auto, dem Bus oder der Bahn frei innerhalb der DDR bewegen. Für Bezirke, die bei der An- und Abreise durchfahren werden, benötigt man keine Aufenthaltserlaubnis.

Praktische Hinweise

«Reisen zu Luther» müssen in der Regel mindestens einen Monat vorher in einem Reisebüro gebucht werden. Die Zahl der Reisebüros, die DDR-Reisen in ihr Programm aufgenommen haben, nimmt ständig zu. Die größte Erfahrung besitzen die DER-Reisebüros als Vertragspartner des Reisebüros der DDR. Bürger der Bundesrepublik Deutschland benötigen für die Buchung einen gültigen Reisepaß, West-Berliner ihren behelfsmäßigen Personalausweis. Für Kinder genügt der Kinderausweis. Die genannten Personaldokumente werden später auch für die Einreise in die DDR benötigt.

Haustiere können mitreisen, wenn ein amtstierärztliches Zeugnis, das nicht älter als 5 Tage sein darf, vorgelegt werden kann. Das Reisebüro erledigt gegen eine Gebühr alle Formalitäten. Wenn mit dem Auto gereist werden soll, muß bei Buchung das polizeiliche Kennzeichen angegeben werden. Aus dem Merkblatt der DDR-Zoll- und Grenzbehörden geht hervor, in welchem Umfang Geschenke, Reiseproviant und Dinge zum persönlichen Verbrauch mitgeführt werden dürfen. Verboten ist die Einfuhr von Mark der DDR, Kalendern, Jahrbüchern, Briefmarken, Münzen, Waffen, Fernsehgeräten, Funk- und Fernsprechgeräten, Autotelefonen, Rauschgiften, Arzneimitteln (ausgenommen für den persönlichen Bedarf), militärischem Kinderspielzeug, Tonbändern und Tonkassetten; Schallplatten (ausgenommen «Werke des kulturellen Erbes»). Literatur und sonstige Druckerzeugnisse dürfen eingeführt und auch verschenkt werden, es sei denn, deren Inhalt widerspricht den Interessen der DDR.

Ebenso wie die Einfuhr ist auch die Ausfuhr von Mark der DDR verboten. Die Mitnahme von DM ist in unbeschränkter Höhe erlaubt, muß jedoch bei der Einreise angegeben werden. Bei organisierten Touristen-Reisen entfällt der Mindestumtausch. Deutsche Mark können an den Grenzübergängen, in den Interhotels, auf großen Bahnhöfen und bei den Filialen der Staatsbank in Mark der DDR getauscht und während des Aufenthalts nach eigenem Ermessen verwendet werden. Man darf DM verschenken, jedoch nicht privat in Mark der DDR tauschen. Zahlungen mit Sparbüchern und Euroschecks sind nicht möglich.

Jeder Besucher der DDR muß sich innerhalb der ersten 24 Stunden nach der Einreise bei der örtlichen Volkspolizei an- und später wieder abmelden. Touristen wird die An- und Abmeldung durch das Hotel abgenommen.

Bewohner der grenznahen Gebiete der Bundesrepublik können Tagesreisen zu einigen Lutherstätten unternehmen, so z. B. zur grenznahen Stadt Eisenach, zur Wartburg und in die Kreise Gotha, Schmalkalden und Suhl. Über nähere Einzelheiten informieren die zuständigen Kommunalbehörden in der Bundesrepublik.

West-Berliner können einen Tagesbesuch z. B. in das gut 100 km entfernte Wittenberg bei den Büros für Besuchs- und Reiseangelegenheiten in West-Berlin beantragen. Bei den DER-Reisebüros, bei Automobilclubs, bei der Deutschen Bundesbahn und bei den Kommunalverwaltungen werden Merkblätter und Prospekte für Reisen in die DDR bereitgehalten. Man kann auch eine Postkarte mit seinen Informationswünschen an das Gesamtdeutsche Institut, Postfach 1640, 5300 Bonn 1, richten und erhält dann kostenlos entsprechendes Informationsmaterial. Durch den Abschluß vieler gegenseitiger Verträge zwischen der Bundesrepublik und der DDR wurden touristische Reisen in die DDR immer mehr erleichtert.

Autofahrer benötigen weder einen Internationalen Führerschein noch die Grüne Versicherungskarte. Normalbenzin kann an jeder Tankstelle, Superbenzin an zahlreich vorhandenen Intertankstellen gegen konvertierbare Währung bzw. Tankgutscheine getankt werden. Bei Unfällen haben die Haftpflichtversicherungen der Bundesrepublik und der DDR gegenseitige Versicherungspflicht vereinbart. Zur Aufnahme eines Protokolls ist immer die Volkspolizei zu rufen. Bei Schadensersatzansprüchen gegen Kraftfahrer aus der DDR wendet man sich an den HUK-Verband, 2000 Hamburg 1, Glockengießerwall 1. Bei Pannen hilft der DDR-Straßenhilfsdienst.

Bei akuten Erkrankungen werden Bürger der Bundesrepublik Deutschland auf Grund von Abkommen zwischen der Bundesrepublik und der DDR in der DDR kostenlos ärztlich betreut und falls nötig, auch kostenlos in die Bundesrepublik transportiert. Im Krankheitsfalle verlängert sich die Aufenthaltserlaubnis entsprechend.

Sollte man in Notfällen Hilfe und Beistand benötigen, z. B. beim Verlust wichtiger Papiere, kann man sich an die Ständige Vertretung der Bundesrepublik Deutschland in der DDR, Hannoversche Straße 30, DDR 1040 Berlin, Telefon 2 82 52 61 wenden.

Campingreisen sind in der Zeit vom 1. Mai bis 30. September möglich, müssen aber ebenfalls über ein Reisebüro gebucht werden.

Bahnreisende finden auf der zweiten Umschlagseite dieses Reiseführers die für die Lutherreise in Frage kommenden Eisenbahnübergänge von der Bundesrepublik Deutschland in die DDR und die wichtigsten Eisenbahnverbindungen zwischen den einzelnen Lutherstätten. Auf der vorletzten Umschlagseite zeigt eine Entfernungstabelle die Eisenbahnkilometer zwischen den Lutherstätten an.

Titelblatt aus der Cranachwerkstatt der 1534 erschienenen Gesamtbibel, gedruckt bei Hans Lufft in Wittenberg

**A**LTENBURG, größte Kreisstadt des Bezirkes Leipzig und durch die Spielkartenproduktion Weltruf genießend, wurde bereits 976 erstmals erwähnt. 1256 erfolgte die Aufzeichnung des Stadtrechts.

Die an wichtigen Handelsstraßen gelegene Marktsiedlung niedersächsischer Kaufleute wurde von den staufischen Kaisern, insbesondere Friedrich I. (Barbarossa), zum politischen Zentrum erwählt, von dem aus sie den Ausbau der Reichsterritorien vorantrieben, und zur Reichsstadt erhoben. 1307 ging der Ort in die Hände der Wettiner über, 1485 an deren ernestinische Linie.

1517 hatte Altenburg etwa 1500 Bewohner. Für 1518 lassen sich erstmals Besitzer erzgebirgischer Silberminen und Kuxkäufer belegen. Bürger wie Plebejer sahen sich wirtschaftlichen Belastungen durch fünf Klöster und Stifte ausgesetzt.

Am 3. oder 4. Januar 1519 war Luther das erstemal in Altenburg. Damals traf er sich auf Geheiß des Kurfürsten mit dem päpstlichen Gesandten Carl von Miltitz. Miltitz war in diplomatischer Mission unterwegs. Er sollte die Gesinnung Friedrichs des Weisen in Sachen Luther erkunden. Nach heftigen Angriffen durch Cajetan, der die Auslieferung des «schäbigen Bettelmönchs» verlangt hatte, mußte der Kurfürst versöhnt werden, war er doch Rom wegen der bevorstehenden Kaiserwahl vonnöten. Was Kardinal Cajetan im Oktober 1518 in Augsburg nicht gelungen war, Luther zum Widerruf seiner Thesen zu bewegen, wollte nun Miltitz versuchen. Die Gespräche zwischen dem Nuntius und Luther verliefen keineswegs so angespannt wie anzunehmen ist. Miltitz gab sich freundlich, zumal er von Luthers Jugend und Offenheit überrascht war. Vereinbart wurde schließlich ein sogenanntes Schweigeabkommen, das beiden Seiten vorerst jegliches Handeln untersagte. Miltitz wollte dem Papst vorschlagen, die Artikel bezeichnen zu lassen, die Luther widerrufen sollte.

Luther kam noch häufig nach Altenburg. Zumeist war er Gast im Hause seines Freundes Georg Spalatin, der 1525 das Pfarramt und 1528

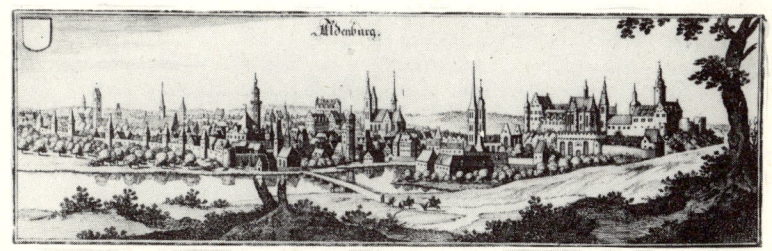
Altenburg im 17. Jahrhundert, nach einem Kupferstich von Merian

die Superintendentur in Altenburg übernommen hatte, oft auch lag die Stadt einfach an seinem Reiseweg. Zum ersten Male predigte er am 28. April 1522 in Altenburg. Am 14. und 15. Mai 1523 war er gemeinsam mit Melanchthon, Bugenhagen, Cranach d. Ä. und Brisger Gast auf der Hochzeit des Pfarrers Linck, den er in St. Bartholomäi traute. Am 9. Februar 1526 ließ sich Johann der Beständige von ihm beraten, wie die päpstlichen Zeremonien im Stift Altenburg abzuschaffen seien.

Und am 19. März 1528 rief ihn der Kurfürst abermals zu einer Unterredung nach Altenburg, es ging um das Bündnis mit dem Landgrafen Philipp von Hessen gegen die katholischen Fürsten.

Sehenswürdigkeiten

Bartholomäikirche

Bartholomäikirche (Moskauer Straße/Ecke Friedrich-Ebert-Straße): Erstmals wurde hier 1215 eine Kirche erwähnt, von dieser ist lediglich die romanische Krypta aus dem 11. Jh. erhalten. 1490/1510 wurde die neue Kirche erbaut. Von der alten Einrichtung blieb nichts erhalten. *Ruhestätte Spalatins*, die Grabkammer vor dem Altar bei der Umgestaltung 1877/79 beseitigt, statt ihrer Marmorplatte, Gebeine Spalatins aber noch in St. Bartholomäi. Mehrere Predigten L.s, u. a. am 14. April 1523, als er Wenzel Linck traute. Am Himmelfahrtstag 1522 führten die Altenburger Gabriel Zwilling (Didymus) als ersten protestantischen Pfarrer der Stadt auf die Kanzel, später übernahm Linck das Amt. **Brüderkirche** (an der Brüdergasse): Hier stand einst die Franziskanerklosterkirche aus dem 13. Jh. Predigt L.s im April 1522. Neubau von 1905, an der Ostfassade *Ganzfigur Spalatins*. **Schloß** (mit Kirche, Archiven und Museum): Schön gelegen, zum Teil auf hohem Porphyrfelsen. Verschiedene Baustile. *Ratsarchiv* mit einer Bibel Spalatins, die dieser L. angeblich zum Übersetzen auf die Wartburg gab. Im *Staatsarchiv* der Entwurf zur Predigt, die L. am 9. Oktober 1530, von seinem Aufenthalt auf der Veste Coburg kommend, in der Schloßkirche hielt. Ferner «der Welt einziger Lutherfloh»: Spalatin ließ einen Studenten ein Manuskript L.s abschreiben, der fand einen Floh darin und klebte ihn auf die Kopie. *Schloßkirche:* Im westlichen Teil des Sakralbaus die wahrscheinlich vor 1200 erbaute Georgskapelle. Der

Büsten Melanchthons und Zwinglis
an der Ostfassade der Brüderkirche

hohe Chor ist von 1413, die Sakristei
zum Hofe hin von 1487. Ausstattung:
sog. Chorherrenstühle im spätgotischen Stil, Eiche, feines Schnitzwerk.
Wertvolles Epitaph aus der Werkstatt
Peter Vischers d. Ä. für eine 1486 in
der Kirche beigesetzte Kurfürstin.
Reichverzierte Renaissancekanzel von
1595. Barockaltar und Barockorgel.
Im *Schloßmuseum* ein Wiegendruck
(1486) der neunten deutschen Bibelübersetzung vor der Lutherbibel. Gemälde Lucas Cranachs d. J. (?)
«Dr. Martin Luther».

Skulptur Spalatins über dem
Hauptportal der Brüderkirche

Spalatins Haus, wo L. oft gewohnt hat, stand am heutigen Rosa-Luxemburg-Platz zwischen Hauptpostamt und Theatercafé.

Bezirk: Leipzig   **Kreis:** Altenburg
PLZ: 7400   **Einwohner:** 54000
Information: Reisebüro, Markt 41.
Übernachtungsmöglichkeiten: Thüringer Hof, E.-Thälmann-Str. 15.
Gaststätten: Ratskeller, Markt 1; Volkshaus, Beim Goldenen Pflug; Skatgaststätte Grand, Sporenstr.; Haus des Handwerks, Moskauer Str. 6; Casino, Roßplan 17; Weißes Roß, Teichplan; Theatercafé, Rosa-Luxemburg-Platz.
Weitere Sehenswürdigkeiten: Schloßberg mit Hauptschloß (17. Jh.), Schloß- und Spielkartenmuseum; Schloßgarten (Park des Friedens) mit Lindenau-Museum. Theaterplatz mit Landestheater (1871). In der Altstadt am Markt das Rathaus (1564), Bürgerhäuser und Palais (15./18. Jh.), Bartholomäuskirche (15. Jh., Krypta 12. Jh.), Rote Spitzen (1172). Naturkundliches Museum «Mauritanium». Im Volkspark Heimattiergarten und Botanischer Garten.

Ausflüge

BORNA (Zugverbindung). L. kam mehrmals her, zuerst 1519. Karl-Marx-Platz 9 mit Gedenktafel: «Hier wohnte Dr. Martin Luther auf seiner Rückkehr von der Wartburg 1522». Damals stand hier das **Haus des Geleitmanns Michael von der Straßen**, der heutige Bau ist 1714 datiert. Aus Zwickau kommend, predigte L. am 28. April 1522 in der **Stadtkirche St. Marien**. Erbaut im 13. Jh.; Anfang des 15. Jh. Beginn des Umbaus, die Weihe war 1456. Dreischiffig, spätgotischer Stil, der Westbau im Kern romanisch. Turm von 1555, Glocken aus dem 13. Jh. und von 1493. Der Schnitzaltar mit hohem Gesprenge und dreifachen Flügeln ist 1511 datiert.

NEUKIERITZSCH (Zugverbindung). Zwei Kilometer entfernt, zwischen N. und Droßdorf, links der Straße auf freiem Feld unter Linden ein 5 m hohes **Sandsteindenkmal** mit Gitter. Vorn Inschrift «Zur Erinnerung an Dr. M. Luther und Katharina Luther» und gußeiserne Medaillons des Ehepaars. Hinten: «Zolsdorf. 1540 von Luther seiner Katharina als Witwensitz gekauft», «Geweiht 1884». Die Beschenkte hatte den Handel selbst in die Wege geleitet, wogegen L. wohl nie hier war. Das Denkmal bezieht sich auf den der Familie von Boras verlorengegangenen Stammsitz Gut Zülsdorf, den Luthers Frau wiedererwarb.

ARNSTADT, Thüringer Kreisstadt mit zahlreichen Industriebetrieben, wegen seiner Lage und des regen Fremdenverkehrs auch «Tor zum Thüringer Wald» genannt, ist die urkundlich älteste Siedlung der DDR (704). 1266 erhielt der Ort Stadtrecht. Im Mittelalter war die Waidbauernstadt für den Austausch der Waren des Thüringer Waldes mit denen seines fruchtbaren nördlichen Vorlands wichtig. Als der Mönch Martin Luther 1506 oder 1507 — möglicherweise wegen eines Provinzkapitels — in Arnstadt zu tun hatte, kam ihm die Stadt vor wie eine «Schüssel gesottener Krebse mit Petersilie garniert». Damals fand er im Kloster der Franziskaner Unterkunft, mit ihm noch einige andere Erfurter Augustiner. Luther erinnerte sich später daran: «Ich war einmal zu Arnstadt, im Barfüßerkloster, da las über Tische Heinrich Kühne, ein Barfüßer, den sie für einen besonderen Mann hielten, und preise uns daher, wie ein köstlich Ding der Ordensstand wäre für andern Ständen, darum, daß dieser Taufe halben ein solch Vortheil darinnen wäre … Wir jungen Mönche saßen, und sperreten Maul und Nase auf, schmatzten auch für Andacht gegen solch tröstliche Rede von unserer heiligen Möncherey.»

Luther hielt sich noch einige Male in Arnstadt auf. Sein letzter Besuch ist für Februar 1537 verbürgt. Damals reiste er trotz stark angegriffener Gesundheit im Gefolge des Kurfürsten Johann Friedrich mit Melanchthon, Bugenhagen, Spalatin und anderen bedeutenden Theologen zur Bundestagung nach (↑) Schmalkalden.

Einzelne Versuche, die Reformation durchzusetzen, gab es in Arnstadt relativ früh. Bereits 1522 hatte Kaspar Güttel, vormals Prior des Eislebener Augustinerklosters, auf dem Markt evangelisch gepredigt. Die Lutherschen konnten sich aber erst 1531 behaupten. Noch später, im Oktober 1538, wurde das Franziskanerkloster aufgelöst.

Einen Höhepunkt der volksreformatorischen Bewegung erlebte die Stadt Ende April 1525, als die etwa 8000 Bauern des vereinigten Schwarzburger Bauernhaufens vor den Toren Arnstadts dem Grafen ihre Forderungen überbrachten und die Stadtoligarchie ebenfalls welche erhob. Unter dem Druck des Bauernheeres nahm der Graf die Bedingungen an, worauf sich der Haufe auflöste. Nach der Niederlage der Bauern bei Frankenhausen wurden die Anführer des schwarzburgischen Bauernheeres auf dem Arnstädter Markt hingerichtet. Arnstadt mußte 3000 Gulden Strafe zahlen und verlor alle Privilegien.

Sehenswürdigkeiten

Oberkirche: Gehörte zum Franziskanerkloster (Barfüßerkloster), in dem L.

1506 oder 1507 untergekommen war. Baubeginn 1246, fertiggestellt gegen 1350. Der Glockenturm ist erst 1461 erbaut, dessen barocke Haube wurde

Oberkirche

1746 aufgesetzt. Der Kreuzgang, in seinem Ostteil «Mönchsgang» genannt, hat gotische Fenster mit vorzüglichem Maßwerk. Das hölzerne Tonnengewölbe ist jünger (1725), ebenso das meiste der Einrichtung (spätes 16. Jh. und 17. Jh.). Noch aus der Zeit L.s ist der Altartisch der Mön-

che (Aufbau barock, 1642), auch der gotische Kruzifixus mit echten Dornen. Die Grabsteine zum Teil vor 1550, darunter der für einen Hüttenherrn (1505): links der Verstorbene, rechts kniend Gregor der Große und ein Kardinal («Gregorsmesse»). In der Sakristei zwei Gemälde: L. in Lebensgröße und ein kleineres nach Lucas Cranach d. Ä. Ein weiteres Lutherbildnis (1624) an der Kanzel. **Franziskanerkloster** (bei der Oberkirche): Mehrfach umgebaut. Sein Refektorium lag im heutigen Evangelischen Gemeindehaus. Daß Luther auf seiner Reise nach Schmalkalden 1537 hier übernachtete, wird gelegentlich vermutet, die strenge Papsttreue der Mönche spricht aber dagegen. **Stadtkirchenamt** (Pfarrkirchhof 10): Kirchenbuch mit Eintragung von 1593 über den Tod Wolf Essigers, wohnhaft gewesen «in der Neuen Gasse (oder Strumpfgasse/Wagnergasse), begraben seines Alters 93 Jahre soll Doctor Martin Luther Seligen Gedächtnis gen Worms auf dem Reichtag gefart haben». Die **Lutherlinde** auf dem Hof Lange Gasse 2 wurde anläßlich des 400. Geburtstages des Reformators gepflanzt.

Bezirk: Erfurt   **Kreis:** Arnstadt
PLZ: 5210   **Einwohner:** 30 000
Information: Arnstadt-Information, Erfurter Str. 39; Reisebüro, Bahnhofstr. 3.
Gaststätten: Bahnhofshotel, Am Bahnhof 6; RFT-Klubhaus, Alexisweg 1; Ritter, Holzmarkt; Heden, Ohrdrufer Str. 25; Thüringer Hof, Zimmerstr. 3; Wachsenburg, Auf der Veste Wachsenburg; Alte Burg, Auf der Alteburg; Stadtcafé Rankestr.; Konsumcafé, Längwitzstr. 15; Bahnhofscafé, Bahnhofstr. 34; Eisbar, Erfurter Str.; Deutsch-Sowjetische-Freundschaft, Stadtpark.
Weitere Sehenswürdigkeiten: In der Altstadt Markt mit Rathaus (1585), Bürgerhäuser (15./17. Jh.), Liebfrauenkirche (13. Jh.), Johann-Sebastian-Bach-Gedenkstätte, Bachkirche (1444). Im Neuen Palais (1832) Schloß- und Heimatmuseum mit der Puppenstadt «Mon plaisir».

DRESDEN, die Elbmetropole, gelegen in überaus schöner Landschaft, ist eine der wichtigsten Industriestädte der DDR. Als Heimstatt der Künste und der Wissenschaften weltberühmt, zieht es mit seinen herrlichen Barockbauten, vor allem dem Zwinger, und seinen bedeutenden Kunstsammlungen, wie der Sempergalerie und dem Grünen Gewölbe Millionen Besucher an. Erstmals 1206 als «Drezdany» urkundlich erwähnt, erhielt die zur Markgrafenschaft Meißen gehörende Siedlung bereits zehn Jahre später aufgrund der Wichtigkeit des Elbüberganges für den Handel Stadtrecht. Um die markgräfliche Burg, die unmittelbar neben der Elbfurt lag, begann sie sich rasch auszubreiten.

Einen wesentlichen Aufschwung nahm die Entwicklung Dresdens jedoch erst nach der Teilung des Territorialstaates der Wettiner 1485, als es Residenz der Albertiner und Hauptstadt des Herzogtums (ab 1547 des Kurfürstentums) Sachsen wurde. Zwar profitierte die Stadt weiter von dem um 1500 erneut aufblühenden erzgebirgischen Bergbau, doch verdankte Dresden sein wirtschaftliches Aufblühen fortan vor allem der Verbindung mit dem fürstlichen Hof. Dessen Bedürfnisse förderten vorrangig das Kunst- und Luxusgewerbe, bald auch das Bauhandwerk.

Luther war nur zweimal in Dresden, wo Herzog Georg von Sachsen, Gegner aller reformatorischen Auffassungen, residierte und nach der Leipziger Disputation 1519 die Anhänger Luthers erbittert verfolgen ließ, womit er hier die Durchsetzung der Reformation bis zu seinem Tod verhinderte. 1516 hielt sich Luther in seiner Eigenschaft als Distriktsvikar in der Stadt auf und visitierte das hiesige Augustinerkloster. 1518 kam er auf Einladung von Hieronymus Emser, Sekretär Herzog Georgs und später Lutherfeind, in die Stadt, um in der Schloßkapelle zu predigen. Zwischen beiden Aufenthalten liegt das wichtige Ereignis des Thesenanschlags. Der Kampf über Luthers Auffassungen war bereits in vollem Gange. Seine Predigt am 25. Juli 1518 nutzte Luther zur Auseinandersetzung mit der offiziellen katholischen Heilslehre, die an die Stelle der Gerechtigkeit und des möglichen Heils Furcht und Ergebenheit vor aller Obrigkeit setzte. Herzog Georg, der sich später von der Predigt berichten ließ, hätte nach eigener Äußerung viel Gold gegeben, daß diese nicht erfolgt wäre.

Den Abend des 25. Juli verbrachte Luther im Hause Emsers. In der Gesprächsrunde befanden sich Johannes Lang, den er als seinen Nachfolger als Distriktsvikar vorstellte, der Prior des Altendresdner Augustinerklosters, in dem damals elf Mönche lebten, der Leipziger Theologe Weißbach, ein Anhänger Ecks, sowie der Hausherr. Disputiert wurde über die Philosophie Aristoteles und deren zeitgenössische Auslegung, über die Reform der Wittenberger Universität und vor allem über Luthers Thesen.

Herzog Georg von Sachsen

Sehenswürdigkeiten

Vor der Ruine der Frauenkirche (Neu-
markt) steht das 1855 von Adolf Donndorf geschaffene **Lutherdenkmal. Im
Buchmuseum der Sächsischen Landes-
bibliothek** (Marienallee 12) sind zu sehen: «Das neue Testament Deutzsch»
(sog. «Septemberbibel»), 1522 bei Melchior Lotter d. J. in Wittenberg gedruckt, mit Holzschnitten aus der
Werkstatt Lucas Cranachs d. Ä.; die
drei großen Reformationsschriften L.s
von 1520 gegen die weltliche Herrschaft der Kirche, gegen überflüssige
Kirchenbräuche, für christliche Gewis-
sensfreiheit und Lutherbriefe (Auto-
graphen). Die **Gemäldegalerie Alte
Meister** (Sempergalerie) ist im Besitz
Dürers berühmten Altargemäldes
(1496) aus der Wittenberger Schloßkirche (jetzt «Dresdner Altar») und
Arbeiten Lucas Cranachs d. Ä.

Lutherdenkmal von Adolf von
Donndorf vor der Ruine der Frauenkirche

Bezirk: Dresden **Kreis:** Dresden
PLZ: 8000   **Einwohner:** 512 000
Information: Dresden-Information, Prager Str.; Reisebüro, Ernst-Thälmann-Str.
Übernachtungsmöglichkeiten: Newa, Leningrader Str.; Astoria, Ernst-Thälmann-Platz; Bastei, Königstein, Lilienstein, Prager Str.; Waldpark, Prellerstr. 16; Motel Münzmeisterstr.
Gaststätten: Am Zwinger, Ernst-Thälmann-Str.; Café Prag, Altmarkt; Gaststätte am Gewandhaus, Gewandhausstr.; International, Prager Str.; Kulturpalast, Ernst-Thälmann-Str.; Italienisches Dörfchen, Am Theaterplatz; Luisenhof, Bergbahnstr. 8; Pirnaisches Tor, Pirnaischer Platz; Ratskeller, Dr.-Külz-Ring; Kügelgen-Haus, Straße der Befreiung; Schillergarten, Schillerplatz 8; Sekundogenitur, Brühlsche Terrasse; Meißner Weinkeller, Straße der Befreiung; Rebstock, Niederwaldstr.; Weinrestaurant Am Zwinger, Ernst-Thälmann-Str.; Weinrestaurant und Bar Haus Altmarkt, Altmarkt; Alt-Dresden, Winzerstube, Antonstr.; Ostrava, Fetscherstr. 30; Neustädter Faß, Leipziger Str.; Am Zwinger, Ernst-Thälmann-Str.; Mocca-Stube, Altmarkt; Café Altmarkt, Ernst-Thälmann-Str.; Luisenhof, Bergbahnstr. 8; Café im Fernsehturm, Dresden-Wachwitz.
Weitere Sehenswürdigkeiten: Auf der Altstädter Elbseite: Zwinger (1732) mit Kronentor, Nymphenbad und Gemäldegalerie (1854); Gemäldegalerie Alte Meister, Historisches Museum, Porzellan- und Zinnsammlung, Mathematisch-Physikalischer Salon. Am Theaterplatz Altstädter Wache (1832), Schloß (im Kern 16. Jh.), Kathedrale (1754), Semperoper (1878), Stallhof mit «Fürstenzug»; im Johanneum Verkehrsmuseum. An der Brühlschen Terrasse (1738) Kunstakademie (1890) und Albertinum mit Gemäldegalerie Neue Meister, Grünem Gewölbe, Münzkabinett und Skulpturen-Sammlung. Frauenkirche (1738, Ruine als Mahnmal für die Opfer des Luftangriffes 1945). Am Altmarkt Kulturpalast (1968), Kreuzkirche (18. Jh.), Landhaus (1776, Museum für Stadtgeschichte) und Rathaus (1912).

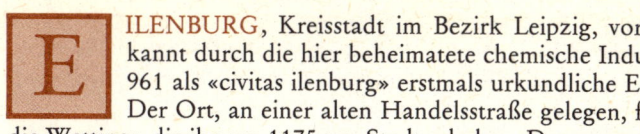

EILENBURG, Kreisstadt im Bezirk Leipzig, vor allem bekannt durch die hier beheimatete chemische Industrie, fand 961 als «civitas ilenburg» erstmals urkundliche Erwähnung. Der Ort, an einer alten Handelsstraße gelegen, fiel bald an die Wettiner, die ihn um 1175 zur Stadt erhoben. Das ganze Mittelalter hindurch war für ihre Wirtschaft das Braugewerbe bestimmend.

Luther hat Eilenburg aufgrund seiner reichen Erwerbsquellen eine «gesegnete Schmalzgrube» genannt. Der fruchtbare Boden ringsum begünstigte die Landwirtschaft, und zahlreiche Weinberge sowie über 300 Hopfengärten waren für Winzer und Brauer ein Quell des Wohlstands.

Als sich 1521 oder 1522 ein Teil der Stadtbevölkerung erhob und das Pfarrhaus von St. Nikolai stürmte, richtete sich der Unwillen hauptsächlich gegen das Unwesen der verschiedenen Brüderschaften und Termineien der Mönche (Niederlassungen nichtortsansässiger Mönche), besonders gegen die Antoniter, unter deren Einfluß die Stadtkirche stand. Zu diesem Vorgehen ermutigt hatte Gabriel Zwilling (Didymus) mit seiner Predigt, die er am Weihnachtsabend 1521 in Eilenburg gehalten hatte. Im Sinne Karlstadts ging Zwilling in seinen Forderungen weit über die von Luther hinaus.

Luther, getrieben von den Unruhen in Wittenberg und anderen Städten, im März 1522 von der Wartburg zurückgekehrt, begab sich am 5. und 12. Mai 1522 nach Eilenburg, um hier die Wogen zu glätten. In jenem Jahr soll er auch in der Schloßkapelle gepredigt haben. Doch war Luther schon vorher mehrmals in Eilenburg gewesen. Im November 1518 hat er in der Vorstadt Sand, im Gasthof «Zum schwarzen Bären», auf des Kurfürsten Geheimsekretär gewartet, allerdings vergeblich. Von Spalatin sollte er erfahren, ob sich Friedrich der Weise für oder gegen die Reformation entschieden habe.

Anfang November 1520 hatte auf dem Schloß zwischen den kurfürstlichen Kanzlern und Luther sowie Melanchthon ein Gespräch stattgefunden. Und 1521 hat Luther eventuell St. Nikolai reformiert. Unbekannt sind die Gründe für den Eilenburger Aufenthalt am 17. März 1523. Dann kam er erst nach 13 Jahren wieder in die Stadt, um dem «Stenographen der Reformation», Caspar Cruciger, einen Freundschaftsdienst zu erweisen. Cruciger wollte in zweiter Ehe eine Leipzigerin heiraten. Da in Leipzig nicht evangelisch getraut werden durfte und Wittenberg ein zu teures Pflaster war, vermählte Luther die beiden am 24. April 1536 in der Eilenburger Schloßkapelle und hielt die Hochzeitspredigt. Folgenden Tags verkündete er vor großer Menge in St. Marien das Evangelium. Noch mehrmals berührte der Reiseweg Luthers Eilenburg. Zuletzt war er vom 15. bis 18. Mai 1545 auf dem Schloß, abermals soll er in diesen Tagen in der Marienkirche gepredigt haben.

1523 ließ sich der wegen des starken politischen Drucks aus Leipzig geflüchtete Buchdrucker Nikolaus Widemar hier nieder. Aus seiner Werkstatt kamen mehrere Erstdrucke Müntzerscher Schriften sowie Werke Luthers.

Sehenswürdigkeiten

Nikolaikirche: Gotischer Stil, Baubeginn 1444. Turm nach amerikanischem Beschuß im zweiten Weltkrieg innen nicht mehr ausgebaut. Im Nordportal Schrifttafel (Text schwer leserlich) mit dem umstrittenen Hinweis: «Ao. 1520 von denen Antonius München verlassen. Ao. 1521 von Dokt. Luthero selbst reformieret». Von dem gotischen Kruzifixus ist nicht sicher, ob er immer in der Kirche stand. Der Marienaltar, ein gotischer Schnitzaltar, stammt aus der im 19. Jh. abgerissenen St. Georgskapelle vor den Toren der Stadt, sechs der ursprünglich 15 Figuren fehlen, andere sind stark beschädigt. Im Fußboden unbeschriftete Grabplatte des einheimischen Liederdichters Martin Rinckart. Im *Gemeinderaum Nikolaikirchplatz 3*: Bildnis L.s mit Familie und Melanchthon (1861). Auf dem Grundstück Bergstraße 82 befand sich früher der **Gasthof «Zum schwarzen Bären»**, in dem L. 1518 vergebens auf Spalatin wartete und wo er 1520 übernachtete. Auf dem Schloßberg: Marienkirche, Schloß und Luthereiche. In der **Marienkirche** predigte L. mehrmals. Erbaut 1516/22, heutige Gestalt seit 1580. Im Altarraum zwei Sakramentshäuschen aus katholischer Zeit. Barocker Altar mit Leben Christi; als einer der beiden Jünger auf dem Tafelbild unten links ist unverkennbar L. dargestellt. Mehrere schöne Grabsteine aus der Zeit der Gotik und der Renaissance. Zwischen Kirche und Schloßgelände die 1917 gepflanzte

Marienkirche auf dem Schloßberg

Luthereiche. Vom markgräflichen **Schloß**, in dem sich L. mehrfach aufhielt, sind nur zwei Türme aus dem 14. Jh. erhalten geblieben. Die Amtsvogtei wurde um 1700 aus den Trümmern des alten Palas errichtet. **Kreismuseum** (Mansberg 26): Letzter Ablaßbrief für die Nikolaikirche, 1518 in Rom ausgestellt. Ebenfalls aus der Nikolaikirche zwei Abendmahlskelche (15. und 16. Jh.), Hostienteller (16. Jh.) und die Holzplastik «Heilige Anna» (Schutzheilige der Nikolaikirche) aus der Vorreformationszeit, jedoch schon Renaissancestil. Fotokopien der Eilenburger Müntzerdrucke und des Erstdrucks der «*Wittenber-*

gisch Nachtigall» (Lutherhymnus von Hans Sachs), alle um 1523 in der Werkstatt Widemars aufgelegt. Auf Abbildungen L., Müntzer, Andreas Kauxdorf, erster Superintendent, und Rinckart. Aus Martin Rinckarts Zyklus von Schulspielen über die Reformation Fotokopie von «Der aufrührerische Müntzer», in dem Thomas Müntzer erstmals Gegenstand schöngeistiger Literatur war. (Zu dem Zyklus gehört auch «Der Eißlebische Christliche Ritter», das Schulspiel auf L.)

Bezirk: Leipzig   **Kreis:** Eilenburg
PLZ: 7280   **Einwohner:** 22 000
Information: Rat der Stadt, Marktplatz 1; Reisebüro, Markt 11.
Übernachtungsmöglichkeiten: «Roter Hirsch», Leipziger Str.
Gaststätten: Ratskeller, Rathaus; Roter Hirsch, Leipziger Str.; Haus Eilenburg, Torgauer Str.; Hochhauscafé, Eilenburg-Ost.
Weitere Sehenswürdigkeiten: Burgruine mit Sorbenturm (12. Jh.). Rathaus (1545). Stadtpark mit Heimattiergarten.

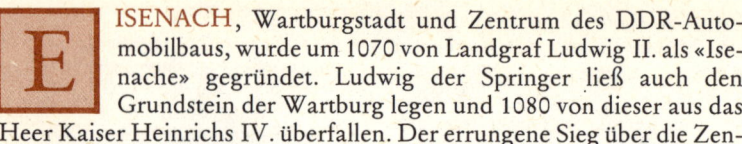

EISENACH, Wartburgstadt und Zentrum des DDR-Automobilbaus, wurde um 1070 von Landgraf Ludwig II. als «Isenache» gegründet. Ludwig der Springer ließ auch den Grundstein der Wartburg legen und 1080 von dieser aus das Heer Kaiser Heinrichs IV. überfallen. Der errungene Sieg über die Zentralgewalt trieb den Landesausbau und die Herrschaftsbildung der Ludowinger weiter voran, Eisenach wurde Residenz.

Als der junge Luther 1498 in die Stadt kam, hatte diese den Höhepunkt ihrer Blüte bereits überschritten. In der Erinnerung nannte Luther sie später «meine liebe Stadt», aber auch «geistlichen Stapelort und Pfaffennest» — immerhin gab es sieben Klöster, drei Kirchen, dazu mehrere Kapellen, Spitäler und Klausen und über 300 Geistliche, das alles bei drei- bis viertausend Einwohnern. Fast drei Jahre, vom Sommer 1498 bis zum Frühjahr 1501, lernte Luther an der Pfarrschule St. Georg, um die Universitätsreife zu erlangen. Zwar hatte er in Eisenach Verwandte — Konrad Hutter, Küster von St. Nikolai, und dessen Frau — doch da diese ihn nicht aufnehmen konnten, verdiente er sich seinen Lebensunterhalt als Kurrendesänger. Herberge fand er zunächst in der Schule selbst oder in einem der Spitäler. Durch Zufall wurde Ursula Cotta, die Schwester des angesehenen Kaufmanns Heinrich Schalbe, auf ihn aufmerksam, die ihm Unterkunft und Unterhalt gewährte. Jetzt lernte Luther den Lebensstil besitzender, streng religiöser Bürgerfamilien kennen, dem er sich als Reformator zeitlebens verbunden fühlte. Die Schalbes galten als eine der frömmsten Familien der Stadt, größere Stiftungen an die Franziskaner hatten zur Gründung des Kollegiums Schalbense geführt. In diesem Kreis hörte Luther auch von Johann Hilten, dem Franziskanermönch, der von seinen Ordensbrüdern in der Klostergruft gefangen gehalten wurde, weil er wortgewaltig gegen kirchliche Mißstände gepredigt hatte. «Es wird ein andrer Mann kommen, wenn man schreibt 1516, der euch Mönche tilgen wird, und der wird wohl für euch bleiben, dem werdet ihr nicht widerstehen können», soll er prophezeit haben. Hilten starb 1502 in seinem Arrest. Erst als Luther selbst schon den Kampf gegen die römische Kirche aufgenommen hatte, erfuhr er von diesen Worten.

1501 beendete Luther die Schule, wo er mit Eifer vor allem seine Lateinkenntnisse vertieft hatte. Seinem Lehrer, Wigand Guldennapf, blieb er Zeit seines Lebens freundschaftlich verbunden.

Als Jüngling, sich seines weiteren Lebenswegs noch unbewußt, hatte Luther den Ort verlassen. 20 Jahre später kam er erneut in die Stadt, da schon vom Papst gebannt. Auf der Reise zum Reichstag nach Worms predigte Luther am 10. April 1521 in Eisenach. Bereits am 1. Mai war er wieder hier, Worms lag hinter ihm. Nicht zum Widerruf bereit, hatte Kaiser Karl V. die Reichsacht über ihn verhängt. Trotz des ihm auferlegten Predigtverbots und der Proteste des Stadtpfarrers predigte der Re-

Jan Hus

Luther als Junker Jörg, Holzschnitt
von Lucas Cranach d. Ä., Dezember 1521

formator am 2. Mai vor großer Zuhörerschaft, bewundert wegen seines
Muts und seines standhaften Auftretens auf dem Reichstag.

Bann und Reichsacht ließen das Schlimmste für Luthers Leben be-
fürchten. Durch einen vorgetäuschten Überfall nahe Schweina, veranlaßt vom Kurfürsten, wurde er in Sicherheit gebracht. In der späten
Nacht des 4. Mai 1521 schloß sich hinter ihm die Brücke der Wartburg,
auf der er als «Junker Jörg» fast ein Jahr lebte. Nur im Dezember 1521
unterbrach er seinen Wartburgaufenthalt, um nach Wittenberg zu reisen
und die Lage zu erkunden, die durch das Wirken der «Zwickauer Propheten» entstanden war. Ebenfalls im Dezember begann Luther mit der
Übersetzung des Neuen Testaments aus dem Griechischen. Allen sollte
die Bibel verständlich sein, den Laien wie den Priestern. Aus diesem
Grundsatz erwuchs eine der größten kulturellen Leistungen in der deutschen Geschichte. Luther konnte zwar bei seiner Bibelübersetzung auf
der sich stark entwickelnden ostmitteldeutschen Ausgleichssprache auf-
bauen, bereicherte diese aber um ungezählte Worte und Wendungen.
Durch die lutherische Bibel, die eine in der Buchgeschichte ohne Beispiel
bleibende rasche Verbreitung fand, erhielt die Entwicklung der deutschen Nationalsprache ihren bis dahin bedeutendsten Impuls. Zugleich
hat Luther der Volksbewegung mit der Septemberbibel «ein mächtiges
Werkzeug» (F. Engels) im Kampf gegen die geistliche und weltliche Obrigkeit in die Hand gegeben.

Die Wittenberger Unruhen veranlaßten Luther, im März 1522 auf
eigene Verantwortung die Wartburg zu verlassen, um die von Karl-

stadt und Zwilling (Didymus) verursachte radikale Bewegung, durch die er die Reformation bedroht sah, wieder in gemäßigte Bahnen lenken.

Auch in Eisenach setzte sich die Reformation nicht konfliktlos durch. 1523/24 kam es zu dem Eisenacher Zinswucherstreit. Jacob Strauß, erster evangelischer Priester, war gegen die Wucherzinsen zu Felde gezogen, woraufhin viele Eisenacher Bürger keinen Zins mehr zahlten. Die Geistlichkeit beschwerte sich. Luther nahm in dem Streit gegen Strauß Stellung, und bezichtigte ihn, daß er der Gewalt Vorschub leiste. Als zwei Jahre später die revolutionären Bauern vor den Toren standen, erlebte die Stadt den sogenannten Pfaffensturm. Die Herren nahmen danach grausame Rache — fünf Bauernführer wurden hingerichtet.

In Eisenach wirkten mehrere Freunde Luthers, so seit 1529 Justus Menius als Superintendent. 1552 ließ sich einer der engsten Mitstreiter des Reformators, Nikolaus Amsdorf, hier nieder, nachdem er nach dem Schmalkaldischen Krieg sein Bistum Zeitz-Naumburg aufgeben mußte. Amsdorf starb am 14. Mai 1565 in Eisenach.

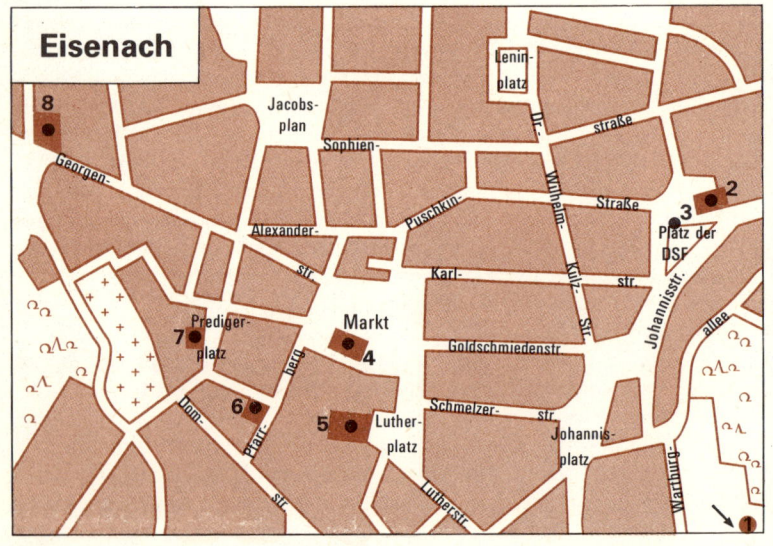

Eisenach

1 Burschen-
 schaftsdenkmal
2 Nicolaikirche
3 Lutherdenkmal
4 Georgenkirche
5 Lutherhaus
6 Haus des Menius
7 Georgenschule
8 Haus des
 Konrad Cotta

Rundgang

Ausgangspunkt ist der Hauptbahnhof, von hier die Bahnhofstraße rechts entlang, links in die Wartburg-Allee und gleich wieder links in die ansteigende Dr.-Moritz-Mitzenheim-Straße einbiegen. Gut 30 Minuten durch den Stadtpark. Ziemlich am Ende der Straße kurzer Feldweg zur Göpelskuppe. **Burschenschaftsdenkmal**, ein 1902 errichteter Rundtempel. Unter dem Helm zweieinhalb Meter hohe steinerne Porträts von Armin dem Cherusker, Beethoven, Dürer, Goethe, Karl dem Großen und Luther. L.s Gesicht zur Stadt gewandt. Herrliche Aussicht auf Eisenach und Wartburg.

Denselben Weg bis zur Bahnhofstraße zurück. Nach links durch das Nikolaitor (ältestes Stadttor Thüringens, um 1200). Neben ihm die **Nikolaikirche**, erbaut Ende des 12. Jh., das Innere romanisch (Pfeiler mit schönen Kapitellen und Basen), das Äußere bei Restaurierungsarbeiten verändert. Die Mauerbögen zwischen beiden Bauwerken sind von 1888. Konrad Hutter, ein Verwandter L.s, war an der Nikolaikirche Küster.

Auf dem Platz der Deutsch-Sowjetischen Freundschaft **Lutherdenkmal** Adolf von Donndorfs (Bronze, Marmorsockel). L. mit Bibel in der Hand. Die Seitenreliefs zeigen: L. übersetzt das Neue Testament; L. singt als Kurrendeschüler vor Frau Cotta; L. als Junker Jörg auf der Jagd. Inschrift: «Errichtet am Erinnerungstage von Luthers Ankunft auf Wartburg. 3. Mai 1895.»

Durch die Karlstraße zum Markt. An dessen südlichem Rand das **Residenzhaus**, erbaut 1507. Dort etwa stand die von L. besuchte *Pfarrschule St. Georg*. Rechts davon die Gaststätte **«Schloßkeller»** auf den Grundmauern

Lutherdenkmal von Adolf von Donndorf

des Franziskanerklosters, in dem der Mönch Johann Hilten gefangen saß. Am Eingang zum Jugendklub **«Brunnenkeller»** Gedenktafel für die am 11. Mai 1525 enthaupteten Bauernführer. Unweit von hier die **Georgenkirche**, in der L. als Schüler, wie später Johann Sebastian Bach, gesungen und am Gottesdienst teilgenommen hat. Predigt L.s am 10. April 1521 auf der Reise zum Reichstag nach Worms und am 2. Mai 1521 nach Rückkehr von dort. Jacob Strauß wandte sich 1523 und 1524 auf der Kanzel der Georgenkirche gegen den Wucher. Heute Predigtkirche des Thüringer Landesbi-

Georgenkirche

schofs. Um 1188 zu Ehren St. Georgs, des Schutzheiligen Eisenachs errichtet. Mehrfacher Umbau, u. a. 1515, dann 1560, nachdem sie im Bauernkrieg am 23. April 1525 verwüstet und seitdem nicht mehr benutzt worden war. Durch die Umbauten stark spätgotisch geprägt. Die offene Vorhalle ist von 1899, der 62 m hohe Turm von 1900/02. Die Kirche wurde 1944 stark beschädigt und 1947 erneuert. — *Im Inneren:* Taufstein von 1503, der wohl schon zu L.s Zeit in der Kirche gestanden hat. An ihm wurde J. S. Bach getauft (23. 3. 1685). Die Kreuzigungsgruppe des Altars ist um 1500 entstanden, entweder thüringisch oder fränkisch. Besondere Aufmerksamkeit verdient das Haupt des Gekreuzigten. Maria und Johannes sind Menschen aus dem Volk nachempfunden. Die Gruppe stammt möglicherweise aus der Franziskanerkirche und ist sicher erst seit dem Kirchenumbau von 1560 hier. Hinter dem Altar 700 Jahre alte Grabsteine der Thüringer Landgrafen (vermutlich von einem Mönch nach zerstörten Originalen geschaffen). Früher waren sie im Kloster Reinhardsbrunn, der Begräbnisstätte des Geschlechts, seit 1952 sind sie hier. Auf den Steinen Bildnisse der Verstorbenen, u. a. Ludwigs des Springers, der die Wartburg erbaute, und Ludwigs III., unter dessen Herrschaft die Georgenkirche entstand. Aus Reinhardsbrunn ist auch die 1301 von einem unbekannten Mönch in Sandstein geschaffene Kreuzigungsgruppe an der Wand neben dem Lesepult. Vor dem Altar befand sich früher die Begräbnisstätte Nikolaus Amsdorfs, des ersten evangelischen Bischofs überhaupt und Freundes L.s. Amsdorf ist 1565 als Kirchenrat in Eisenach gestorben. Möglicherweise sind seine Gebeine noch heute in der Kirche. Der Stein mit dem Bildnis Amsdorfs neben der Tür zur Sakristei ist nicht dessen Grabstein, jedoch desselben Alters. Rechts das Kenotaph (Scheingrab) Johann Hiltens aus Sandstein (um 1638). Die Inschrift weist darauf hin, daß die Gebeine des Mönchs ganz in der Nähe liegen (Franziskanerkloster und -friedhof nahmen einst das Gelände zwischen Georgenschule, Lutherhaus und Stadtmauer ein). Außerdem zwei Aussprüche Hiltens, beide lateinisch: «Es wird ein Held aufstehen, der euch Mönche hart angreifen wird, gegen den könnt ihr nichts sagen» und «Im Jahre 1600 wird die Welt von Mahomets (d. i. Mohammed, d. V.) Schwert heftig getroffen werden». Neben dem Kenotaph Grabstein eines Pfarrers der Georgenkirche. Das Bildnis des Priesters in spätgotischer Ritzmanier. Die Pfeiler könnten bis in Höhe der ersten Empore von dem großen Umbau Anfang des 16. Jh. stammen, eventuell sind sie erst 1560 gesetzt. Die Säulen, in die die Pfeiler übergehen, sind von 1560. In eine ist das Antlitz des Baumeisters gemeißelt (Hans Leonhard?). An der Nordseite des Altarraums Doppelgemälde von einem unbekannten Maler, 1618 zur Erinnerung an die erste Jahrhundertfeier der Reformation angebracht. Links: Protestantische Fürsten und Bürger freier Reichsstädte übergeben Kaiser Karl V. die Augsburger

Gedenkstein für Nikolaus von Amsdorf, den ersten evangelischen Bischof, in der Georgenkirche

Konfession. Rechts: Abendmahl, Luther reicht Kurfürst Johann dem Beständigen den Kelch, Jan Hus Friedrich dem Weisen das Brot. Beiseite Johann Friedrich der Großmütige. Das gotische Chorgestühl nahe der Kanzel wird auf 1500 datiert und soll aus der Marienkirche stammen. Ebenfalls gotisch, aber etwas älter, ist der Grabstein eines Kaufmanns an der nördlichen Außenwand (Relief eines Betenden).

Links am Residenzhaus vorbei zum Lutherplatz mit dem **Lutherhaus**. Es ist nicht das Haus von Konrad und Ursula Cotta, die den jungen L. aufnahmen, sondern gehörte ganz oder zum Teil Konrad Cottas Brüdern. Unbestritten ist, daß es sich um eines der Eisenacher Quartiere des Lateinschü-

Lutherhaus mit Luthergedenkstätte   Lutherstube im Lutherhaus

lers L. handelt. Darauf, daß L. in den beiden Stübchen im ersten Stockwerk gewohnt hat, gibt es keinen sicheren schriftlichen Hinweis. Grünes Fachwerk. Die schöne Fassade im Renaissancestil schuf der Steinmetz Hans Leonhard, der seit 1561 Eigentümer des Hauses war. Ursprünglich handelte es sich um zwei Gebäude, die man nach dem Stadtbrand von 1536 miteinander verband. Das Mansarddach ist aus jener Zeit. 1944 wurde das Haus stark beschädigt, nach dem Krieg wieder aufgebaut. Im Erdgeschoß drei Fenster mit spätgotischem Vorhangbogen. Als Ziermotive Mannzeichen und geschweifte Andreaskreuze. Neben dem Eingang Auferstehungsrelief von 1490. Seit 1956 ist das Haus **Luthergedenkstätte** und beherbergt vorwiegend Zeugnisse aus L.s Leben. Bilder: Eisenach um 1630; «Luther im Kampf mit dem Papst»; «Luther im Kreise seiner Familie» (nach G. Spangenberg, 1866); Ölgemälde «Klosterruine Nimbschen» (Katharina von Bora war dort Nonne); «Luther singt vor Frau Cotta» (Ferdinand Pauwels, 1872); «Luther vor

Kardinal Cajetan» (Ferdinand Pauwels, 1872); «Ankunft auf der Wartburg» (Paul Thumann, 1873); «Luther im ‹Schwarzen Bären› in Jena» (Paul Thumann, 1873). Besonders wertvoll sind die *Lutherbildnisse von Lucas Cranach d. Ä.*: Luther als Mönch (1520), Luther als Doktor (1521), Luther als Junker Jörg (1522). Nach Cranach ist das Bild von Luthers Frau und das der Eltern des Reformators. — Informationen über Johann Hilten; Lebenslauf Katharina von Boras. Kurrendebüchse. *Lutherstatuette* (um 1600), in Holz, nach dem Bildnis auf L.s Grabplatte. *Siegel Luthers* nach einem Original von 1521. — *Schriften:* zwei Erstdrucke, in denen sich L. für die Förderung des Schulwesens einsetzt; Neues Testament von 1522; «An den christlichen Adel deutscher Nation» (1520); Fotokopie des Briefs an Kurprinz Johann Friedrich vom 14. 5. 1526, in dem L. für Wigand Guldennapf Beschwerde führt, weil die Waltershausener seinem alten Eisenacher Lehrer Geld schulden; Luthers Werke (in der sogenannten Jenaer Ausgabe von 1555 bis 1558).

Haus des Menius, Obere Predigergasse 1

Wieder zum Marktplatz, links an der Georgenkirche vorbei und zum Pfarrberg einbiegen. Rechts in die Obere Predigergasse, Nr. 1 (Ecke Pfarrberg), die Stadtkirchnerei, ist das **Haus des Menius**, in dem 1540 L., Melanchthon und Jonas unterkamen. Amsdorf, der L. damals hier besuchte, wohnte ebenfalls in der Oberen Predigergasse. Am Predigerplatz das **Dominikanerkloster mit der Predigerkirche** (um 1240 geweiht, 1802 umgebaut, heute: *Skulpturensammlung des Thüringer Museums*). In einer Nische der Giebelwand des ehemaligen Klosters steht eine *Lutherfigur* aus dem vorigen Jahrhundert. Neben dem Eingang *Tafeln*: «Johann Sebastian Bach 1685—1750, Schüler 1692—1695» und «Martin Luther 1485—1546, Schüler 1498—1501». Der Hinweis auf L. ist irreführend, weil die Georgenschule erst 1544 im südlichen Klosterflügel untergebracht wurde.

Durch die Nonnengasse und die Georgenstraße links hinunter zum **Jugendklub «Sonne»** (Nr. 50, Ecke Hospitalstraße). Hier ehemals das *Haus Konrad Cottas*, Erinnerungstafel: «Zu Martin Luthers Gedächtnis. An dieser Stelle stand das Haus des Ratsherrn Konrad Cotta und seiner Frau Ursula, die dem Lateinschüler M. L. Herberge und Unterkunft gaben.» Allerdings könnte Cottas Haus auch bis zum Stadtbrand von 1636 näher beim Markt, genau gegenüber der Nonnengasse, gestanden haben, worauf es einige Hinweise gibt.

Bezirk: Erfurt   **Kreis:** Eisenach
PLZ: 5900   **Einwohner:** 50000
Information: Eisenach-Information, Luisenstr. 11; Reisebüro, Bahnhofstr. 3—5.
Übernachtungsmöglichkeiten: Stadt Eisenach, Luisenstr. 11—13; Parkhotel, Wartburgallee 2; Thüringer Hof, Platz der DSF 11; Hotel auf der Wartburg.
Gaststätten: Berghof, Göpelskuppe; Phantasie, Mariental 33; Stadt Leipzig, Puschkinstr. 50; Rheinischer Hof, Clemensstr. 15; Schwan, Bahnhofstr. 19; Würzburger Hofbräu, Bahnhofstr. 52; Jugendklubhaus, Platz der Deutsch-Sowjetischen Freundschaft 10; Schloßkeller; Marktschänke, Markt 19; Wartburgblick, Am Wartenberg; Waldschlößchen, Ehrensteig 65; Thüringer Hof, Platz der Deutsch-Sowjetischen Freundschaft; Stadtcafé, Karlstr. 33; Süße Ecke, Engelsstr. 1; Burgcafé, im Garten der Wartburg; Café-Terrasse Sophienaue; Konditorei Schramm, Engelsstr.
Weitere Sehenswürdigkeiten: In der Altstadt Markt mit Rathaus (1508), Bürgerhäuser (16. bis 19. Jh.). Stadtschloß (1751) mit Thüringen Museum. Bachhaus (1674), Musikinstrumentenmuseum. Nikolaitor (um 1200). Landestheater. Gedenkstätte «Eisenacher Parteitag 1869». Reuterhaus mit Reuter-Wagner-Museum.

Blick auf den vorderen Burghof der Wartburg

Ausflüge

WARTBURG: Vom Hauptbahnhof aus die Bahnhofstraße nach rechts, links in die Wartburgallee, vor den Hainteichen rechts abbiegen, und den Weg hinauf zur *Eselstation* gehen (Wegmarkierung: blaues Kreuz). Von hier aus ist in der Saison ein Ritt zur Wartburg möglich. Weiter auf dem steilen Pfade zur Zugbrücke. Die Wanderung vom Bahnhof zur Burg dauert etwa eine halbe Stunde.

Biegt man nicht an den Hainteichen ab, sondern folgt der Wartburgallee bis zur Eselstation, stößt man auf das Helltal, durch das ein bei den Teichen abzweigender Weg führt. In diesem Grund ging Luther gern spazieren, er nannte ihn sein Paradies. (Der Weg ist deutlich länger.)

Am empfehlenswertesten, weil am schönsten, ist der Weg, der hinter dem letzten Haus der Wartburgallee beginnt. Er ist ein schmaler, von Felsen gesäumter Pfad. An der Weggabelung mit der Tafel: «Wie schuf doch Gott die Welt so schön! / Drum Wandrer bet ihn an ...» geht es links ins Mariental hinab zur Sängerwiese. Der rechte Weg steigt steil hinan, bei dem Felsdurchbruch Blick auf die Wartburg. (Hinter dem Felsentor kurzer Pfad zur *Eisenacher Burg*, wohl im 13. Jh. erbaut und wieder zerstört, nur noch durch wenige Erdwellen, Aushaue und Vertiefungen kenntlich.) Der sich leicht ins Tal senkende Weg wird häufig als

Lutherpfad bezeichnet, wohl wegen der Vermutung, L. sei auf ihm am 4. Mai 1521 als Gefangener eingebracht worden. Unterhalb der Wartburg abermals Weggabelung (rechts Abstieg nach Eisenach). (Dauer der Wanderung eine knappe Stunde.)

Die **Wartburg**, auf 410 m hohem Bergfels stehend, ist eine der am besten erhaltenen Burgen des deutschen Mittelalters. 1067 von Ludwig II. gegründet, wurde sie über Jahrhunderte hinweg zur weiträumigen Burganlage ausgebaut. Sie vereint Bauwerke der Romanik, der Gotik und des 19. Jh. Im 17./18. Jh. vernachlässigt und teilweise schon baufällig geworden, wurde 1838 mit ihrem Wiederaufbau begonnen. In den Jahren 1952—66 wurden durch die Denkmalpflege der DDR umfangreiche Restaurierungsarbeiten im gesamten Burgbereich, einschließlich Lutherstube und -gang, vorgenommen.

Über die Zugbrücke (1863 erneuert), vorbei an Tor- und Ritterhaus, ge-

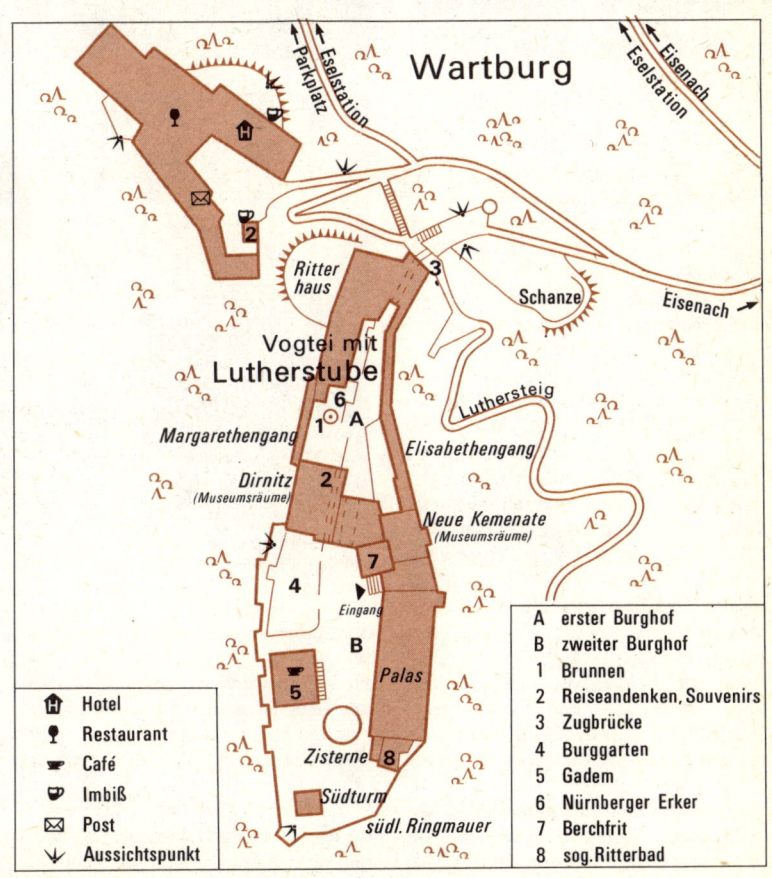

H	Hotel
♀	Restaurant
☕	Café
🥤	Imbiß
✉	Post
↯	Aussichtspunkt

A	erster Burghof
B	zweiter Burghof
1	Brunnen
2	Reiseandenken, Souvenirs
3	Zugbrücke
4	Burggarten
5	Gadem
6	Nürnberger Erker
7	Berchfrit
8	sog. Ritterbad

Blick auf die Wartburg

langt man in den *vorderen Burghof.*
Das Fachwerk der Vogtei und der
Wehrgänge zeigt sich wie zur Zeit L.s.
Die Vogtei war Sitz des Burghaupt-
manns Hans von Berlepsch. Im Obergeschoß an der Hofseite der *Luther-
gang,* durch den L. am 4. Mai 1521 geführt wurde. Die wichtigste Erinne-
rungsstätte an L.s Aufenthalt auf der
Wartburg ist das *Lutherzimmer.* Davor
eine Tafel mit dem Hinweis auf die Gefangennahme L.s und zu dem Inven-
tar: «... Der Raum ist fast unversehrt
erhalten. Der Kastentisch gehört der
Lutherzeit an und stammt aus dem
Hause von Luthers Verwandten in
Möhra. Der Rückenwirbel eines Pott-
wals hat Luther wahrscheinlich als
Schemel gedient. Anstelle des Ofens,
der im 19. Jh. aus zum Teil alten Ka-
cheln des 17. Jh. aufgebaut wurde, befand sich ursprünglich ein Kamin. Die
Bibel wurde 1541 bei Hans Lufft in
Wittenberg gedruckt und enthält eigen-
händige Eintragungen Luthers
(auch Melanchthons und anderer,
d. V.). Die Hochzeitsbilder des Reformators und seiner Frau Katharina von
Bora von 1526 sowie ein Holzschnitt,

Luthers Wohn- und Arbeitsraum
auf der Wartburg

der Luther als ‹Junker Jörg› zeigt, sind
Werke von Lucas Cranach d. Ä. Der
Holzschnitt geht ebenso wie die beiden Gemälde des ‹Junker Jörg› in Weimar und Leipzig auf eine Porträtskizze
Cranachs zurück, die dieser während
des heimlichen Besuchs Luthers in
Wittenberg im Dezember 1521 anfer-
tigte.» Die Holztäfelung an den Wän-
den des Zimmers stammt sicherlich

noch aus L.s Tagen. Neben dem Kachelofen, wo der Putz fehlt, war einst
der legendäre Tintenfleck: L. soll beim
Übersetzen des Neuen Testaments
vom Teufel gestört worden sein und
ein Tintenfaß nach ihm geworfen haben. Die ursprüngliche Version lau-
tete: der Teufel warf das Tintenfaß
nach L., um ihn beim Übersetzen zu
stören.

Der spätgotische Erker an der Giebelwand der Vogtei stammt aus Nürn-
berg und wurde 1872 angesetzt. Die
vorgekragten Fachwerkgänge sind aus
dem 15. Jh., Bergfried, Dirnitz und
Neue Kemenate aus dem 19. Jh., aber
auf altem Baugrund.

Hinterer Burghof: Ringmauer,
Turm aus dem 14. Jh., Zisterne, Fach-
werk-Gaden von 1877, Burggarten.
Ritterbad. Der romanische Palas
(Landgrafenhaus) ist das repräsenta-
tivste Gebäude der Wartburg. Seine
unteren Geschosse sind zwischen 1180
und 1220 entstanden, das oberste um
1250. Das Innere des Palas enthält die
alte Raumfolge. Erdgeschoß: Rittersaal, Elisabethkemenate, Speisesaal;
1. Obergeschoß: Landgrafenzimmer,
Sängersaal, Kapelle (gotischer Stil,
1320 eingebaut); 2. Obergeschoß: großer Festsaal (Konzertsaal).

Im 1. Obergeschoß befinden sich
die von Moritz von Schwind geschaffenen Freskenzyklen zur Burgge-
schichte, zur Elisabethlegende und
zum Sängerkrieg.

LUTHERGRUND MIT LUTHERDENKMAL
(hin und zurück Tageswanderung):
Hauptbahnhof — Bahnhofstraße —
Wartburgallee — Mariental — durch
die Drachenschlucht zur Gaststätte
«Hohe Sonne». (Bis hier Autobusver-
kehr ab Hauptbahnhof.) Nun nach

Lutherdenkmal im Glasbachgrund

links den Rennsteig entlang (10 km): Zollstock (hier wurde früher Wegzoll erhoben) — Ruhlaer Häuschen mit Wegweiser — Straße Ruhla — Bad Liebenstein (Autobushaltestelle Glasbach, Linien Eisenach — Kleiner Inselsberg und Eisenach — Bad Liebenstein). — Von hier aus folgt der Rennsteig ein Stück der Straße nach Brotterode, wo man auf einen Wegweiser stößt. Der Pfeil «Lutherdenkmal» zeigt zur Haltestelle Glasbach, von wo aus man der Straße nach Bad Liebenstein folgen kann. Besser ist, man steigt auf dem rechts abzweigenden Weg in den Luthergrund (Glasbachgrund) hinab. 20 Minuten bis zum *Lutherdenkmal*. 1857 errichtet, 7 bis 8 m hoch, Sandsteinquader, neugotische Bekrönung mit Krabbenbesatz, gußeisernes Gitter. Inschriften: «hier wurde Dr. Martin Luther am 4. Mai 1521 auf Befehl Friedrich d. Weisen Kurfürsten von Sachsen aufgehoben und nach Schloß Wartburg geführt». — «Errichtet von Bernhard Erich Freund Herzog zu Sachsen Meiningen im Jahre 1857». Eine Inschrift am *Lutherborn* erinnert an den 4. Mai 1521. Zwischen ihm und dem Denkmal steht eine Buche, bei der es sich jedoch nicht um die eigentliche Lutherbuche handelt, unter der L. nach dem «Überfall» umgekleidet worden sein soll. Diese brach 1841 im Gewittersturm.

Nach rechts über den asphaltierten Weg zur Straße. Aufwärts: zum Rennsteig und zur Autobushaltestelle Glasbach. Abwärts: 15 Min. zur Autobushaltestelle Steinbacher Sportplatz (Linie Eisenach — Bad Liebenstein). Von dort führt eine Straße nach Altenstein, in L.s Tagen *Sitz Burkhard Hund von Wenkheims*, der mit dem Vogt der Wartburg L. 1521 gefangennahm. Von der Burg sind nur Mauerreste erhalten. Das Schloß wurde 1763 errichtet und 1888 umgebaut.

BERKA an der Werra (ab Eisenach Busverbindung). Im *Gasthaus zum Stern* (Fachwerk, wahrscheinlich erste Hälfte 16. Jh.) kehrte L. am 1. Mai 1521 auf der Rückreise vom Wormser Reichstag ein.

MÖHRA (ab Eisenach Zugverbindung bis Ettinghausen oder Busverbindung bis Waldfisch, beide Male daran noch 45 Min. Fußweg). Aus Möhra, gelegen zwischen Eisenach und Bad Salzungen, stammt Luthers Vater. Dessen Familie, seit Generationen hier ansässig, besaß einen stattlichen Bauernhof. Erbberechtigt war jedoch nur der jeweils jüngste Sohn, und so zog Hans Luder (auch Loder) bald nach seiner Verehelichung mit Margarethe Lindemann nach Eisleben. Luther selbst äußerte sich zu seiner Herkunft: «Ich bin eines Bauern Sohn, mein Vater, Großvater, Ahnherr sind rechte Bauern gewesen.» Wann und wie oft sich L. in Möhra aufhielt, ist nicht mehr feststellbar. Wahrscheinlich ist, daß er während seiner Schulzeit (1498/1501) mehrmals von Eisenach herüberkam, um seine Verwandten, vor allem die Großmutter, zu besuchen. Belegt sind sein Aufenthalt vom 4. Mai 1521 und seine Predigt auf dem Platz neben der Kapelle am gleichen Tag. Damals begleiteten ihn von Amsdorf und Petzensteiner. Die **Lutherlinde** erinnert daran, sie ist allerdings nicht mehr jene, unter der L. gepredigt hat. Dagegen stammt der **Brunnen** auf dem Lutherplatz noch aus L.s Zeit. Am **Grundstück Lutherplatz 2** befindet sich eine Gedenktafel: «Dr. Martin Luthers Stammhaus.» Die Luders zogen später in ein anderes Haus um, aus dem der Kastentisch auf

Rechts: Lutherdenkmal in Möhra
von Ferdinand Müller

Luthers Stammhaus in Möhra, nach einer Lithografie von
C. A. Joseph Rothmann aus dem 19. Jh.

die Wartburg gebracht wurde, der dort heute noch in der Lutherstube zu sehen ist. Eine Kopie des Möbelstücks befindet sich im **Pfarrhaus** am Lutherplatz. Dort sind auch neben einem kleinen Bestand an Literatur über den Reformator weitere Erinnerungsstücke vorhanden: Fensterscheiben mit Bildnissen L.s und seiner Frau Katharina (Glasmalerei) sowie eine Hostiendose und zwei Leuchter, alles aus dem Holz der 1841 umgestürzten Lutherbuche bei Altenstein geschnitzt. Das bronzene **Lutherdenkmal**, eingeweiht am 25. Juni 1861, schuf der Hofbildhauer Ferdinand Müller aus Meiningen. Es zeigt L. mit aufgeschlagener Bibel in der Hand. Auf dem linken Blatt ist zu lesen: «So ihr bleiben werdet an meiner Rede, so seid ihr meine rechten Jünger und werdet die Wahrheit erkennen und die Wahrheit wird euch frei ma-

chen» (Johannes 8,31–32), auf dem rechten der Vers Ludwig Bechsteins: «Ein Denkmal, Luther, hast Du Dir gestiftet / und in die Marmortafeln der Geschichte / die heilge Kunde klar und tief gegraben: / «Daß Wahrheit ewig ist, und daß zunichte / der Herr den Trug macht, der die Welt vergiftet.» Der Sockel trägt vorn die Inschrift: «Unserem Luther in seinem Stammort 1846.» Die Seitenreliefs zeigen: Thesenanschlag; vorgetäuschte Gefangennahme L.s 1521; L. übersetzt die Bibel. An den Kanten des Sockels die vier Evangelisten Matthäus, Markus, Lucas und Johannes.

Der Märchendichter Ludwig Bechstein hatte den Guß des Denkmals angeregt und eine Stiftung gegründet, bei der bald Spenden aus vielen Ländern Europas – die erste von einer Schwester Schillers – eingingen.

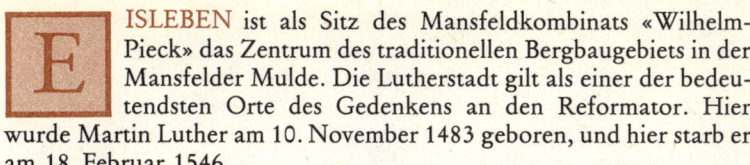

E ISLEBEN ist als Sitz des Mansfeldkombinats «Wilhelm-Pieck» das Zentrum des traditionellen Bergbaugebiets in der Mansfelder Mulde. Die Lutherstadt gilt als einer der bedeutendsten Orte des Gedenkens an den Reformator. Hier wurde Martin Luther am 10. November 1483 geboren, und hier starb er am 18. Februar 1546.

Um 1180 wurde Eisleben erstmals als Stadt erwähnt. Der seit Anfang des 13. Jahrhunderts betriebene Erzbergbau (Kupfer und Silber) erlebte im 15. Jahrhundert seine erste Blüte. Ab 1511 gehörte der Ort zu den halberstädtischen Lehen der Grafen von Mansfeld. Aufgrund von Erbstreitigkeiten hatte sich das gräfliche Geschlecht im 15. Jahrhundert in mehrere Linien (Vorder-, Mittel- und Hinterort) geteilt, was sich auf die Entwicklung und Verwaltung der Stadt auswirkte.

Im Herbst 1483 kam der nicht erbberechtigte Bauernsohn Hans Luder mit seiner Ehefrau aus Möhra, um in einem Bergwerk zu arbeiten und so eine Existenz zu gründen. Am 10. November 1483 wurde ihnen der zweite Sohn geboren, der nach dem Namen des Heiligen des Tages am 11. November in der Peterskirche auf den Namen Martin getauft wurde.

Hans Luder hatte nur wenig Erfolg und zog mit seiner Familie bereits im Frühsommer 1484 nach Mansfeld. Martin Luther fühlte sich zeitlebens mit seiner Geburtsstadt verbunden und wirkte in ihr persönlich für die Durchsetzung seiner reformatorischen Ziele. 1516 hielt er sich erstmals wieder in Eisleben auf, inzwischen bereits Distriktvikar und ein bekannter Theologe. Am 13. November weihte er den Chorraum der sich im Bau befindlichen Annenkirche in der Neustadt. Staupitz unterstellte ihm das neue Augustinerkloster, das er 1518 visitierte. Prior des Klosters war sein Freund Kaspar Güttel. Aus dieser Zeit resultierte Luthers Freundschaft mit Graf Albrecht von Mansfeld-Hinterort. Dieser erkannte frühzeitig den Wert der Reformation für seine ökonomischen In-

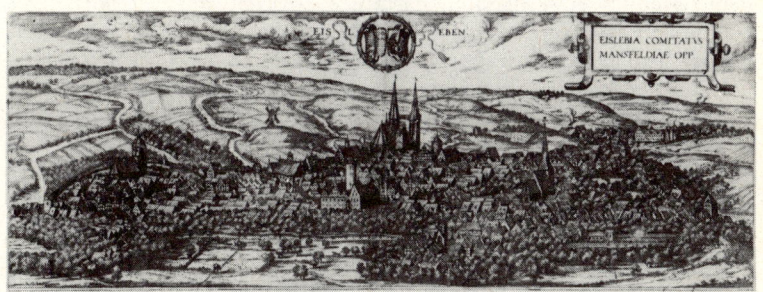

Eisleben um 1575, Kupferstich von Hans Hogenberg

teressen, wie auch der Graf von Mittelort, während der Vorderorter stets ein Luthergegner blieb. Der Hinterorter Graf hatte 1511 die Bergmannssiedlung gegründet, die 1514 als Neustadt-Eisleben Stadtrecht erhielt, und 1515 das Augustinerkloster gestiftet. 1520 tagte in dem Kloster der Augustinerkonvent, an dem auch der päpstliche Legat Carl von Miltitz teilnahm. Johann von Staupitz legte damals sein Amt als Generalvikar nieder. Zwei Jahre später schon wurde das Eislebener Kloster wieder aufgelöst, nicht zuletzt durch Luthers Einfluß. Während des Bauernkriegs, im April 1525 riefen die Mansfelder Grafen Luther zu Hilfe. Kraft seines Ansehens sollte er dem von ihnen befürchteten Aufruhr der Bergknappen, von denen viele unter dem Eindruck der Predigten Müntzers in Allstedt standen, vorbeugen. Am 19. und 28./29. April sowie am 5. Mai war Luther mit Melanchthon in Eisleben, um, wie er sich selbst äußerte, «eine christliche Schule anzurichten». In diesen Tagen begann er in der gräflichen Kanzlei die Schrift «Ermahnung zum Frieden auf die zwölf Artikel der Bauernschaft in Schwaben», die Obrigkeit und Bauern zur Versöhnung auffordert.

Anzunehmen ist, daß sich Luther auch in den Folgejahren öfter in seiner Geburtsstadt aufhielt. Dafür sprechen seine Beziehungen zu Graf Albrecht und zu geistlichen Persönlichkeiten Eislebens, außerdem wohnten seine Eltern bis zu ihrem Tod (1530, 1531) und andere Verwandte im nahen Mansfeld. Gesicherte Zeugnisse gibt es allerdings erst wieder von seinem Aufenthalt vom 28. Januar bis zu seinem Tode am 18. Februar 1546. Am 23. Januar war Luther, bereits von Alter und Krankheit gezeichnet, mit seinen zwei Söhnen in Wittenberg aufgebrochen, um auf Bitten der Mansfelder Grafen deren Erbstreitigkeiten zu schlichten. In Halle hatte sich ihm Justus Jonas angeschlossen. Unterwegs ernstlich erkrankt, traf er am 28. Januar mit Ehrengeleit, das ihn an der Grenze zur Grafschaft Mansfeld empfangen hatte, in Eisleben ein. Quartier nahm er im Drachenstädtischen Hause, bei seinem langjährigen Freund, dem Stadtschreiber Johann Albrecht. Nun folgten täglich neunzigminütige Verhandlungen in der Erbschaftsangelegenheit. Der Vergleich zwischen den Grafen kam am 16. Februar zustande, am folgenden Tag dessen vertragliche Regelung. Viermal hat Luther während dieser Tage öffentlich gepredigt und auch zwei Pfarrer ordiniert. Am 14. Februar stand er zum letztenmal auf der Kanzel. Wegen eines Schwächeanfalls mußte er die Predigt abbrechen: «Ich bin zu schwach, wir wollen's hierbei bleiben lassen.» «Wenn ich wieder heim gen Wittenberg komme, so will ich mich alsbald in einen Sarg legen und den Maden einen feisten Doktor zu fressen geben.», äußerte er am 16. Februar in Todesahnung. Zwar speiste er noch am 17. mit Jonas und anderen Gefährten zu Abend, doch nahmen in der darauffolgenden Nacht die Beschwerden so stark zu, daß Ärzte gerufen werden mußten. Diese konnten nicht mehr helfen. Am 18. Februar, nachts kurz vor 3 Uhr entschlief Luther. In St. Andreas wurde er aufgebahrt. Zum Trauergottesdienst sollen so viele Menschen erschienen sein, daß Kirche und Kirchplatz sie kaum fassen konnten. Die Totenmaske nahm der aus Halle herbeigerufene Maler Furtenagel ab. Am 20. Februar wurde der Leichnam des Reformators feierlich nach Wittenberg überführt.

Rundgang

Vom Bahnhof links in den Bahnhofsring, durch die Bernard-Koenen-Straße und dann in die Hallesche Straße. Von dieser führt die Seminarstraße zum Petrikirchplatz, dort **St. Peter und Paul**, die Taufkirche L.s. Gegenüber der Seminarstraße im Chorportal sieht man die sich kreuzenden Symbole der Namenspatrone und das mansfeldische Wappen. Die Jahreszahl 1513 zwischen beiden Schilden gibt das Ende der Bauzeit an. Vorher war nur die Kapelle des bereits 1474 fertigen Turms als Sakralraum verfügbar. An diesem außen eine *Tafel mit der Lutherrose* zwischen den Jahreszahlen 1513 und 1913, dazu der Text: «In der Turmkapelle dieser Kirche wurde D. Martin Luther am Martinstage 1483 getauft.» Die gedrungene achteckige Haube wurde erst 1560/66 aufgesetzt. In der Kapelle ist der wertvolle *Annenaltar* (schöner Schnitzaltar) vom Anfang des 16. Jh. aufgestellt. Er ist als einziger von den ehemals 9 Altären erhalten geblieben. Im Schrein

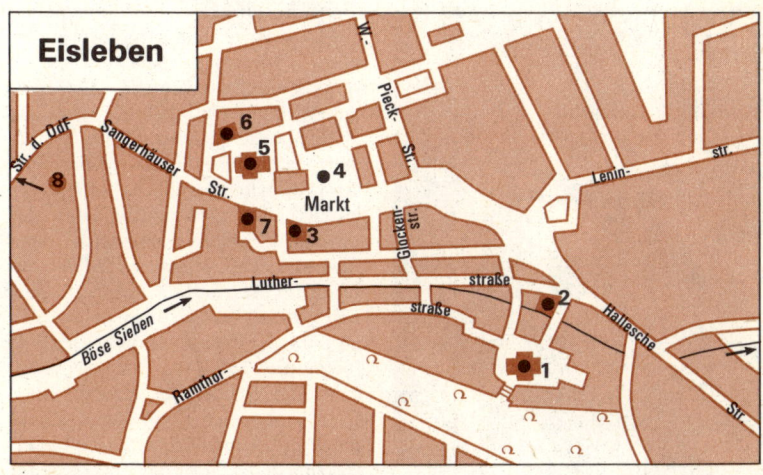

1 St. Petri und Pauli
2 Luthers Geburtshaus
3 Stadtsitz der
  Mansfelder Grafen
  (Linie Vorderort)

4 Lutherdenkmal
5 St. Andreas
6 Ehem. Luther-
  gymnasium
7 Luthers Sterbehaus

8 St. Annen mit
  Augustinerkloster

Anna Selbdritt, flankiert von Magdalena und Elisabeth, in den Flügeln Heilige, in der Predella die Geburt Christi. Die gemalten Außenflügel zeigen Szenen aus dem Leben der Hl. Anna. Das Kruzifix ist aus dem 15. Jh., die beiden Schnitzfiguren sind Anfang des 16. Jh. gefertigt. Der Taufstein (1817) soll angeblich aus Resten desjenigen gearbeitet sein, an dem L. getauft wurde. Bei den vier kleinen Gemälden — Luther, L.s Frau und L.s Eltern — handelt es sich wahrscheinlich um Kopien von Werken Lucas Cranachs d. Ä.

Durch die Seminarstraße zurück in die Lutherstraße zu **Luthers Geburtshaus (Museum)**. Das schlichte Gebäude ist im Kern gotisch, es wurde später mehrfach verändert. Aus dem 15. Jh. ist das Parterre mit dem unteren Teil der Treppe und der Balkendecke in der Eingangshalle erhalten. Das Obergeschoß wurde 1693 neu errich-

St. Peter und Paul,
die Taufkirche Luthers

tet, nachdem das vorherige 1689 abgebrannt war. Über dem Eingang Lutherstraße ist das Abbild L.s zu sehen (Sandstein, 1693), dazu Wappenschild mit Lutherrose. Die Umschrift lautet: «Gottes Wort ist Luthers Lehr, darum vergeht sie nimmer mehr.» Die Hofseite wird geschmückt von einem Sitznischenportal (Sandstein) mit der Lutherrose (wahrscheinlich Kopie eines um 1550 errichteten). Die *Lutherbüste* im Hof schuf Gottfried Schadow. Sie ist von der gleichen Form wie die in der Andreaskirche gegossen, jedoch aus Eisen. Im **Museum** sind zu besichtigen: Zwei Bibelübersetzungen von 1479 und 1483. Ein hölzernes Tafelbild (vermutlich 1583) mit Porträt L.s, das ursprünglich über der Haustür hing. Die Fenster der Diele mit Figurenscheiben L.s und Melanchthons (wahrscheinlich 1617). In der großen Stube erhält der Besucher Hinweise auf des Reformators Herkunft, Kindheit und Jugend. Vorhanden sind die Nachbildungen eines Bundschuhs (L.s Großvater war Bauer) und einer Mönchs-

Lutherbüste von Gottfried Schadow
am Geburtshaus Luthers

tracht der Augustiner. Blick in die *vermeintliche Geburtskammer Luthers,* der aber wahrscheinlich im ersten Stockwerk zur Welt kam, da damals der Hauseigentümer seinen Mietern üblicherweise die oberen Räume zuwies, während er selbst über das Erdgeschoß verfügte. Plastik L.s als Mönch. – Die Treppe hinauf und in den *Laubengang:* Grafiken, die L. zu wichtigen Zeitpunkten seines Lebens zeigen. Bildnisse Tetzels und des Kardinals Albrecht von Brandenburg. Ablaßbrief (1514/15), Ablaßtruhe, Nachbildung von L.s Trauring. – Ferner in den Räumen des Obergeschosses: Geschichte des Hauses in Bild und Schrift, dazu als Sachzeugen Stück eines spätgotischen sandsteinernen Portalgewändes aus L.s Zeit und eine Fußbodenplatte gleichen Ursprungs, beide gefunden, als die Diele 1981 ausgeschachtet wurde. Faksimiles zweier Lutherbriefe, deren Originale das Museum im Tresor aufbewahrt. Auswahl Erstdrucke von Lutherschriften, darunter «An den christlichen Adel deutscher Nation», und die Weimarer Gesamtausgabe. Grafiken verschiedener Künstler des 18. und 19. Jh. mit Szenen aus dem Leben L.s, L. auf Notgeldscheinen der zwanziger Jahre, auf Münzen und Medaillen. Mit seinem Porträt und «Lutherschule Eisleben» bestickte Fahne (1883). Zwölf Ölgemälde mit L., Melanchthon, einem kurfürstlichen Oberaufseher für die Grafschaft Mansfeld und in lückenhafter Folge neun sächsischen Kurfürsten von Friedrich dem Weisen bis Johann Georg IV. Aus Holz geschnitzter versilberter Schwan (1693) als Sinnbild L.s, in dieser Bedeutung auf den angeblichen Ausruf des Jan Hus (Husa – Gans) zurückgehend: «Mich, der ich eine Gans bin, werdet ihr jetzt braten. Aber nach mir kommt ein Schwan, welcher singen wird, denselben wird man ungebraten lassen müssen.»

Die Lutherstraße hinunter und der Glockenstraße bis zum Markt folgen. Nr. 34, 56 und 58 sind die **ehemaligen Stadtsitze der Mansfelder Grafen.** *Nr. 34 (Linie Mittelort):* Traufenhaus, nach 1601 neu erbaut, dreigeschossig, mit Rundbogenportal. – *Nr. 56 (Linie Vorderort):* Hohes Traufenhaus, im Erdgeschoß mit Kreuzrippengewölben des frühen 16. Jh., sonst 1707, später umgebaut. Ursprünglich war hier die gräfliche Kanzlei, bevorzugtes Quartier L.s, im Garten begann L. im Frühjahr 1525 mit der Schrift «Ermahnung zum Frieden». – *Nr. 58 (Linie Hinterort):* Eckbau, zweigeschossig, Kielbogenportal mit Sitznischen, 1501 datiert. Nach dem Brand von 1498 erster neu errichteter Bau, mehrfach restauriert.

Das **Lutherdenkmal** vor dem Rathaus schuf Rudolf Siemering, enthüllt wurde es am 10. November 1883. Ganzfigur, L. beim Verbrennen der Bannandrohungsbulle. Kupferbronze, der Sockel aus grünem schwedischem Granit, an den Seiten Relieftafeln: allegorische Darstellung des Siegs der Reformation (vorn); Luther übersetzt auf der Wartburg die Bibel (links); L. im Kreise seiner Familie (hinten); Streitgespräch mit Dr. Eck (rechts).

Hinter dem Rathaus der Andreaskirchplatz mit **St. Andreas,** der Pfarrkirche der Altstadt, in der L. seine letzte Predigt hielt und sein Leichnam aufgebahrt war. Im wesentlichen nach dem Stadtbrand von 1498 erbaut, enthält die Kirche romanische und frühgotische Reste. Dreischiffige Hallenkirche mit einem dreischiffigen Chor. Der untere Teil des Westbaus aus dem 13. Jh., die zwei Hausmannstürme und das Portal vom Anfang des 15. Jh., die Schweifhauben nach 1601 aufgesetzt. Der wuchtige Turm an der Nordseite

Lutherdenkmal von Rudolf Siemering vor dem Rathaus,
im Hintergrund die Andreaskirche

des Chors ist in der Basis spätgotisch, das achteckige Oberteil mit Haube und Laterne jedoch barock. Im Norden und Süden weitere Portale. Südwand mit 1540 datiertem Epitaph. An einem Strebepfeiler Figur des Patrons der Kirche (etwa 1440). — In der Vorhalle stehen die von Schadow 1817 geschaffenen *Bronzebüsten L.s und Melanchthons.* Inschriften: «D. M. Luther. — Hier gebohren den 10. November 1483. — Hier gestorben den 18. Februar 1546.» — «P. Melanchthon. — Gestorben zu Wittenberg den 19. April 1560. — Gebohren zu Bretten den 16. Februar 1497. — Augsburg den 25. Juni 1530.» (Das letzte Datum bezieht sich auf die Vorlage der Augsburger Konfession auf dem Reichstag durch Melanchthon.) Das Innere der Kirche wurde im Laufe der Zeit stark verändert. Zu den ältesten Bauteilen gehört ein romanischer Pfeiler nahe dem Chorraum. Der große vierflüglige Schreinaltar wurde um 1500 gefertigt, statt des verlorengegangenen Gesprenges erhielt er 1911 den jetzigen Altaraufsatz. Die *Lutherkanzel* (Anfang des 16. Jh.) mit Arabesken und Heiligenfiguren wurde 1877 und 1911 restauriert und ergänzt. Der Schalldeckel ist jünger, auch die Treppe. Der Puttenfries am Kanzelpfeiler war ursprünglich an einem Barockaltar. Besonders wertvoll ist der Kanzelbehang aus dem 15. Jh. mit stark plastischer Reliefstickerei (unter Glas aufbewahrt). Das Chorgestühl ist zum Teil noch von 1520. An den Pfeilern des Hauptschiffs Schnitzfiguren von der Romanik bis zum Frühbarock. Das Epitaphgemälde für eine 1517 Verstorbene ist vermutlich der Cranachschule zuzuordnen. Viele alte Grabdenkmale. Die eindrucksvolle *Tumba für Graf Hoyer IV.*, der bis in den Tod L.s Gegner blieb, stand früher in der Kirchenmitte, also Luther zu Füßen, als er seine letzte Predigt hielt. Sie gilt als ein Meisterwerk der mitteldeutschen Renaissanceplastik und als beste Arbeit des Bildhauers Hans Schlegel, der sie 1541 schuf. Auf dem von Säulen mit Engeln und Figurengruppen umgebenen Sandsteinsarkophag die bron-

zene Liegefigur des Verstorbenen, die ein hervorragendes Porträt des Grafen zeigt. Frühestens 1578 wurde das Epitaph für den schon 1531 verstorbenen Grafen Ernst II. aufgestellt. Ernst II. ließ Thomas Müntzer nach der Schlacht von Frankenhausen (15. Mai 1525) foltern und am 27. Mai 1525 hinrichten. — Im Erdgeschoß des Nordturms ist die alte Sakristei, darüber die beachtenswerte *Kirchenbibliothek,* deren Grundlage Kaspar Güttels fast vollständige Sammlung Lutherscher Erstdrucke ist. Zum Bestand gehört u. a. ein Band mit Schriften L.s und Staupitz' aus den Jahren 1515/19 und eine 1555 von Hans Lufft in Wittenberg gedruckte Bibel mit Lutherporträt auf dem Einband.

Am Gebäude Andreaskirchplatz 10 weist eine Gedenktafel darauf hin, daß hier bis 1601 das **ehemalige Luthergymnasium** stand, das L. 1546 als Lateinschule eingerichtet hat. Es handelte sich um L.s letzte Schulgründung.

Andreaskirchplatz 7 ist **Luthers Sterbehaus (Museum)**. Gedenktafel: «In diesem Haus starb Dr. M. Luther den 18. Februar 1546.» Der Bau mit dem langen schmalen Hintergebäude

Lutherkanzel in St. Andreas

Gedenktafel an Luthers Sterbehaus, Andreaskirchplatz 7

Luthers Totenbildnis,
Zeichnung von Furtennagel, 1546

entstand um 1500 in spätgotischem Stil, wurde mehrfach umgebaut, aber 1863/65 wieder gotisiert, wobei die ursprüngliche Raumaufteilung wiederhergestellt wurde. Schön ist das kielbogenförmige Sitznischenportal. Der Ursprung der Hausmarke (Schlüssel, vermutlich vor 1500) ist ungeklärt.

Die *Ausstellung des Museums* zeigt: Verschiedene Grabgemälde unbekannter Meister vom 1533 angelegten Friedhof der Kirchen Eislebens. Mehrere Lutherbilder, ein Bild von 1536 zeigt L. auf dem Reichstag in Worms, ein anderes ihn und seine Frau an der Spitze zweier Trauerzüge. Dargestellt ist die Geschichte des Hauses und des Eislebener Lutherdenkmals in Bild und Schrift, dazu Siemerings Modell des Monuments. — Obergeschoß: Im Nebengebäude *vermeintliches Konferenzzimmer von 1546,* das Mobiliar ist nachempfunden. Bilder der Mansfelder Grafen, Hinweise auf L.s letzte Tage. Das Grabgemälde vom Eisleber Friedhof (1569) zeigt, wie L. drei Tage

vor seinem Tode zwei Pfarrer ordiniert. Im Vordergebäude die beiden *Lutherzimmer,* das größere ist das Sterbezimmer L.s. Zu sehen sind eine Fotokopie von L.s Testament, Abbildungen Johann Friedrichs des Großmütigen, Katharinas und der Eltern L.s. William Papes Ölbild «Luthers Bekenntnis» (1905 nach der Schilderung des Justus Jonas), darauf L., zwei seiner Söhne, Jonas, Coelius, Aurifaber, Graf Albrecht mit Frau, der Stadtschreiber Johann Albrecht mit Frau und zwei Ärzte. L.s Bahrtuch. Kopien der Totenmaske und des Abgusses der Hände des Verstorbenen. «Luther im Tode», Ölbild nach Furtennagels Zeichnung. Erste Stimmen zu L.s Hinscheiden.

Vom Andreaskirchplatz die Sangerhäuser Straße hinauf, in die Straße der Opfer des Faschismus, durch die Annengasse zum Annenkirchplatz. Dort steht die Pfarrkirche der Neustadt, **St. Annen**, deren Chorraum L. am 13. November 1516 weihte. Die Kirche gehörte ursprünglich zum Augustinerkloster (beide von Graf Albrecht

Seitenrelief des Lutherdenkmals,
Luther im Kreise seiner Familie

von Mansfeld-Hinterort gestiftet). Chor und Sakristei wurden mit den südlich anschließenden Klostergebäuden 1514/16 gebaut (Gipsgewölbe des Chors von 1586). Durch Errichten des Langhauses, der Grabkapelle und des Nordturms in Formen der Spätgotik und Renaissance Vollendung des Baus (1585—1608, Spitze des Nordturmes 1852). Im schlichten einschiffigen Langhaus bemalte Kassettendecke in der Mitte der Trinität umgeben von acht Aposteln und den vier Evangelisten, reiche Ornamentik. Besonders wertvoll ist der *spätgotische Schnitzaltar* von 1510. Ebenfalls spätgotisch das Kruzifix. Die Kanzel wurde erst 1608 eingebaut (1721 und 1909 restauriert), großer gehörnter Moses als Kanzelträger, unter dem Schalldeckel *Luthermedaillon,* dazu als Inschrift das L.-Zitat: «An Gottes Wort liegt mehr als an der ganzen Welt.» Im Fürstenstuhl Fenster mit Figurenscheiben L.s und des Liederdichters Martin Rinckart, der von 1611 bis 1613 Pfarrer St. Annens war. Die sehr schönen Glasmalereien der südlichen Langhausfenster von 1514/19, schon Frührenaissance. Im Chor Wappenschild und Stammbaum der gräflichen Linie Mansfeld-Hinterort als Stuckobelisk. Grabdenkmale aus der Zeit nach L. Die Chorgestühlsbrüstungen von 1585 — «*Steinbilderbibel»* genannt — sind einzigartig in Europa. Sie bestehen aus sieben Sandsteinblöcken mit 29 Relieffeldern, die zwei Allegorien, die vier Evangelisten und 23 Szenen aus dem Alten Testament darstellen.

Als Anbau St. Annens das **ehemalige Augustinerkloster** (Baubeginn 1515), das L. als Distriktsvikar unterstellt war und von ihm 1518 visitiert wurde (vermutlich auch seine frühe Unterkunft in Eisleben). Als Prior des Klosters hatte Staupitz Kaspar Güttel eingesetzt. 1520 Tagungsort des Augustinerkonvents, wurde das Kloster aber bereits 1522 wieder aufgelöst. Das einflüglige Klostergebäude gefällt besonders durch die fünf Zwerchgiebel fränkischer Art vor den Mönchskammern.

Bezirk: Halle   **Kreis:** Eisleben
PLZ: 4250   **Einwohner:** 28000
Information: Reisebüro, Markt 40.
Gaststätten: Goldener Stern, August-Bebel-Platz 4; Parkhotel, Bernard-Koenen-Str. 12; Ratskeller, Markt 12; Mansfelder Hof, Hallesche Str. 33; Kupferklause, Sangerhäuser Str. 42; Mocca-Bar, Kulturhaus der Mansfelder Bergarbeiter; Bierkeller im Kulturhaus der Mansfelder Bergarbeiter; Centra, August-Bebel-Platz 13; Tanzcafé, Sangerhäuser Str. 23; Milchbar, Sangerhäuser Str. 6; Ratscafé, Markt 12.
Weitere Sehenswürdigkeiten: Altstädter Rathaus (1531). August-Bebel-Platz mit Lenindenkmal (1927). Neustädter Rathaus (16. Jh.). Gedenkstätte der Mansfelder Arbeiterbewegung im Bürgergarten. Thomas-Müntzer-Theater.

Ausflug

SEEBURG (Busverbindung). Die kleine Gemeinde liegt östlich des Süßen Sees zwischen Eisleben und Halle. Das Hersfelder Zehntverzeichnis erwähnt um 980 erstmals ein Seeburg. 1282 befand es sich schon im Besitz der Grafen von Mansfeld-Querfurt. Während seiner Reise im Frühjahr 1525 in die Unruhegebiete (↑ Eisleben) kam L. am 17. April auch nach Seeburg und machte im hiesigen **Schloß** Station. Die Gründungszeit der weitläufigen Anlage reicht eventuell bis in das 8. Jh. zurück. Mit dem Bau der steinernen Burg wurde 1036 begonnen. 1450 und 1518 wurde sie zu dem Wohnschloß umgestaltet, in dem Luther nächtigte. Weitere Veränderungen reichen bis in unser Jh. hinein. Unter dem Rittersaal (1515/18) sind noch Reste des alten Palas vorhanden. Der Stumpf des Bergfrieds ist von 1080, Zwingmauern und Witwenturm («Roter Turm») stammen aus dem 15. Jh. An jenem zweiten Osterfeiertag predigte der Reformator in der **Fleckenkirche** «wider die räuberischen und mörderischen Rotten der Bauern». Die damalige Ausstattung der Dorfkirche (im Kern romanisch, Chor gotisch) ging im wesentlichen verloren, erhalten blieben der von Cranach d. Ä. beeinflußte Flügelaltar, dessen Anordnung jedoch nicht mehr ursprünglich ist, und die Glocken von 1178 und 1448. Sehenswert sind das Sandsteinepitaph und in das Mauerwerk eingelassene Grabsteine des 16. Jh.

Von Weimar kommend, hielt sich Luther noch einmal am 4. Mai des gleichen Jahres hier auf und schrieb dem Mansfelder Kanzler Johann Ruhel einen Brief, den Bauernaufstand betreffend.

Am 20. Februar 1546 passierte der feierliche Trauerzug mit Luthers Leichnam auf seinem Weg von Eisleben nach Wittenberg den Ort. Aus den umliegenden Dörfern sollen viele Menschen gekommen sein, um dem Reformator die letzte Ehre zu erweisen.

ERFURT, die den Beinamen «Blumenstadt» tragende Bezirksstadt im Südteil des fruchtbaren Thüringer Beckens, ist sowohl ein Zentrum des Gartenbaus als auch ein führender Industriestandort der DDR (Werkzeugmaschinenbau, Mikroelektronik, Bekleidungsindustrie).

741/42 gründete der Missionar Bonifatius in Erphesfurt ein Bistum, das bald in dem von Mainz aufging. Karl der Große ließ bei der kaiserlichen Pfalz (808 erwähnt) einen der Grenzhandelsplätze des Karolingerreichs zu den Slawen anlegen. Aus diesem ging die frühstädtische Siedlung mit bedeutendem Gewerbe hervor. Stadtrecht erhielt Erfurt um 1120. Nachdem die Herrschaft der Mainzer Erzbischöfe über die Stadt Mitte des 13. Jahrhunderts weitgehend gebrochen war und die Stadtverwaltung in den Händen des patrizischen Rates lag, begann die politische und wirtschaftliche Blütezeit Erfurts. Durch seine Gewerbe, den Stadt-Land-Warenaustausch und vor allem den Fernhandel erlangte es europäische Geltung. Ein riesiges Kapital häuften die Erfurter Waidjunker durch die Verarbeitung und den Handel mit Waid (Blaufärbemittel) an, wofür sie unter den Thüringer Waidstädten das Monopol besaßen. Macht und Reichtum der Stadt drückten sich auch in ihrem umfangreichen Landbesitz aus, mehr als 80 Burgen, Dörfer, Vorwerke und die Stadt Sömmerda gehörten dazu. Mit dem Reichslehen Kapellendorf erhielt Erfurt 1348 die Reichsunmittelbarkeit und wurde somit vom Kaiser wie eine freie Reichsstadt behandelt. Von dem enormen Aufstieg, den Erfurt im Mittelalter nahm, zeugen noch heute die zahlreichen Kirchenbauten, von denen es ursprünglich etwa 90 gab, außerdem 36 Klöster. Das gesellschaftliche Ansehen der Handelsstadt stieg weiter mit der Gründung der Universität im Jahre 1392 (1816 aufgelöst). Es war die fünfte im Reich, dessen sechstgrößte Stadt Erfurt war. Anders als jene von Prag, Wien, Heidelberg und Köln hatte sie alle vier erlaubten Fakul-

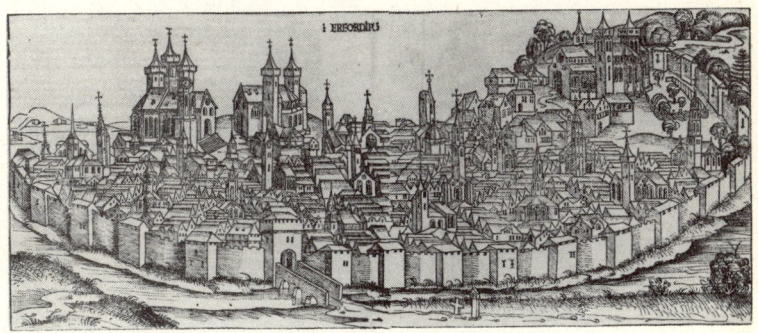

Erfurt 1493, Holzschnitt von W. Pleydenwurff und M. Wohlgemut

täten, was ihr einen großen Zustrom von Studenten, vor allem aus bürgerlichen Schichten, sicherte. Nach 1400 ließen sich zeitweise an keiner deutschsprachigen Universität mehr Studenten einschreiben als hier. Bald schon stand die Erfurter Universität mitten in den geistigen Auseinandersetzungen ihrer Zeit. Um die Wende zum 16. Jahrhundert kamen im Lehrkörper humanistische Denkweisen auf. Unter Führung von Eobanus Hessus bildete sich im Kampf gegen die kirchliche Scholastik der Erfurter Humanistenkreis, der im engen Kontakt mit Erasmus von Rotterdam stand. Erfurter Druckwerkstätten, die ersten Thüringens, verlegten humanistische und reformatorische Schriften.

Martin Luther kam im April 1501 nach Erfurt, nachdem er sich in Eisenach an der Pfarrschule St. Georg auf das Studium vorbereitet hatte. Wahrscheinlich war der ausgezeichnete Ruf, den die hiesige Universität genoß, ausschlaggebend für Hans Luders Wahl des Studienortes seines Sohnes. Damals lebten hier etwa 20 000 Menschen, darunter ungefähr 2 000 Studenten. Für Luther wurde Erfurt die Stadt, die seine Vorstellungen vom bürgerlichen Stadtleben am meisten prägte.

Ende April 1501 ließ sich Luther immatrikulieren. Mit dem Sommersemester begann er sein Studium an der Artistenfakultät. Quartier bezog er in der Georgenburse, wo das Leben der Studenten streng reglementiert wurde. Da er mit Eifer studierte, konnte er bereits im September 1502, zum frühestmöglichen Termin, das Bakkalaureusexamen ablegen und im Januar 1505 mit der Magisterprüfung als zweitbester von siebzehn Bewerbern die artistische Fakultät beenden. Gemäß dem Willen des Vaters, der als Hüttenmeister für seinen Sohn eine geachtete Position erstrebte, ließ sich Luther an der juristischen Fakultät einschreiben. Am 20. Mai hörte er bei dem berühmten Professor Henning Goede die erste rechtswissenschaftliche Vorlesung. Bald jedoch brach er sein Jurastudium und damit den ihm vorgegebenen Lebensweg ab. Vom Besuch seiner Eltern aus Mansfeld zurückkehrend, geriet er am 2. Juli bei Stotternheim in ein heftiges Unwetter. «Hilf du, heilige Anna, ich will ein Mönch werden!», gelobte er in seiner Angst. Mag sein, daß Luther diesen Plan schon lange vorher gehegt und ebenso lange verschwiegen hatte. Die Jahre waren damals unruhig wie selten; das Bürgertum kämpfte um Rechte, die seiner gewachsenen ökonomischen Kraft entsprachen, die Stadtarmut suchte der Oligarchie soziale Zugeständnisse abzuringen, die Bauern wandten sich gegen den immer unerträglicher werdenden Druck, den weltliche und geistliche Grundherren auf sie ausübten. Und alle miteinander standen gegen den Klerus, die stärkste Feudalmacht Europas. Dazu wütete im Frühjahr 1505 in Erfurt die Pest. Unsicherheit, Angst und Grauen beherrschte die Menschen. Quälende Zweifel hatten auch Luther erfaßt. Durch das Klosterleben, so hoffte er, würde er Gottes Gnade erringen.

Martin Luther als Augustinermönch. Der Kupferstich von Lucas Cranach d. Ä.
aus dem Jahr 1520 ist die früheste Darstellung Luthers

Am 16. Juli 1505 bat Luther seine Freunde zum Abschiedsmahl. Folgenden Tags begleiteten sie ihn die wenigen Schritte über die Lehmannsbrücke zum Kloster der Augustinereremiten. Dort standen jenseits der Mauer links zwei Waidhäuser, vor den Hauptgebäuden das Neue Priorat, rechts das Gästehaus und hoch hinter allem die Kirche mit ihrem zierlichen Turm. Allgemein wurde das Kloster das «Schwarze» genannt, weil sich die Mönche dunkel kleideten, wenn sie in die Stadt gingen. Die Ordensregeln waren genau einzuhalten: wachen, fasten, in ungeheizten Zellen wohnen, beten, beichten und sonst viel schweigen. Das «Schwarze Kloster» war die bedeutendste Stätte asketischen Lebens in

Erfurt und wohl deshalb von Luther gewählt worden. «Ist je ein Mensch in den Himmel gekommen durch Möncherei, so wollte auch ich hineingekommen sein», äußerte er später. Zunächst wurde er im Gästehaus des Klosters untergebracht. Zwei Monate Zeit blieben: ihm, seinen Entschluß zu bedenken, und den Ordensangehörigen zu prüfen, ob er würdig sei, Mönch zu werden. Im September begann mit vorgeschriebenem Zeremoniell das Novizenjahr. Als die Mönche für ihren neuen Bruder das Gebet sprachen, lag dieser auf der Grabplatte des Ordenstheologen Johannes Zacharias, der 1414 Jan Hus auf der Konstanzer Synode der Ketzerei überführt und so dessen Verbrennung auf dem Scheiterhaufen bewirkt hatte. Der Name des böhmischen Ketzers Hus war für Luther derzeit noch ohne Bedeutung, erst später erfuhr er von seinem Novizenmeister, Johann von Grafenstein, etwas über dessen reformatorischen Ideen. Das Klosterleben war für den Novizen hart und entbehrungsreich und vollzog sich in völliger Abgeschiedenheit von der Welt. 1506, Ende des Sommers, legte Luther das Mönchsgelübde ab und band sich mit festem Eid für ein Leben lang an den Orden: «Ich, Bruder Martinus, tue Profeß (Bekenntnis) und verspreche Gehorsam, Armut, Keuschheit.» Der junge Frater war ein kluger und gebildeter Eremit, auch wortgewandt, wenn man ihm Gelegenheit dazu gab. So erhielt er Order, sich auf den Priesterstand vorzubereiten, wurde Subdiakon und Diakon, bevor ihn der Weihbischof von Laasphe am 4. April 1507 im Erfurter Dom zum Priester weihte.

Am 2. Mai 1507 las Luther in der Klosterkirche seine erste Messe. «Da war kein Glaube, sondern ich sah nur allein an, wie würdig ich für meine Person wäre, daß ich ja nicht ein Sünder wäre und nichts ausließe in der Messe mit den Kreuzeszeichen und Gepränge.», erinnerte er sich später an dieses Ereignis.

Ende 1508, Luther stand mitten im Theologiestudium, beorderte ihn der Generalvikar der thüringisch-sächsischen Kongregation des Augustinerordens, Johann von Staupitz, nach Wittenberg, um an der dortigen Universität Vorlesungen in Moralphilosophie zu halten. Im Oktober 1509 wurde er an das Erfurter Kloster zurückgerufen, inzwischen hatte er das Examen als Bakkalaureus der theologischen Fakultät abgelegt. Wieder in Erfurt, wurde er erstmals direkt mit gesellschaftlichen Auseinandersetzungen, mit Unruhen und Aufruhr konfrontiert, die Stadt erlebte 1509/10 das «Tolle Jahr». Es ist nicht bekannt, inwieweit Luther die Ursachen der Aufstände der Handwerker, Gesellen und plebejischen Schichten gegen die Ratsoligarchie kannte und ob er über die Hintergründe für das Lavieren des Rates zwischen Kursachsen und dem Erzbistum Mainz, unter dessen Oberhoheit Erfurt seit 1483 erneut stand, informiert war. Sicher ist aber, daß Luther der Aufruhr zuwider war und die Erfurter Erlebnisse eine Rolle spielten, wenn er sich später unwirsch

Erasmus von Rotterdam,
der überragende Gelehrte seiner Zeit.
Mit ihm stand der Erfurter
Humanistenkreis im engen Kontakt

Ulrich von Hutten, Mitverfasser der «Dunkelmännerbriefe»,
die sich gegen die kirchliche Scholastik richteten

gegen «Herrn Omnes» (lat. Herr Jedermann), wie er die Volksmassen nannte, äußerte.

Ebenfalls verschlossen blieben Luther die eigentlichen Ziele der Humanisten, die an der Erfurter Universität wirkten. Zwar hatte er mit einem von ihnen, Crotus Rubianus, in der Georgenburse gelebt, einen anderen, Hieronymus Emser, über Johannes Reuchlins Drama «Sergius» lesen hören, doch ließ er sich lediglich in philologischen und textkritischen Fragen von ihnen anregen. Im November 1510 unterbrach Luther seinen Aufenthalt in Erfurt abermals für mehrere Monate. Inzwischen genoß er so hohe Wertschätzung, daß er bestimmt worden war, als Begleiter eines hohen Ordensbruders nach Rom zu reisen, um dort beim Ordensgeneral oder beim Papst die Interessen von sieben Augustinerklöstern, die sich mit Staupitz überworfen hatten, zu vertreten. Bei der Rückkehr im April 1511 konnte Luther jedoch keinen Erfolg vermelden. Trotz des Einlenkens von Staupitz im Sommer, wurden die Kontroversen nicht beigelegt. Luther und Johannes Lang, die sich auf die Seite des Generalvikars stellten, mußten im Spätsommer 1511 das Erfurter Kloster, das zu den Opponenten gehörte, verlassen. Staupitz nahm sie in Wittenberg auf.

Danach war Luther noch häufig in Erfurt, doch stets nur für Stunden oder Tage. 1516, um Johannes Lang als Prior über die Augustiner zu setzen, 1521 auf der Fahrt zum Reichstag nach Worms und 1527 schon als der bekannte Reformator und Gelehrte, aber für viele Angehörige der plebejischen Schichten mit dem Makel behaftet, zwei Jahre zuvor zum Kampf «Wider die räuberischen und mörderischen Rotten der Bauern» aufgerufen zu haben. 1537, auf der Rückreise vom Schmalkalder Fürstentag, machte er aufgrund seiner Krankheit zwangsweise in der Stadt Station. Letztmalig war er im Juli 1540 hier. Der bedeutendste dieser Aufenthalte war jedoch der des Jahres 1521. Er bildete Vorspiel und unmittelbaren Anlaß für die sogenannten Pfaffenstürme. Auf der Fahrt zum Reichstag nach Worms von den Erfurtern begeistert empfangen, legte Luther in seiner Predigt am 6. April seine reformatorischen Ideen dar. Nachdem über Luther die Reichsacht verhängt worden war und daraufhin die Dekane der zwei Erfurter Stifte auch die Erfurter Anhänger des Reformators ächteten, stürmten am 11. Juni Studenten die Stiftsgebäude. Ihnen schlossen sich vor allem Angehörige der städtischen Unterschichten an. Gemeinsam bedrohten sie die erzbischöflichen Einrichtungen. Der Rat schlug mit Waffengewalt die Erhebung nieder, und die Anhänger Luthers unter Führung von Johannes Lang drängten auf reformatorische Maßnahmen, um die Ordnung wiederherzustellen. Der Erfurter Rat beschloß die Einführung der Reformation. Die radikalisierte städtische Opposition kämpfte vier Jahre später gemeinsam mit dem größten Thüringer Bauernhaufen und machte dessen achtundzwanzig Forderungen zu ihren eigenen. Der Rat wurde zu ihrer Anerkennung gezwungen, aber nach der Niederschlagung der Bauern hielt er auch in Erfurt blutiges Gericht.

Rundgang

Vom Hauptbahnhof die Bahnhofstraße rechts hinunter zum Anger, den L.s Reisewagen am 6. April 1521 auf ähnlichem Weg — Schmidtstedter Tor, Schmidtstedter Straße, Bahnhofstraße — erreichte. Am Hauptpostamt vorbei zum **Lutherdenkmal**, geschaffen von Fritz Schaper, 1889 enthüllt. Die Ganzfigur zeigt den Reformator mit Bibel, die päpstliche Bannbulle unter den Füßen. Am rotbraunen Marmorsockel Seitenreliefs, die sich auf L.s Aufenthalt in Erfurt beziehen: Der Abend vor dem Eintritt ins Kloster, L. schlägt die Laute; Abschied an der

Lutherdenkmal von Fritz Schaper

Klosterpforte; L. wird von Staupitz getröstet; unterwegs zum Reichstag in Worms, Erfurt begrüßt den Reformator.

Gleich dahinter die **Kaufmannskirche**: Gotische Basilika (Ende 13. Jh. bis 1368), dreischiffig, zwei Türme. Außen in halber Höhe ein 1917 eingelassenes Steinkreuz mit Lutherrose und der Inschrift: «Am 22. Oktober 1522 predigte in der Kaufmannskirche D. Martin Luther vom Kreuz und Leiden eines rechten Christenmenschen.»

Ausstattung u. a.: Kanzel (1590), Hochaltar (1625), Epitaphe.

In der Leninstraße Nr. 169 ist im Renaissancehaus «Zum Stockfisch» (1607) das **Museum für Stadtgeschichte.** Dort die von L..1501 bei der Immatrikulation beschworene Eidesformel. Ferner: Lutherporträt eines unbekannten Meisters; Stich «Des Chur-Fürsten zu Sachsen Friedrichs des Weisen Traum zu Schweinitz den 31. October 1517» (betrifft den Thesenanschlag); Titelblätter einiger

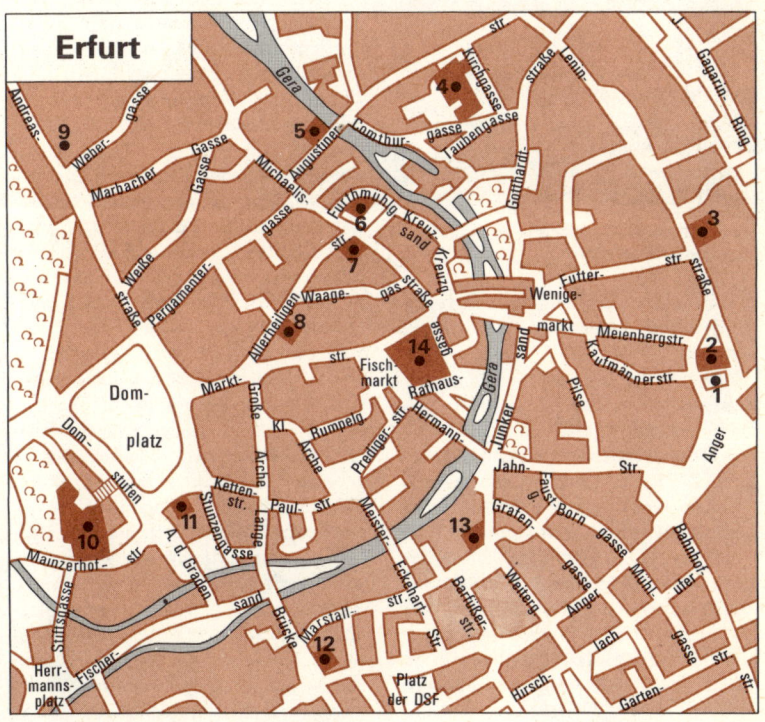

1 Lutherdenkmal	6 Collegium maius	11 „Hohe Lilie"
2 Kaufmannskirche	7 Michaeliskirche	12 Ehem. Gasthaus
3 Museum für	8 „Zur Engelsburg"	„Schlehendorn"
Stadtgeschichte	9 Andreaskirche	13 Barfüßerkirche
4 Augustinerkloster	10 Dom und	14 Rathaus mit
5 Georgenburse	Severikirche	Stadtarchiv

Gedenkstein mit Lutherrose
an der Kaufmannskirche

Schriften L.s; die Artikel der Erfurter
Bürger und Bauern von 1525, die L.
verwarf.

Weiter die Leninstraße hinunter,
links in die Gotthardtstraße und dann
in die Comthurgasse einbiegen, zum
Augustinerkloster mit Kirche (Baubeginn 1277): Die Anlage ist größtenteils
erhalten. Der Eingang in der Mauer ist
nicht jener, durch den L. am 17. Juli
1505 trat. Die legendäre *Pforte* er-
kennt man etwas weiter, von Schinkel
zunächst umgestaltet, wurde sie später
zugemauert. Das *Bibliotheksgebäude*
aus der ersten Hälfte des 16. Jh. ist
Ruine, es wurde 1944 ausgebombt.
Rechts steht das *Gästehaus*, in ihm war
L. untergebracht, bevor er Novize
wurde (es ist der älteste Teil des Klosters und stammt aus dessen Gründungszeit). Der Hof wurde 1669 zu
zwei Seiten mit Renaissancebauten,
die vorgelagerte hölzerne Lauben-

gänge haben, eingefaßt. Im *Winterre-
fektorium,* dem Speisesaal im Erdgeschoß des alten Priorats, gab Hans Luder am 2. Mai 1507 das Festessen,
nachdem sein Sohn die erste Messe gelesen hatte. Dahinter liegt ein kleiner
Wirtschaftshof, dann das *Quadrum* –
auch Kreuzhof –, die Begräbnisstätte
der Mönche. Ringsum der *gotische
Kreuzgang,* dessen Mauerwerk von
unverglasten Fenstern durchbrochen
ist. L. sah das Quadrum aus dem Fenster der *Zelle,* die ihm nach seiner
Rückkehr aus Rom zugewiesen worden war. Von deren ursprünglichen
Einrichtungsstücken ist keines mehr
vorhanden. Die jetzige Ausstattung
wurde alten Beschreibungen anderer
Augustinerklöster angepaßt. Im Obergeschoß des Ostflügels lagen früher
vierzig Mönchszellen; vom Dormitorium, dem langgestreckten Schlaf-
raum, gehen die Türen der übrig gebliebenen ab. Zu ebener Erde befindet
sich der *Kapitelsaal* mit dem Kreuzgewölbe. Im Norden grenzt der Kreuzhof an die *Klosterkirche* (Ende 13. Jh.
bis etwa 1334), deren schlichte Schönheit sich einem am besten von der Augustinerstraße aus erschließt. Die Kirche ist als dreischiffige gotische Basilika mit hölzernem Tonnengewölbe
gebaut. Das Dach hat ein achteckiges
Glockentürmchen (begonnen 1432),
am Portal befindet sich die Figur des
Ordensstifters. Innen der Hochaltar,
wo L. seine erste Messe las. Einige
Chorfenster zeigen sehenswerte Glasmalereien aus der ersten Hälfte des
14. Jh. *Grabstein des Johannes Zachariae* – auf ihm lag L., als er Novize
wurde und als man ihn zum Mönch
einsegnete – mit Abbild des Verstorbenen und umlaufender Inschrift: «Im
Jahre 1428 am Tage nach St. Jakobi
starb der ehrwürdige Vater, Bruder
Zachariae, Professor der heiligen
Theologie, der hier begraben ist. Seine

Augustinerkloster in Erfurt

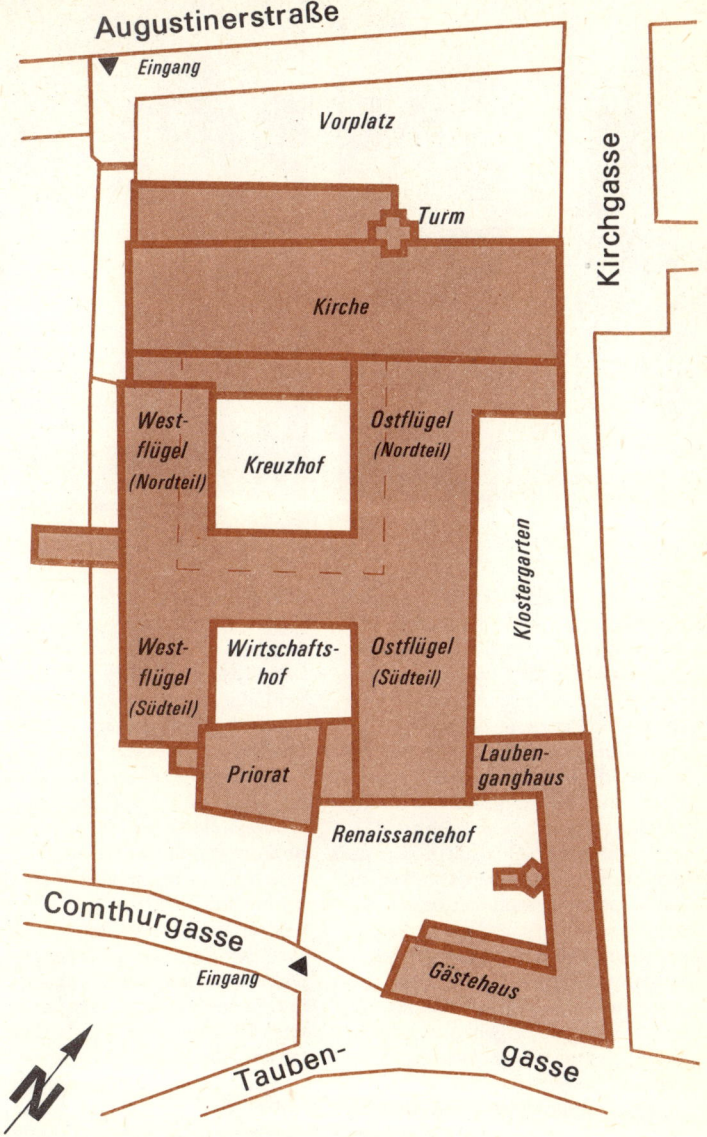

Augustinerstraße

▼ Eingang

Vorplatz

Turm

Kirche

Kirchgasse

West-flügel (Nordteil)

Kreuzhof

Ostflügel (Nordteil)

West-flügel (Südteil)

Wirtschafts-hof

Ostflügel (Südteil)

Klostergarten

Priorat

Lauben-ganghaus

Renaissancehof

Comthurgasse

Eingang ▲

Gästehaus

Tauben- gasse

N

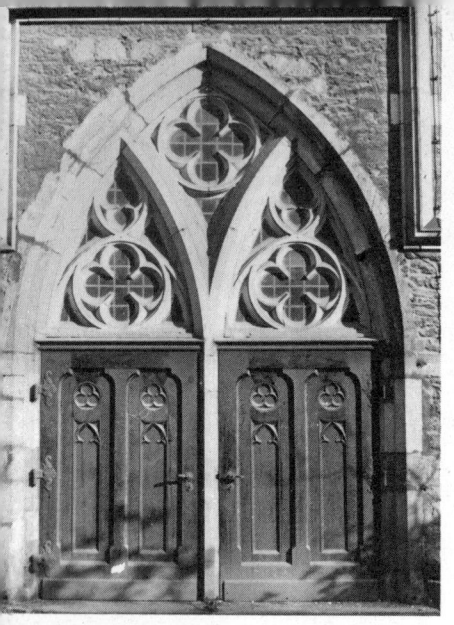

Portal des ehem.
Augustinerklosters

Klosterpforte des ehem.
Augustinerklosters mit Gedenktafel

Seele ruhe in Frieden!» Quer über der Ritzzeichnung stehen die Namen von drei evangelischen Pastoren, die unter derselben Grabplatte liegen.

In der Kirche bekam jeder Mönch einen festen Platz zugewiesen, L. hatte seinen anfangs wahrscheinlich auf der Südempore, jedenfalls im Langschiff, später dann im Chorgestühl. Von der Kanzel predigte L. am 7. April 1521. Die Kirche war so überfüllt, daß es für einen Moment schien, als müsse die Nordempore zusammenstürzen. L. legte seine reformatorischen Gedanken dar und wandte sich gegen klerikale Mißstände: «Ich weiß wohl, daß man es nicht gern hört. Dennoch will ich die Wahrheit sagen und muß es tun, sollte es mich auch zwanzig Hälse kosten.»

Augustinerkloster und -kirche wurden nach dem zweiten Weltkrieg schrittweise mit der Absicht renoviert, möglichst ursprüngliches Aussehen wieder herzustellen. Allerdings gab man, wo es geboten schien, den zwischen 1840 und 1846 vorgenommenen Veränderungen, die auf Entwürfe Schinkels zurückgehen, den Vorzug. Das Kloster ist heute Konferenz- und Veranstaltungszentrum der evangelischen Kirche. Zu der *Ausstellung über den Reformator* gehört auch L.s Zelle im Dormitorium.

Sowohl Comthurgasse als auch Augustinerstraße führen zur Lehmannsbrücke, von der aus auf dem anderen Ufer der Gera die einstöckige **Georgenburse** zu sehen ist. Dort wohnte L. als Student. Aus L.s Tagen ist nur noch der 1779 veränderte rechte Flügel erhalten. Über dem Eingang das Kurmainzer Rad, Erfurts Wappen.

Am Ende der Augustinerstraße links in die Michaelisstraße einbiegen. An der Ecke Studentengasse Reste des

Collegium maius, des ehem. Hauptgebäudes der Universität. Der ursprüngliche Bau wurde 1510 zerstört, der Wiederaufbau erfolgte 1511 (oder 1512) bis 1515. Im Februar 1945 brannte das Gebäude nach Bombentreffern aus. Erneuerungsarbeiten am bedeutendsten spätgotischen Profanbau Erfurts werden seit 1978 durchgeführt, die Außenmauer ist bis in Fensterhöhe des Erdgeschosses bereits wiedererrichtet. Das prunkvolle *Kielbogenportal* von 1513 befindet sich vollständig am ursprünglichen Platz. Der Schlußstein im Bogen der zugemauerten Pforte weiter rechts trägt die Jahreszahl 1512.

Schräg gegenüber die **Michaeliskirche**, die frühere Universitätskirche. Ende des 12. Jh. zweischiffig gebaut, erfolgte Anfang des 15. Jh. ihr Um- und Erweiterungsbau im spätgotischen Stil. Der trapezförmige Grundriß ist dem Straßenverlauf angepaßt. Das Kruzifix am Nordportal stammt von 1405, das nördliche Seitenschiff von 1451. Innen Grabdenkmale vom 15. bis zum 18. Jh. Die spätgotische Dreifaltigkeitskapelle mit einem schönen Chorerker wurde 1505 gestiftet. Die Kirche war zeitweise Wirkungsstätte von Johannes Lang. Luther predigte am 21. und am 22. Oktober 1522 in ihr, wobei er den scholastischen Theologen der Universität ankündigte, daß ihnen das heilige Evangelium «in die Wolle greifen» werde.

Der Allerheiligenstraße bis zum Studentenklub der Medizinischen Akademie (Nr. 20/21) folgen. Dort stand früher das Haus **«Zur Engelsburg»**, hervorgegangen aus einer klösterlichen Anlage von 1125. Von ihm sind nur noch zwei Nebengebäude erhalten. In dem einen, dem *«Schwarzen Roß»*, kamen die Erfurter Humanisten zusammen, unter ihnen Crotus Rubianus, denen Georg Sturz, Besitzer der Engelsburg, jederzeit eine geräumige, architektonisch reizvolle Bohlenstube offenhielt. Rubianus, späterer Rektor der Erfurter Universität, verfaßte mit Ulrich von Hutten die «Dunkelmännerbriefe», die Johannes Reuchlin in seinem Streit mit den Kölner Dominikanern stärkten, indem sie kirchliche Mißstände und Scholastik verspotteten. L. übernachtete vom 4. zum 5. März 1537 in der Engelsburg bei Georg Sturz, dem Arzt und Universitätsprofessor. Er befand sich auf der Rückreise vom Schmalkalder Fürstentag, und ein heftiges Steinleiden plagte ihn.

Über die Marktstraße zum Domplatz und rechts die Andreasstraße entlang. An der Ecke Webergasse steht die **Andreaskirche**. Der einschiffige, im Kern hochgotische Bau entstand im 13. Jh., wurde 1416 durch Brand zerstört, danach wieder aufgebaut. Das Kreuzigungsrelief über dem Haupteingang ist aus dem 14. Jh. In der Kirche befindet sich das hölzerne *Modell der Grabplatte L.s,* die der Erfurter Glockengießer Heinrich Ziegler schuf. Als Vorlage diente wahrscheinlich ein Holzschnitt Lucas Cranachs d. Ä.

Zurück zum Domplatz. Auf dem Domhügel steht weithin sichtbar eine der schönsten gotischen Baugruppen Europas — der **Dom St. Marien und die Severikirche**. Schon Bonifatius ließ 752 auf dem Domhügel bauen. Von der 1252 geweihten Basilika, dem Vorgängerbau des Doms, sind noch Reste im Langhaus (1453/65) und im Nord- und im Südturm vorhanden. Im Glockenstuhl des Mittelturms (14. Jh.) hängt die größte Glocke der DDR, *«Maria Gloriosa»*, gegossen 1497 (13,8 t). In dem beeindruckenden *hochgotischen Chor* empfing L. 1507 die Priesterweihe. Er ist 25 m hoch und weist als große Kostbarkeit fünfzehn Chorfenster mit stark farbigen Glas-

malereien, von denen zwölf aus dem 14. Jh. sind, auf. Der kühn gewölbte Bau entstand 1349/72, nachdem vorher die steil abfallende Kuppe des Domhügels durch Gewölbetonnen auf 20 m hohen Steinbögen vergrößert worden war. Damals wurden auch die eindrucksvolle *Treppe zum Domberg* und der üppig mit Figuren versehene *Triangelportalvorbau* gebaut. Am Dom reicher figürlicher und ornamentaler Schmuck. Über dem Ostflügel des Kreuzgangs das *Auditorium Coelicum* (himmlischer Hörsaal) — heute Ausbildungsstätte katholischer Priester —, wo L. an den gemeinsamen Feiern der vier Fakultäten teilnahm. 1509 hielt er dort seine erste theologische Vorlesung. — Die *Domausstattung* ist überaus verschwenderisch und wertvoll: u. a. ein romanischer Altaraufsatz (Stuck, etwa 1160), ein um 1460 gemalter spätgotischer Flügelaltar, das Bild von Lucas Cranach d. Ä. «Verlobung der heiligen Katharina» (1529), herrliches geschnitztes Chorgestühl (Gotik, 1350/60) und viele Grabdenkmale. Zum Domschatz gehört eine Sammlung kirchlicher Kunst.

Die **Stiftskirche St. Severi** (1280 bis Mitte 14. Jh.) ist eine fünfschiffige frühgotische Hallenkirche. An ihr war Justus Jonas Stiftsherr. Auch die Ausstattung der Severikirche ist überaus reich. Nordöstlich des einschiffigen Chors befindet sich die *Bonifatiuskapelle*, ursprünglich wahrscheinlich ein Befestigungsturm der ehemaligen Bischofsburg.

Am Domplatz 31 steht eines der schönsten Renaissancehäuser Erfurts, die **«Hohe Lilie»** (1538). Dort soll L. einmal zu Gast gewesen sein.

Links: Portal des Doms St. Marien, in dem Luther 1507 zum Priester geweiht wurde

«Hohe Lilie»

Durch die Stunzengasse und Lange Brücke zum **ehemaligen Gasthof «Schlehendorn»** (Nr. 29, heute Mensa der medizinischen Akademie). In ihm übernachteten L., Melanchthon und Jonas im Juli 1540 auf ihrer Reise nach Eisenach und auch auf der Rückfahrt. Später kam L. nicht mehr nach Erfurt.

Die Lange Brücke bis zur Marstallstraße zurück. Hier steht die **Barfüßerkirche**, eine dreischiffige Pfeilerbasilika (1291 bis Anfang 15. Jh.). Ihr Langhaus wurde 1944 durch Bomben zerstört, zur Mahnung soll es Ruine bleiben. Der Chor wurde nach dem Krieg wieder aufgebaut, in dessen drei östlichen Fenstern befinden sich die *ältesten Farbglasscheiben Erfurts* (zweites Viertel 13. Jh.). Die *spätgotische Taufkapelle* (15. Jh.) wurde restauriert. *Innen:* Hochaltar (1445/49), Triptychon (1460), Grabplatten des 14. Jh. — Von den erfolglosen Religionsgesprächen in Marburg kommend, predigte L. am 11. Oktober 1529 in der Barfüßerkirche und gestand ein, er fühle sich vor der Bibel wie ein Elementarschüler.

In den Junkersand und nach links durch die Hermann-Jahn-Straße zum Fischmarkt. Im **Rathaus** (1869—1882) befindet sich das *Stadtarchiv* mit den Matrikeln der Universität, darin drei Eintragungen, die L. betreffen. In der von 1501 wird L. zum ersten Mal überhaupt urkundlich erwähnt. Auf dem Flur des zweiten Stockwerks sieben *Wandbilder mit Begebenheiten aus L.s Leben* (Eduard Kämpfer, 1889/96). Sie sind stark romantisiert und entsprechen nicht vollständig den Tatsachen. Bild 1: L. an der Leiche eines erstochenen Freundes. Bild 2: Abschied vor der Klosterpforte. Bild 3: Der bettelnde L. Bild 4: Hans Luder bittet seinen Sohn, das Mönchsgelübde nicht abzulegen. Bild 5: L. durch Geißelung ohnmächtig. Bild 6: Beim Studium in der Zelle. Bild 7: Die Erfurter begrüßen L. auf seiner Reise nach Worms.

Ausflug

STOTTERNHEIM (Bus- und Zugverbindung). Von der Schwerborner Straße (Bushaltestelle) vorbei an einer ehemaligen Kiesgrube auf den breiten Feldweg. Am Fuße des Hügels Hain mit Bänken. Hoher rötlicher **Gedenkstein**, Inschriften an allen vier Seiten: «Geweihte Erde — Werdepunkt der Reformation — In einem Blitz vom Himmel wurde dem jungen Luther hier der Weg gewiesen — Ex Thuringia lux (Aus Thüringen das Licht) — Hilf Du Sankt Anna ich will ein Mönch werden — 2. Juli 1505».

Bezirk: Erfurt **Kreis:** Erfurt
PLZ: 5000 **Einwohner:** 209000
Information: Erfurt-Information, Bahnhofstr. 37, Reisebüro, Anger; Thüringen-Tourist, Anger.
Übernachtungsmöglichkeiten: Kosmos, Juri-Gagarin-Ring; Erfurter Hof, Am Bahnhofsplatz.
Gaststätten: Bürgerhof, Bahnhofstr. 35/36; Drushba, Anger 19/20; Gildehaus, Fischmarkt 13—16; Ratskeller, Fischmarkt; International, Neuwerkstr. 31/32; Penne, Große Arche 4; Stadt Vilnius, Vilniuser Str.; Winzerkeller, Bahnhofstr. 5; Gärtnerklause, Hermann-Jahn-Str. 8; Zur Posthalterei, Anger 9; Alter Schwan, Gotthardstr. 27; Hohe Lilie, Domplatz 31; Caponniere, iga-Gelände; Pilsner, im Erfurter Hof, Am Bahnhofsvorplatz; Apoldaer Bierstube, Leninstr.; Einheit, Karl-Marx-Allee; Klubhaus Optima, Futterstr.; Palast-Café im Erfurter Hof, Am Bahnhofsvorplatz; Anger-Eck, Anger; Café Györ, Anger 23; Ringcafé, Juri-Gagarin-Ring 97; Milcheisbar, Anger 21; Parkcafé, Hopfenberg; Treffpunkt, Johannesplatz; Kakteen- und Mocca-Bar im Erfurter Hof, Am Bahnhofsvorplatz; Tanzcafé, iga; Berolina, Berliner Platz.
Weitere Sehenswürdigkeiten: Altstadt mit bedeutender denkmalgeschützter Bausubstanz. Festung Petersberg (17./18. Jh.), Krämerbrücke (1325). Gedenkstätte «Erfurter Parteitag 1891» in den Kongreßsälen (1832). Naturkunde-Museum. Anger-Museum im ehem. kurmainzischen Packhof (1711). Bartholomäusturm (15. Jh.). Ehem. kurmainzische Statthalterei (1720). Museum für Thüringer Volkskunde, Aquarium. Gelände der Internationalen Gartenbauausstellung (iga). Zoo.

**G** OTHA, die nördlich vom Thüringer Wald gelegene Kreisstadt im Bezirk Erfurt, ist eine der wichtigsten Industriestädte Thüringens. Im Zehntverzeichnis des Klosters Hersfeld wurde es 775 erstmals unter dem Namen «Gothaha» erwähnt. Zwischen 1180 und 1189 erhielt es Stadtrecht.

Um 1500 hatte sich die soziale Differenzierung in der Stadt enorm verschärft. Zahlreiche Zunftangehörige konnten der Konkurrenz des Patriziats nicht mehr standhalten und sanken in die Schicht der Plebejer ab, die besonders in den Vorstädten durch den Zustrom von Bauern rasch anwuchs.

Nach der Teilung des sächsischen Kurfürstentums fiel Gotha 1485 an die Ernestiner, jene Linie, die unter Friedrich dem Weisen zum Beschützer der Reformation wurde. Gotha geriet so unmittelbar in die Auseinandersetzungen. Seit 1503 wirkte hier der Humanist Mutianus Rufus als Kanoniker am Marienstift. Aber vor allem Friedrich Myconius, der Reformator Gothas, war von 1524 bis zu seinem Tode 1546 im Sinne Luthers tätig. Ihm hatte die Stadt u. a. die hohe Entwicklung des Schulwesens zu danken. Da er sich jedoch von Anfang an mit Landesherrn und Rat verband, konnte der «Gothaer Pfaffensturm» von 1524 sowie ein Umsichgreifen der revolutionären Erhebungen der Bauern verhindert werden; die gemäßigte Reformation gelangte rasch zu einem durchschlagenden Erfolg. Für die Entwicklung des Bürgertums war die von Myconius initiierte Auflösung der Klöster sowie die Säkularisierung ihres Besitzes bedeutsam.

Luther war das erstemal 1515 anläßlich des Konvents der thüringisch-sächsischen Kongregation des Ordens im Gothaer Augustinerkloster. Damals wurde er zum Distriktsvikar gewählt, und am 1. Mai predigte er vor den Teilnehmern. Nächsten Tags fragte Mutianus bei Johannes Lang an, wer der Mönch sei, der so scharf gegen die Sitten der Brüder zu Felde gezogen war.

Bereits ein Jahr später, am 29. Mai 1516, kam Luther im Auftrag von Staupitz, um das Kloster zu visitieren. Die Brüder, die in schlechtem Ruf standen, mußten sich gebessert haben, denn Luther brauchte nur wenige Stunden, um ihnen ein gutes Zeugnis auszustellen.

Noch mehrmals weilte Luther in Gotha, u. a. am 8. April 1521, als er sich auf dem Wege nach Worms befand. Wieder predigte er in der Augustinerkirche, fuhr aber am gleichen Tage weiter. Während seiner Rückreise vom Schmalkalder Fürstentag 1537 (↑ Schmalkalden) ging es Luther gesundheitlich so schlecht, daß er mehrere Tage reiseunfähig in Gotha verweilen mußte. Am 28. Februar fühlte er sein Ende und diktierte Bugenhagen sein Testament. Mit ihm und Myconius sprach er häufig von seinem Begräbnis. Doch der Erfurter Arzt, Dr. Sturz, konnte seine Krankheit lindern. Ein letztes Mal war er 1540 in der Stadt.

Kreuzgang im ehem. Augustinerkloster

Sehenswürdigkeiten

Schloß Friedenstein: Weitläufige früh-
barocke Anlage (1643/55). Hier befand sich früher der 1567 nach kriege-
rischen Auseinandersetzungen ge-
schleifte «Grimmenstein», über den L.
in einer Tischrede voraussehend äußerte, es sei leichter, eine Burg zu
bauen, als sie auch zu halten. Im
Schloßmuseum Bildnisse L.s (1529),
seiner Frau (1529) und Melanchthons
(1532), alle aus der Werkstatt Lucas
Cranachs d. Ä., außerdem von Lucas
Cranach d. J. ein Bild L.s (1539) und
Melanchthons (zweite Hälfte des
16. Jh.).

Das **Lucas-Cranach-Haus** (Haupt-
markt 17): 1518 im Besitz Lucas Cranachs d. Ä., später Wohnstatt seiner
Tochter Ursula und ihres Ehemanns,
eines Gothaer Ratsherrn. Dessen
Wappen und die geflügelte Schlange
des Malers rechts über dem Eingang.
In seinem heutigen Zustand entstand
das Fachwerkgebäude vornehmlich im
18. Jh., Portal und Keller früher. Sogenannte **«Löwenburg»** (Haupt-
markt 42): Vermutlich Haus des
Schössers Johann Löwe, in dem der
kranke L. 1537 nach seiner Reise zur
Tagung des Schmalkaldischen Bundes
untergebracht war und sein Testament
aufsetzte. **Augustinerkloster und -kir-
che** (Klosterplatz): L. predigte und
übernachtete hier mehrfach; Myconius war Pfarrer der Kirche. Baubeginn im 13. Jh., fertiggestellt 1368, umgestaltet 1675/80 und 1938/39
(grundlegend). *Kreuzgang* und *Kapitelsaal* sind aus dem 14. Jh. In der *Kirche* (Kern gotisch, romanische Reste)

sind u. a. beachtenswert die *Kassetten-decke* auf Holzpfeilern, das Abend-mahlsrelief (vermutlich 15. Jh.) und der *Grabstein des Myconius,* im 19. Jh. von einem damals aufgelassenen Fried-hof hierher gebracht. Eine *Tafel* weist auf L.s Predigten hin: «D. Martin Lu-ther predigte in der Augustinerkirche zu Gotha am 1. Mai 1515 beim Or-denskapitel der Augustiner, am 8. April 1521 auf dem Wege nach Worms, am 26. September und 10. Oktober 1529 auf dem Wege nach und von Marburg.» Der Legende nach stürzten 1521 einige lose Ziegel aus dem Kirchgiebel, worauf von man-chem Gothaer behauptet wurde, der Teufel habe sie vor Wut über L.s Pre-digt herausgerissen.

Bezirk: Erfurt   **Kreis:** Gotha
PLZ: 5800   **Einwohner:** 59000
Information: Gotha-Information, Marktstr. 4; Reisebüro, Neu-markt 7/9.
Übernachtungsmöglichkeiten: Zum Mohren, Mohrenstr. 18a; Stadt Go-tha, Huttenstr. 9.
Gaststätten: Brauhof, Schwabhäuser Str. 47; Thüringer Hof, Hut-tenstr. 8; Klosterklause, Augusti-nerstr. 31; Schloßhotel, Reinhards-brunn; Heuberghaus bei Friedrich-roda; Orangerie-Café, Karl-Marx-Str. 8; Stadtcafé, Neumarkt 6; Café Loesche, Buttermarkt 6; Café Schar-fenberg, Herschdorfer Str. 10; Weinstube, Gartenstr. 28.
Weitere Sehenswürdigkeiten: Markt mit Rathaus (1577). Im Schloß Frie-densstein: Ekhof-Theater; Museum für Regionalgeschichte und Volks-kunde; Heimatmuseum. Barockgar-ten mit Orangerie (18. Jh.). Museum der Natur. Schloß Friedrichsthal (1711). Margarethenkirche (16. Jh.). Gedenkstätte «Gothaer Parteitag 1875».

Ausflüge

FRIEDRICHRODA (Zugverbindung). L. soll 1521 oder 1522 bei seinen Streifzü-gen von der Wartburg aus auch in das 1085 gegründete **Kloster Reinhards-brunn** gekommen sein. Myconius je-denfalls behauptete von L., daß dieser zu Reinhardsbrunn seltsame Dinge mit den Mönchen und anderen verhandelt habe und dabei unbekannt geblieben sei. Auf das Kloster weisen heute noch Mauerreste und Teiche hin.

BAD LANGENSALZA (Zugverbin-dung). Als Distriktsvikar visitierte L. am 29. Mai 1516 das **Augustinerklo-ster** und übernachtete auch dort. Gründung des Klosters 1280, 1711 ab-gebrannt, erhalten sind der Kirchturm, Teile des Kreuzgangs und einige an-dere Baureste. Heute *Heimatmu-seum.*

TAMBACH-DIETHARZ (bis Georgen-thal Zugverbindung, dann Bus). Der Ort lag am Reiseweg L.s, als er im Februar 1537 von der Tagung des Schmalkaldischen Bundes (↑ Schmal-kalden) heimreiste. Erkrankt, nahm er im **Haus des Geleitsmanns** Quartier, wo sich sein Zustand rasch besserte. An seine Frau schrieb er von hier: «Gott hat ein Wunder an mir gethan diese Nacht, und thuts auch noch durch frommer Leute Fürbitte.» Der Geleits-hof brannte 1684 ab. Er stand entwe-der an der Kirche, wo sich das Wirts-haus «Zum Lamm» (Wilhelm-Pieck-Str. 96) befindet, oder in der Gegend Wilhelm-Pieck-Str. 63, 65, 67.

Zum **Lutherbrunnen** geht man von der Bushaltestelle Volkshaus 25 Minu-ten. Die Wilhelm-Pieck-Straße auf-wärts, hinter der Kirche in die Schmal-kalder Straße und dann in die Tam-michstraße zum waldigen Tammich-grund, durch den die Tammich fließt.

Hinter dem letzten Haus führt ein Weg den Hang hinauf. Dort sieht man einen Springbrunnen, der aus dem etwas höher gelegenen *Lutherborn* gespeist wird. Dessen Steinfassung trägt folgende Inschrift: «Tambach est mea Phanuel, ibi apparuit mihi dominus.» Die auf einen biblischen Ort anspielenden lateinischen Wörter bedeuten: «Tambach ist mein Phanuel, wo mir der Herr erschienen ist.» L. soll hier getrunken und danach Erleichterung verspürt haben, was ihn zu diesem Satz veranlaßte. Ähnlich wird behauptet, er habe ihn mit Holzkohle an die Wand des Tambacher Wirtshauses geschrieben. Beides ist Legende; in Wahrheit handelt es sich um ein Zitat aus L.s Brief vom 27. Februar 1537 an Melanchthon. Daß L. aus der Quelle getrunken hat, ist allerdings möglich, weil der Weg nach Schmalkalden damals durch den Tammichgrund führte.

Den Namen «Dr.-Martin-Luther-Brunnen» bekam die Quelle am 31. Oktober 1717.

WALTERSHAUSEN (Verbindung mit der Thüringer Waldbahn). In Waltershausen machte L. im Februar 1537 letztmals während seiner Reise zur Tagung des Schmalkaldischen Bundes Station. Unterkunft fand er in einem Haus am Markt (dort heute Badegasse 1, 1890 erbaut). Sein Bruder Georg war 1521, von der Gefangennahme L.s in Schrecken versetzt, nach Waltershausen geflohen und wohnte in der heutigen Bremer Straße 1. Ob das **Eckhaus am Markt** noch das ursprüngliche Gebäude ist, ist fraglich. An der **Stadtkirche** war Wiland Guldennapf, L.s Lehrer in Eisenach, Pfarrer. Von der alten Marienkirche ist nur der gotische Turm erhalten, alles andere im spätbarocken Stil (1719/23).

GRIMMA, Kreisstadt im Bezirk Leipzig, ist heute vor allem durch das Chemieanlagenbaukombinat bekannt. Um 1170 als Marktsiedlung entstanden, erhielt der Ort noch vor 1220 Stadtrecht und entwickelte sich zu einem bedeutsamen Handelszentrum. Im 13./14. Jahrhundert erlebte die Stadt ihre Blütezeit, nach 1350 verfiel der Handel immer stärker aufgrund des Aufstiegs der Messestadt Leipzig. Grimma wurde zur Ackerbürgerstadt.

Bei einer Visitation 1516, von Staupitz beauftragt, war Luther gehalten, den Distriktsvikar Wenzel Linck im Grimmaer Augustinerkloster zu vertreten. Luther kam und soll vor den Mönchen zum erstenmal den Gedanken einer Kirchenreformation geäußert haben, für den ihm Tetzels reger Ablaßhandel Anlaß gegeben hatte.

Luther weilte mindestens neunmal in Grimma. Vielleicht waren die häufigen Aufenthalte darin begründet, daß Staupitz aus dem in der Nähe gelegenen Dorfe Motterwitz stammte, aber auch verschiedene seiner Reisen führten über die Stadt.

1519, zu der Zeit, als Luther in der Leipziger Pleißenburg mit Eck disputierte, begleiteten ihn Melanchthon, Jonas und der Amtmann Hans von der Planitz aus Leipzig herüber.

Vier Jahre später wurden in Grimma erste reformatorische Schriften gedruckt. Viele der Augustinermönche, so mancher von ihnen mit Luther befreundet, verließen den Konvent und übernahmen in den umliegenden Gemeinden das Amt evangelischer Pfarrer. 1550, als das Kloster schon zwei Jahrzehnte säkularisiert war, wurde in ihm die dritte Landes- und Fürstenschule (nach Meißen und Schulpforta) eingerichtet. Die Mittel dafür stammten aus dem eingezogenen Besitz des aufgelösten Klosters Marienthron, gelegen in Nimbschen, unweit Grimmas. Katharina von Bora, Luthers spätere Frau, hatte dort bis zu ihrer Flucht Ostern 1523 als Nonne gelebt.

Sehenswürdigkeiten

Die Bronzene **Lutherbüste** auf dem Frauenkirchhof ist «E(rnst) Rietschel» signiert und wurde von dessen Wormser L.-Denkmal abgegossen (datiert 1883). Die **Superintendentur** (Baderplan 1) von 1810 steht auf gewölbten Kellern des 13. Jh., den Resten des um 1285 nach Nimbschen verlegten Zisterzienser-Nonnenklosters. Von damals Säulen und zugemauerte romanische Öffnungen. **Kreismuseum** (Paul-Gerhardt-Straße 42): In der Ausstellung ein Schuh, den Katharina von Bora bei ihrer Flucht aus dem Kloster verloren haben soll. Dem Aussehen nach aber stammt er wohl aus dem 17. Jh. Auf dem Nachbargrundstück die **Klosterkirche**, (z. Zt. gesperrt), in der L. predigte. Einziges Überbleibsel des Augustinerklosters, 1290 begonnen, erneuert Anfang des 15. Jh., später auf Veranlassung L.s eine Scheindecke eingezogen. Im Osten und Süden schönes Maßwerk des 15 Jh., das

Katharina von Bora, Luthers Ehefrau;
nach einem Kupferstich
von Lucas Cranach d. Ä.

teiliges Fenster mit Säulchen und
Spitzbögen, das aus der Mitte des
13. Jh. stammt und heute ältester Teil
des Schlosses ist (von der nahen Mul-
debrücke aus zu sehen). Treppenturm,
gewölbte Räume, Reste des alten
Schloßturms.

Bezirk: Leipzig   **Kreis:** Grimma
PLZ: 7 240   **Einwohner:** 17 000
Information: Rat der Stadt, Markt.
Übernachtungsmöglichkeiten: Gol-
denes Schiff, Karl-Liebknecht-
Platz 6, Stadt Grimma, Am Phil.-
Müller-Park.
Gaststätten: Am Markt; Feldschlöß-
chen, Goethestr.; Hospitalschänke,
Leisniger Str. 54; Ratskeller, Markt;
Thüringer Hof, Holmstädter
Str. 18; Zur Erholung, Bahn-
hofstr. 41.
Weitere Sehenswürdigkeiten: Markt
mit Rathaus (1585). Bürgerhäuser
(16. bis 18. Jh.). Im Ortsteil Hohn-
städt das Göschenhaus mit Heimat-
stube.

Westportal entstand erst 1685, im
Norden Treppenturm. In der Kirche
hölzernes Tonnengewölbe und Grab-
denkmal mit Ritterfigur (15. Jh.).
Friedhofs(Kreuz)kirche (August-Be-
bel-Straße): Sehenswert vor allem der
Wandelaltar, eine viel bewunderte Arbeit aus Wittenberg mit reichem
Schnitzwerk und Gemälden der Cranachschule. Vormals stand er in der
Nikolaikirche (seit 1519), wo L. häufig
predigte. Nach dem Abriß der Nikolaikirche (1888) jetziger Standort. Am
Muldeufer (Ende Klosterstraße) steht
das **Schloß**, in dem der sächsische Kurfürst Johann 1530 auf seiner Reise
nach Augsburg übernachtete. Die Anlage wurde 1200 erstmals erwähnt.
Neu- und Umbau 1389 bis 1402 sowie
1509/18. Zwei Flügel, am Nordgiebel
(frühes 16. Jh., Blendmaßwerk) des
östlichen gibt es ein zugemauertes vier-

Ausflüge

KLOSTER MARIENTHRON im Ortsteil
Nimbschen (Busverbindung oder
Wanderung). Zu sehen ist die **Klosterruine** mit Resten der Umfassungs-
mauer, trockenem Brunnen und ver-
landendem Teich. Außerdem der 15 m
hohe Nordgiebel, sich daran anschlie-
ßend die West- und Ostseite des
Hauptgebäudes bis zum ersten Stockwerk (alles um 1285). Innen **Sandstein-
tafel:** «In diesem Nonnenkloster weilte
1509—1523 Katharina von Bora. Be-
freit wurde sie durch den Ratsherrn
Leonhard Koppe aus Torgau am
4. April 1523, vermählt mit Dr. Martin
Luther zu Wittenberg am 13. Juni
1525.» — L. selbst war nie in Nimbschen. Die Nonnen hatten ihm jedoch

einen Hilferuf zukommen lassen, worauf er den Kaufmann Koppe für die Tat gewann. Diesem standen zwei Gefährten zur Seite. Die entflohenen Nonnen wurden in Koppes Wagen, jede angeblich in einem Faß verborgen, nach Torgau gebracht.

LEISNIG (Zugverbindung). Aufenthalte L.s sind für 1522 und 1523 verbürgt. L. kam her, um auf die Leisniger Kastenordnung Einfluß zu nehmen. Diese soziale Gesichtspunkte enthaltende Vorschrift sollte der Wittenberger «Ordnung des gemeinen Kastens» (Anfang 1522 auf Betreiben Karlstadts erlassen) entgegenwirken, wurde letztlich jedoch verworfen. Urschrift im **Archiv der Superintendentur**. In der Stadtkirche **St. Matthäus** hat L. vermutlich viermal gepredigt. Erbaut um 1460, geweiht 1484, später verändert. Dreischiffige Hallenkirche aus rotem Rochlitzer Porphyr. Unter der Sonnenuhr Tafel mit den Jahreszahlen 1529 und 1929, dazwischen die Lutherrose. Der Text lautet: «Zur 400-Jahr-Feier der Ephorie Leisnig. Ihre Pfarrerschaft.» Sehenswert ist das Gewände des Südportals. Westturm nur unten original erhalten, oben von 1891. Die gotische Einrichtung der Kirche verbrannte 1637. Das **Gebäude Kirchplatz 3** ist die erste evangelische Superintendentur überhaupt, eingerichtet 1529. Ursprünge des Bauwerks wohl 1405/07, sonst außer jüngeren Teilen aber vorwiegend 16. Jh. Neben St. Matthäus **Lutherbuche**, gepflanzt 1883. L. wohnte Kirchstraße 15. Über

Ruine des Klosters Marienthron

Lutherdenkmal von Ernst Paul neben der Nikolaikirche in Döbeln

Luthers Zeit informiert das **Kreismuseum** im Schloß Mildenstein, einem auf steilem Fels über der Mulde errichteten Bau (Anfänge der früheren Burg um 1100).

Döbeln (Zugverbindung). L. soll 1545 seinen einstigen Famulus als Pfarrer der **Nikolaikirche** ordiniert haben. Diese 15. Jh., Anfänge jedoch 1333, Westportal um 1370, Sakristei vor 1403. In der dreischiffigen Halle Kreuz- und Sterngewölbe. Wertvoller Schnitzaltar (um 1520). Neben St. Nikolai das 1902 enthüllte **Lutherdenkmal** des Bildhauers Ernst Paul. Dargestellt ist L. mit Bibel in der Hand. Ganzfigur, Metall.

HALLE, gelegen am Nordwestrand der braunkohlen- und salzreichen Halle-Leipziger-Tieflandsbucht, ist die Metropole des gleichnamigen Chemiebezirks.

806 wurde im Gebiet der heutigen Stadt das karolingische Kastell «Halla» errichtet, das mit der Mark Giebichenstein eine Großsiedlung bildete, und mit dieser 968 zum Erzbistum Magdeburg kam. Seit Ende des 12. Jahrhunderts sind Anfänge des Stadtrechts belegt. Die reichen Solevorkommen bestimmten die wirtschaftliche Entwicklung der Ortschaft und begründeten deren rasch wachsenden Reichtum. Bereits im frühen 12. Jahrhundert zählte Halle zu den bedeutendsten Handelsplätzen des römisch-deutschen Kaiserreichs. Die Stadt erwarb zunehmend Privilegien und löste sich so aus feudaler Bevormundung. 1280 trat sie der Hanse bei. Als Herzog Ernst von Sachsen 1475 Erzbischof von Magdeburg wurde, rang er der Stadt ihre Rechte wieder ab. Die Magdeburger Erzbischöfe machten Halle zu ihrer Residenz. 1513 wurde Albrecht von Brandenburg Erzbischof, 1514 kam er in die Stadt. Albrecht von Brandenburg hatte jedoch seine Machtpläne viel weiter gesteckt. Vierundzwanzigjährig wurde er 1515 Erzbischof von Mainz und erwarb damit zugleich die Kurwürde. Nunmehr war er zum einflußreichsten Kirchenfürsten Deutschlands aufgerückt. Der Erwerb des Erzbistums Mainz und nicht zuletzt die notwendige Bestätigung der Ämter

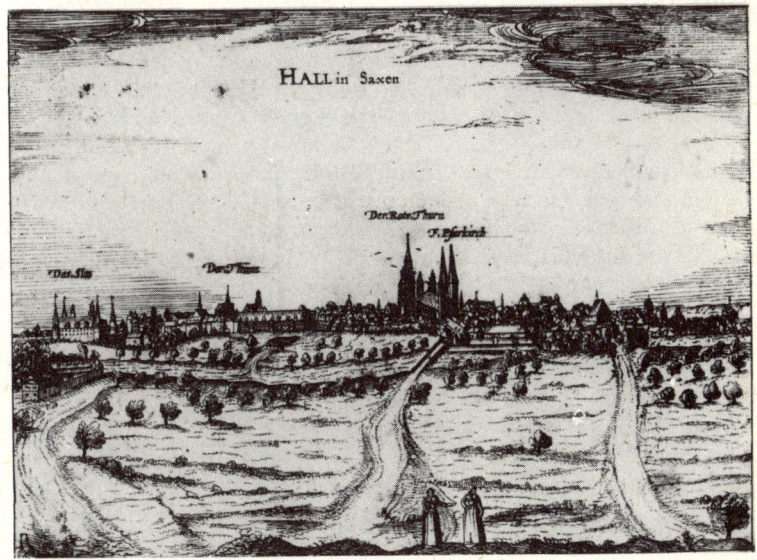

Stadtansicht von Halle aus dem 17. Jahrhundert

durch die Kurie kosteten Albrecht beträchtliche Geldsummen, die ihm die Fugger bereitwillig liehen. Das Problem der Schuldenzahlungen wurde durch den Ablaßhandel geregelt, und Tetzel, vom Dominikanermönch zum päpstlichen Commissarius aufgerückt, tat sein Bestes.

Luthers Thesenanschlag stellte eine ernsthafte Gefahr für die Geschäfte des Erzbischofs dar. Auch des Reformators im Dezember 1521 gedrucktes «Büchlein wider den Abgott zu Halle», das sich offen gegen den Reliquienschatz des Erzbischofs richtete, mußte dessen Widerstand herausfordern. Wehe dem Priester in der Residenz, der Luthers Schriften las — harte Bestrafung wurde ihm 1522 von Albrecht zugesichert.

Was Wunder also, wenn Luther die Stadt Halle mied, konnte er in ihr doch seines Lebens nicht sicher sein. Außerdem hatte er schon 1510 in Halle eine Enttäuschung hinnehmen müssen. Als er mit Dr. Nathin beim damaligen Erzbischof von Magdeburg wegen des von Staupitz ausgelösten Ordenstreits der Augustiner die Erlaubnis für eine Appellation an den Papst erwirken sollte, lehnte der Würdenträger ab.

Nach der Niederlage der Bauern verstärkte der Erzbischof den Druck auf die Massen. Katholische Glaubensstärke war der Grundinhalt seiner Politik, die zunehmend auf Gegenwehr vor allem des Bürgertums stieß. 1541 verzichtete Albrecht auf seine Würden. Der Weg für die Reformation, deren Vorteile das städtische Bürgertum sehr wohl erkannt hatte, war frei.

Am Karfreitag 1541 konnte Justus Jonas in der Marktkirche St. Marien die erste evangelische Predigt halten und in Halle die Reformation einführen. Jonas lebte einige Jahre als Superintendent in der Stadt; in seinem Hause fand Luther stets Unterkunft. Am 5. August 1545 stand der Reformator erstmals selbst auf der Kanzel der Marktkirche. Nur wenige Monate später, am 24. Januar 1546, kam er wieder. Er wollte nach (↑) Eisleben, um letzte Hand an die Erbschaftsverträge der Mansfelder Grafen zu legen. Am 25. brach er morgens dorthin auf, doch die Hochwasser führende Saale ließ ein Weiterkommen nicht zu. Luther kehrte nach Halle zurück und predigte am 26. Januar noch einmal in St. Marien, bevor er am 28. Januar nach Eisleben weiterreiste.

In der Kirche, in der Luther mehrmals gepredigt hatte, wurde unter großer Anteilnahme der Hallenser für den Reformator am 20. Februar 1546 der Trauergottesdienst gehalten. Am gleichen Tag war der feierliche Trauerzug, der Luthers Leichnam von Eisleben nach Wittenberg überführte, in der Stadt eingetroffen. Schon vor den Stadttoren hatten ihn zahlreiche Menschen erwartet. Über Nacht wurde der Leichnam in der Sakristei von St. Marien aufgebahrt, Bürger hielten Ehrenwache.

Rechts: Marktkirche St. Marien mit den sog. «Blauen Türmen» der ehem. Gertrudenkirche

Sehenswürdigkeiten

Goldenes Schlößchen (Schmeer-straße 2): Als Haus des Justus Jonas bezeichnet. Zwei Gedenktafeln, von denen sich eine auf L.s Aufenthalt bezieht: «Hier in der Herberge zum güldenen Schlößchen wohnte Dr. Martin Luther im Anfang August 1545.» Die andere weist auf frühere Besitzer hin. Es ist das älteste Bürgerhaus Halles. Die Fassade zeigt sparsames Schmuckwerk. Um 1471 erbaut, namensgebend ist das Vorhängeschloß im Hauszeichen. **Marktkirche:** Vormals standen hier St. Gertruden (vermutlich aus karolingischer Zeit) und eine schon 1121 erwähnte Marienkirche. Beide ließ Kardinal Albrecht abreißen, stehen gelassen wurden die «Hausmannstürme» von St. Marien mit der Brücke zwischen den spätgotischen Obergeschossen und die spitzbehelmten «Blauen Türme» St. Gertrudens. Zwischen den Turmpaaren wurde 1520/54 die dreischiffige chorlose Halle eingezogen. Außen abgetreppte Strebepfeiler, dazwischen niedrige Betstübchen (vorwiegend 17. Jh.). Die beiden Kielbogenportale mit viel Stabwerk (1546). An der Marktseite rechts Relief von 1583 «Der Esel, der auf Rosen geht» (altes Symbol Halles). Unten Reliefplastik L.s über kleinem Wappenschild mit Lutherrose und der Jahreszahl 1525. Inschrift: «Errichtet zum Gedächtnis des Reformators der Kirche bei der 400jährigen Wiederkehr seines Geburtstags am 10. Nov. 1883.» 1958 erneuert. — In der Kirche versammelte sich die Gemeinde 1546 an Luthers Bahre zum Trauergottesdienst. Die Halle ist Spätgotik in hoher Vollendung, ihre Weite wird durch das breite Mittelschiff betont. Tonnengewölbe mit aus Pfeilern wachsenden Rippen, einige davon anfänglich frei. Die steinernen Emporen der Seitenschiffe

nach 1540 angelegt, unter ihnen reiches Renaissancegestühl. An der Brüstung hinter der Kanzel *Rundmedaillon mit Wappen des Jonas* (anbetender Jonas im Rachen des Walfischs), dazu lateinische Inschrift: «Im Jahre 1541 hat Doktor Justus Jonas hier das Evangelium wiederhergestellt.» Gegenüber ebensolches *Medaillon mit Lutherrose,* lateinische Inschrift: «Dem heiligen Doktor Martin Luther, dem Propheten Deutschlands, 1546 gewidmet.» Dort auch *Reliefmedaillon mit Porträt L.s* von 1553. Die Sandsteinkanzel (1541) ist noch spätgotisch, jedoch mit schönen Renaissancedetails, ihr Schalldeckel erst von 1596. Die Bronzetaufe mit der vier Heiligen als Beckenträger ist 1430 datiert; an ihr wurde 1685 Georg Friedrich Händel getauft. An der Ostwand großes Gemälde von 1593 mit Bibelszenen. Die Bilder des Wandelaltars (1529) von Lucas Cranach d. Ä. oder von ihm beeinflußt. Darauf Kardinal Albrecht, der Stifter, in Anbetung Marias mit dem Kinde. Über dem Eingang zur Sakristei romanischer Triumphbogen, das Portal selbst mit Relief «Schweißtuch der heiligen Veronika» im Scheitel. In der *Sakristei* war L.s Leichnam in der Nacht vom 20. zum 21. Februar 1546 aufgebahrt. Hier *Abgüsse der Totenmaske und der Totenhände Luthers* verwahrt. Alle drei Stücke wurden 1663 einer sitzenden, die Bibel lesenden Ganzpuppe im Talar angepaßt und der Gemeinde gezeigt. Damals dem Antlitz die Augen geöffnet und über der Stirn schütteres Haar angeklebt.

Hauptgebäude der **Martin-Luther-Universität** (Universitätsplatz): Das klassizistische Bauwerk entstand zwischen 1823 und 1834. Der Eingang zur Aula im ersten Stockwerk wird von *Büsten Martin Luthers* und *Philipp Melanchthons* flankiert.

Bezirk: Halle **Kreis:** Halle
PLZ: 4000 **Einwohner:** 233000
Information: Halle-Information, Kleinschmieden 6; Reisebüro, Klement-Gottwald-Str. 6.
Übernachtungsmöglichkeiten: Stadt Halle, Thälmannplatz 17; Rotes Roß, Klement-Gottwald-Str. 76.
Gaststätten: Ratsgaststätte, Marktplatz; Haus der Presse, Waisenhausring 15; Alchimistenklause, Reilstr. 47; Reileck, Reilstr. 132; Zentral, Große Steinstr. 74; Panorama, Große Ulrichstr. 6–8; Tallinn, Rigaer Str.; Böllberger Gaststätte, Katowicer Str.; Wittekind, Wittekindstr. 13; Krug zum grünen Kranze, Talstr. 37; Pirouette, Gimritzer Damm; Eissporthalle; Felsenpavillon, Fritz-Weineck-Ufer; Moritzburg-Weinkeller, Friedemann-Bach-Platz 5; Tusculum-Bar, Franckestr. 1; Freyburger Weinstuben, Rathausstr. 7; Moccastube, Thälmannplatz; Boulevard-Café, Klement-Gottwald-Str. 87; Intermezzo, Rathausstr. 9; Café für Dich, Große Ulrichstr. 52; Theater-Café, Universitätsring 24; Halloren-Café, Klement-Gottwald-Str. 93.
Weitere Sehenswürdigkeiten: Markt: Roter Turm (1506, rest.) mit Galerie, Händeldenkmal (1859). Bürgerhäuser (16. bis 18. Jh.). Moritzkirche (14. bis 16. Jh.). Dom (1280, Umbau 16. Jh.). Neue Residenz (16. Jh., rest.) mit Geiseltal-Museum, Moritzburg (1503, ausgebrannt 1637, teilw. rest.) mit Staatlicher Galerie. Händelhaus. Leipziger Turm (15. Jh.). Hauptgebäude der Franckeschen Stiftungen (1698) mit Naturalienkabinett und Historischer Sammlung. Franckedenkmal (1829). Stadtgottesacker (16. Jh.). Landestheater (1886). Denkmal des Kleinen Trompeters (1958). Burg Giebichenstein (genannt 961). **Weitere Museen:** Landesmuseum für Vorgeschichte, Geschichtsmuseum, Halloren- und Saline-Museum, Heide-Museum, Zoologisches Institut mit Museum, Robertinum mit Archäologischem Museum, Traditionsstätte Otto-Schlag-Haus. Zoo. Botanischer Garten. Kulturpark.

Ausflug

LANDSBERG (Bahn- und Busverbindung). Als sich 1536 die Reformation im Ort durchzusetzen begann, soll L. mit zwei seiner Söhne und deren Lehrer in der Doppelkapelle **St. Crusius** (lat. Heiliges Kreuz) übernachtet haben. L. hat wahrscheinlich auch hier gepredigt. Kurz vor seinem Tode, im Januar 1546, war L. noch einmal in St. Crusius. Turmartiger spätromanischer Bau in bewundernswerter Ausführung (um 1170). Anfangs nur zwei Geschosse, das dritte in der Spätgotik zu Wohnzwecken aufgesetzt. Die Kapellen der beiden unteren Stockwerke bestehen jeweils aus Quergang und Schiff. An Säulen und Pfeilern vorzügliche Bauernornamentik.

In einer Fensternische des ersten Obergeschosses die Zeilen:
«O lieber Gott in Ewigkeit
Erbarm Dich Deiner Christenheit!
So seufzt mit Hand und Mund
　　　　Martin Luther D.»
L. selbst soll den Text mit Kreide an die Wand geschrieben haben. Das Schriftbild wird von Zeit zu Zeit erneuert. — In der dritten Etage befindet sich im *Museum mit Lutherstube:* Abguß der Totenmaske und der Totenhände L.s, Skulptur und großes Medaillon des Reformators. Auf einem Gemälde der vom Tode gezeichnete L. (gemalt 1838, offensichtlich nach der Totenmaske und mit Bezug auf den Aufenthalt L.s in der Kapelle kurz vor seinem Tod), auf einem zweiten L., seine beiden Söhne und deren Lehrer.

JENA, die malerisch in einem Talkessel der Saale gelegene Thüringer Kreisstadt, genießt Weltruf. Dieser gründet sich vor allem auf die Erzeugnisse des VEB Carl Zeiss, der Zentrum der optischen Industrie und des Präzisionsgerätebaus der DDR ist. International bekannt sind auch der VEB Jenapharm und der VEB Jenaer Glaswerk. Universitätsstadt ist Jena seit 1558.

Erstmals urkundlich erwähnt wird der Flecken Jani um 880/90. Die aus Franken eingewanderten Herren von Lobdeburg gaben dem Ort 1236 das Stadtrecht und betrieben dessen planmäßigen Ausbau. Im 14. Jahrhundert mußten sie den Wettinern weichen, an deren ernestinische Linie Jena 1485 fiel. Zu mittelalterlicher Blüte gelangte die Stadt durch Wein- und Ackerbau sowie das Handwerk. Um 1300 entstanden zahlreiche Klöster, Kirchen und Kapellen. Etwa 3 800 Menschen lebten am Ende des 15. Jahrhunderts hier.

Seit 1523 war Jena ein Zentrum der Verbreitung der Reformation. Es gehörte zum unmittelbaren Einflußbereich Karlstadts, der im nahen (↑) Orlamünde im März 1523 die Pfarrstelle übernommen hatte und in Jena eifrige Verfechter seiner radikal-reformatorischen Lehre fand. Wortgewaltig waren die Predigten Martin Reinharts in St. Michaelis, unter deren Eindruck es 1524 zu Aktionen gegen die Klöster kam. Luther, befürchtend, daß Jena und andere Gebiete Thüringens seinem Einfluß entglitten, begab sich in das Wirkungsgebiet Karlstadts. Am 21. August 1524 erreichte er Jena. Quartier nahm er im Gasthof »Zum Schwarzen Bären«, den er bereits von früheren Aufenthalten her kannte (1521, 1522). Mit dem Ziel, die reformatorische Bewegung wieder in «geordnete Bahnen» zu lenken, predigte er am Morgen des nächsten Tags in der Michaeliskirche gegen den «Allstedter Geist». Die Predigt richtete sich vor allem gegen Karlstadt und dessen Mitstreiter, die er der Sympathie für Thomas Müntzer bezichtigte. Dort, wo man Kirchen, Bilder, Holz und Steine zerreiße und die Taufe sowie das Sakrament des Altars hinwegnehme, ausrotte oder gar zunichte mache, herrsche ein teuflischer Geist, griff Luther den einstigen Verbündeten an. Das Gespräch, um das Karlstadt nach der Predigt gebeten hatte, verlief ergebnislos. Der Bruch mit Karlstadt, den Luther schon vorher vollzogen hatte, vertiefte sich. Am gleichen Tag predigte Luther noch im alten Schloß. Am 23. August reiste er nach Kahla weiter. Nachdem im April 1525 bewaffnete Bauern und Plebejer der Jenenser Vorstädte die Klöster der Dominikaner und Karmeliter gestürmt hatten, eiferte Luther am 24. Mai des Jahres abermals von einer Jenaer Kanzel, allerdings weitaus entschiedener als im Jahre zuvor. In ungeheuerlicher Schärfe verfaßt, kursierte seit einigen Tagen Luthers Kampfschrift «Wider die räuberischen und mörderischen Rotten der Bauern», nicht weniger scharf klangen seine Worte, die den aufständischen Bauern um den «Mordpropheten» Müntzer galten. Nach der Niederschlagung der Aufstände rächten sich die Fürsten bitter, nicht zuletzt auf Luthers Geheiß hin. Auf dem Marktplatz Jenas wurden etwa 20 Bauernführer hingerichtet.

Luther war mindestens elfmal in Jena, einmal davon in großer Gesellschaft. Melanchthon und Justus Jonas waren dabei, vor allem aber Kurfürst Johann. Die Reise ging zum Reichstag nach Augsburg (1530), für Luther endete sie in Coburg.

1553 ließ sich Georg Rörer, ein Schwager Bugenhagens, in der Stadt nieder. 1525 hatte Luther Rörer als ersten evangelischen Geistlichen zum Diakonus der Stadtkirche Wittenberg ordiniert. 1526 war Luthers Sohn Hans von ihm getauft worden. Viele Jahre arbeitete er als Korrektor der Lutherschriften bei Hans Lufft. Zu seinen großen Verdiensten zählt die Aufzeichnung von Predigten, Vorlesungen und Tischreden des Reformators. Rörer kümmerte sich auch um die ersten vier Bände der bekannten Jenaer Luther-Gesamtausgabe, die von Christian Rodiger im ehemaligen Karmeliterkloster gedruckt wurde.

Sehenswürdigkeiten

Hotel «Schwarzer Bär» (Lutherplatz 2): Aus dem Gasthof hervorgegangen, in dem L. mehrmals übernachtete und am 22. August die scharfe Auseinandersetzung mit Karlstadt hatte. Zwei Gedenktafeln: «Hier wohnte Dr. Martin Luther 1522» und «Hier wohnte Johann Friedrich der Großmütige 1552». In der Empfangshalle Kopie des Gemäldes «Luther im ‹Gasthof zum schwarzen Bären› in Jena / März anno Domini 1522» von Otto Schwerdtgeburth (1861). Damit ist der Aufenthalt L.s gemeint, als dieser als Junker Jörg von der Wartburg nach Wittenberg reiste. Stadtkirche **St. Michael** (Kirchplatz): L. stand 1522, 1524 und 1529 auf der steinernen, mit spätgotischen Rankenornamenten geschmückten Kanzel (um 1500). Seit 1551 befindet sich die *Bronzeplatte für sein Grab* in der Kirche (Ganzfigur des Reformators mit Bibel und Lutherrose). Sie wurde 1549 im Auftrag Johann Friedrichs des Großmütigen von Heinrich Ziegler in Erfurt

gegossen, nach einer älteren Vorlage Lucas Cranachs d. Ä. Daß sie nicht nach Wittenberg, sondern nach Jena kam, lag am Ausgang des Schmalkaldischen Kriegs und an theologischen Streitigkeiten zwischen beiden Städten, bei denen die Ernestiner auf Seiten der Thüringer standen. Die große dreischiffige Hallenkirche wurde von 1390 bis 1506 im spätgotischen Stil erbaut. Aus dem 13. Jh. sind Teile eines Vorgängerbaus nachweisbar, u. a. der Treppenturm neben dem mächtigen Glockenturm (1556). Die Kirche wurde mehrfach verändert, so erhielt sie 1768/71 ein barockes Mansarddach; dieses im zweiten Weltkrieg stark beschädigt und bei der Restaurierung St. Michaels 1949/59 erneuert. Am Turm spätgotisches Kreuzigungsrelief und am Chor gemeißelte Marienstatue (um 1400). Die Südseite der Kirche als Schauseite ausgebildet, hier zwei Portale, von denen das *Brautportal* besonders prachtvoll geschmückt ist, Fenster mit reichem Maßwerk und eine Kapelle. Innen schönes Gewölbe. Die *Holzplastik des hl. Michaels* als

Mauerreste des Karmeliterklosters am Engelplatz

Drachentöter (erste Hälfte des 13. Jh., noch aus dem Vorgängerbau) gehört zu den ältesten Holzstatuen Thüringens. Die Wolfgangsfigur ist jünger (um 1500). **Karmeliterkloster mit Kirche** (Engelplatz): Am Haus Nr. 5 Inschrifttafel: «Rest des einstigen Carmeliterklosters, das hier stand 1418–1525». Gemeint sind drei Vorhangbogenfenster des Refektoriums und der Durchgang. Anderes Mauerwerk ist über die Grundstücke Engelplatz 1, 3 und 4 verstreut: ein Stück der Klostermauer, die Sakristei, zwei Joche eines Saals mit Kreuzgratgewölbe und der Sockel eines Chorpfeilers. Alles andere im Dreißigjährigen Krieg abgetragen. Das Kloster lag zu L.s Zeiten außerhalb der Stadtmauern und war 1525 von den aufständischen Bauern schwer zerstört worden. In den Überbleibseln hatte sich Jenas erste Druckwerkstatt eingerichtet, in der 1556/67 die früheste wissenschaftlich zuverlässige Gesamtausgabe der Lutherschen Werke aufgelegt wurde.

Bezirk: Gera **Kreis:** Jena
PLZ: 6900 **Einwohner:** 102 000
Information: Reisebüro, Spitzwei-
denweg 22.
Übernachtungsmöglichkeiten: Inter-
national, Ernst-Thälmann-Ring 36;
Schwarzer Bär, Goetheallee.
Gaststätten: Zur Sonne, Ratszeise,
beide Markt; Forelle, Holzmarkt;
Universitätshochhaus-Restaurant,
Schillerstr.; Planetarium, Saalbahn-
hofstr. 12; Weinperle, Johannisstr.;
Café Orchidee, Platz der Kosmo-
nauten; Kosmos, Ernst-Abbe-Str.
Weitere Sehenswürdigkeiten: Markt
mit Rathaus (14. Jh.). Hanfried-
denkmal (1857). Universität (1908).
Planetarium (1926). Hochhaus der
Wissenschaftler (1972). Karl-Lieb-
knecht-Gedenkstätte. Goethe-Ge-
denkstätte. Schillerhaus mit Gedenkstätte. Phyletisches Museum.
Ernst-Haeckel-Haus. Optisches
Museum. Stadtmuseum. Schillerkir-
che (14. Jh.). Botanischer Garten.

Die Stadtkirche St. Margaretha in Kahla

Ausflug

KAHLA (Zugverbindung). Wie Jena gehörte auch Kahla zum unmittelbaren
Wirkungsbereich Karlstadts. Schnell
hatte dieser unter den plebejischen und
bäuerlichen Schichten des kleinen
Städtchens zahlreiche Anhänger gefunden, und der Rat stand ebenfalls
auf seiner Seite. Nach seiner Predigt
am 22. August 1524 in Jena kam Luther nach Kahla, gleichfalls in der Absicht, Karlstadts Einfluß entgegenzu-
wirken und die bereits schwelenden
Unruhen einzudämmen. In der Stadtkirche **St. Margaretha** trat er vor die
Gemeinde. Als er zur Kanzel ging, lag
ihm ein zerbrochenes Kruzifix im
Wege. Luther schob es wortlos beiseite. In seiner Predigt sprach er heftig
gegen die Bilderstürmerei. Doch blieb

auch hier der Erfolg aus. Wenige Monate später geschah, was er verhindern
wollte. 3 000 Bauern des Amtsbezirks
erhoben sich.

An Luthers Predigt erinnert heute
nichts mehr in der Kirche. Die Kanzel
ist längst nicht mehr vorhanden. Heute
stehen zwei andere hier; die eine von
1554 (erst seit 1967 in St. Margaretha),
die andere von 1615. Wahrscheinlich
aber war der Taufstein aus dem 12. Jh.
schon zu L.s Zeit an seinem jetzigen
Platz. Die Kirche selbst wurde nach
ihrem Bau im gotischen Stil (um 1411
begonnen) mehrfach verändert. Der
starke, den Gesamteindruck bestim-
mende dreigeschossige Turm steht auf
den Grundmauern eines ehemaligen
Bergfrieds. Er ist in seiner ursprünglichen Gestalt bis in unsere Tage erhalten geblieben.

LEIPZIG internationalen Ruf als Messe-, Buch- und Pelzstadt genießend und zweitgrößte Stadt der DDR, ist aus der Burgward «urbs Libzi» hervorgegangen, die 1015 in der Chronik Thietmars von Merseburg genannt wurde. Schon damals hatte sich im Schutz der Burg eine Kaufmanns- und Handwerkersiedlung entwickelt, die 1165 zur Stadt erhoben wurde. Am Kreuzungspunkt bedeutender Handelsstraßen gelegen und von den wettinischen Markgrafen stark gefördert, wurde Leipzig bald ein wichtiger Handelsplatz. Im 15. und 16. Jahrhundert nahm die Stadt eine herausragende Stellung im Wirtschaftsleben Kursachsens ein. Außer den Messen, 1507 zu Reichsmessen erhoben, und dem Fernhandel gründete sich diese auf die hohen Bergbauanteile, über die das Leipziger Handelskapital verfügte. Bei der Teilung des sächsischen Kurfürstentums, die 1485 in Leipzig vollzogen wurde, fiel die Stadt an Herzog Albrecht, der zugunsten seines Bruders Ernst auf die Kurwürde verzichten mußte, dafür aber unter anderem die hiesige Universität gewann.

1512 sah Luther Leipzig, das zu jener Zeit etwa 9000 Einwohner zählte, zum erstenmal. Der mittellose Mönch holte sich hier die 50 Gulden ab, die ihm Kurfürst Friedrich der Weise für seine Promotion zum Doktor der Theologie mit der Auflage gewährt hatte, auf Lebzeiten die Lectura in Biblia an der 10 Jahre zuvor gegründeten Wittenberger Universität zu versehen.

Nicht sicher ist, ob Luther 1516 oder 1517 das hiesige Augustiner-

Luther und Eck während der Leipziger Disputation, zeitgenössischer Holzschnitt

kloster visitierte. Auf alle Fälle nahm er an der Neujahrsmesse von 1518 seiner Leipziger Ordensbrüder teil. Im gleichen Jahr passierte er die Stadt, als er Anfang April nach Heidelberg wanderte, wo der Ordenskonvent der Augustiner tagte, zu dem er aufgrund seines Thesenanschlags vorgeladen worden war.

Der wichtigste Aufenthalt Luthers in Leipzig fiel zweifelsohne in das Jahr 1519. Vom 27. Juni bis zum 16. Juli fand in der Pleißenburg die Leipziger Disputation statt — ein Ereignis, das für die Entwicklung der reformatorischen Bewegung und die Luthers selbst herausragende Bedeutung besaß. Seit 1518 führten Andreas Karlstadt, Dekan der Theologischen Fakultät der Wittenberger Universität, und Johann Eck, Theologieprofessor aus Ingolstadt, eine literarische Fehde. Karlstadt hatte Eck wegen seiner gegen Luthers 95 Thesen gerichteten Schrift «Obelsci» angegriffen. Eck forderte zum Streitgespräch auf. Die dazu von ihm vorbereiteten Thesen richteten sich jedoch hauptsächlich gegen Luthers Lehre. Luther konnte nun nichts mehr davon abbringen, sich persönlich seinem Gegner zu stellen. Am 24. Juni trafen Luther, Karlstadt, Melanchthon und Herzog Barnim von Pommern, Rektor der Wittenberger Universität, begleitet von 200 Studenten der Leucorea, in Leipzig ein. Quartier nahm Luther im Hause seines Druckerfreundes Melchior Lotter. Am 29. predigte er im Schloß — er sollte sobald nicht wieder auf einer Leipziger Kanzel stehen.

Im Beisein Herzog Georgs, auch Müntzer war zeitweise unter den Zuhörern, fochten die Theologen eine fast dreiwöchige Redeschlacht. Im Mittelpunkt stand Luther. Von dem ebenfalls wortgewandten Eck in diese Position manövriert, behauptete er, daß Konzilien irren können und Jan Hus zu Unrecht verurteilt worden sei, weil viele seiner Auffassungen «gut christlich» gewesen wären — für die «Altgläubigen» ein endgültiger Grund, Luther zum Ketzer zu stempeln. Stadt und Universität feierten Eck, auch der Herzog, der sich nunmehr zum entschiedenen Luthergegner entwickelte. Die Geister schieden sich zunehmend. Unter den Volksmassen fand Luther durch sein Aufbegehren gegen die Papstkirche wachsende Resonanz. Auch in Leipzig hatte er sich neue Anhänger geschaffen — wider den Willen der hiesigen Geistlichkeit und des Herzogs.

Das aufstrebende Bürgertum sah in der gemäßigten Reformation seine ideologische Grundlage und sein politisches Programm. Da auch plebejische Teile der Bevölkerung wesentlich von Luther beeinflußt waren, was den Herzog zu der Annahme verleitete, daß der Wittenberger und Müntzer Gleiches wollten, richtete sich die Gesamtbewegung zunächst verhältnismäßig einheitlich gegen Landesherren, katholischen Klerus und selbstherrliches Stadtregiment. Als sich 1525 die Bauern erhoben und Teile der Stadtarmut sich mit ihnen verbündeten, wurde rigo-

Luther Eck eyst also von mir zu gut
Ich weiß noch eyn guten Cardinale hut
Wo agstu von Luther Concludieren
Wilt ich dir deyn Bierkopf mit zieren

Iren I. für all buberey vnd buele sachen
Was ich durche gelt vmberumb gerecht macht
Mit meiner Sophisterey vnd grossem geschrey
Mar ich dem Luther vnd Gote rewt entzwey

Spottbild auf Luthers Gegner

ros durchgegriffen. Der patrizische Rat, der Geld, Waffen und Söldner für den Unterdrückungsfeldzug des Herzogs gestellt hatte, ließ die Anführer in der Stadt verhaften. Jene über einhundert Bürger, die noch 1524 eine Petition bezüglich der Einführung der Reformation unterzeichnet hatten, distanzierten sich nun davon, fürchteten sie doch um ihr Hab und Gut. Wer zu seinem Bekenntnis stand, den traf es hart. Michael Rumpfer, der Führer des plebejischen Flügels, wurde auf dem Markt enthauptet. Den Buchdruck ließ der Herzog fortan stärker überwachen, und noch 1533 veranlaßte er die Ausweisung von etwa 400 Lutheranhängern aus der Stadt. Luther hatte also guten Grund, Leipzig zu meiden. Nach 1521 sah er es viele Jahre nicht mehr.

1539 starb Herzog Georg, unter seinem Nachfolger, Herzog Moritz, wurde endlich auch im albertinischen Sachsen die Reformation eingeführt. In Leipzig übernahm es Luther persönlich. Pfingsten 1539 kam er mit Melanchthon, Jonas, Cruciger und dem Pfarrer von Belgern, Johann Pfeffinger, später erster Superintendent der Stadt. Auch Myconius aus Gotha reiste an. Was er zwei Jahre zuvor geäußert hatte: «… ich werde es noch erleben, daß … ich in Leipzig Gottes Worte predigen werde», wurde Wirklichkeit.

Am 24. Mai predigte Luther auf der Pleißenburg, einen Tag später in der Thomaskirche, das Stift hatte sich zuvor entschieden gegen jedwede reformatorische Bewegung gewendet. Kein Platz blieb leer, das Volk drängte sich.

Viermal kam Luther noch nach Leipzig, zuletzt im August 1545, ein halbes Jahr vor seinem Tode.

Das Neue Rathaus, erbaut auf den Grundmauern der Pleißenburg

Sehenswürdigkeiten

Auerbachs Keller (Grimmaische Str. 2/4): Rest des Auerbachschen Hofes, der um 1535 für Heinrich Stromer von Auerbach, Professor und Rektor der Universität, erbaut wurde. L. war mit Stromer von Auerbach befreundet und wohnte 1539 bei ihm. **Museum für Geschichte der Stadt Leipzig** (Altes Rathaus, Markt 1): In der *Sammlung*: Lutherbecher, den der schwedische König L. 1536 schenkte, frühe Lutherdrucke und Trauring Katharina von Boras. Gemälde: Spottbild auf die Kalvinisten, rechts Luther mit lutherischen Theologen (um 1570); Kurfürst Johann Friedrich der Großmütige von Sachsen spielt Schach mit einem spani-

schen Hauptmann seiner ständigen Wache (16. Jh.); «Martin Luther», «Philipp Melanchthon», «Johannes Bugenhagen» (alle drei aus der Schule Lucas Cranachs d. J.); «Kaiser Maximilian I.»; «Kaiser Karl V.»; «Herzog Georg der Bärtige»; «Kurfürst Moritz von Sachsen»; «Landgraf Philipp von Hessen». **Freges Haus** (Katharinenstraße 11): 1706/07 erbaut, die Ursprünge der Hofanlage liegen im 16. Jh. Von 1523 ist ein Spottrelief – Leo X. und Kaiser Karl V. mit dem gestrauchelten Mönch Luther – erhalten geblieben. Daß auf dem Relief Melanchthon an L.s Statt dem Papst entgegentrete und über Tetzel triumphiere, ist sicher eine Umdeutung. **Thomaskirche** (Thomaskirchhof): An einem Innenpfeiler gußeiserne *Tafel mit Lutherrose*, Stadtwappen und der Inschrift: «Hier Predigte D. Martin Luther Bei D. Einführung Der Reformation A. Pfingstsonntage 1539». L. auf Farbglasscheiben eines 1889 gestifteten Fensters. Baubeginn nach 1210, der spätromanische Chor 1218 fertiggestellt. Das Mauerwerk seiner Seitenwände und des Triumphbogens bis heute fast vollständig erhalten. Das Kirchenschiff wurde 1482 abgebrochen. Der Turm aus der frühen Bauzeit erhielt sein Oktogon 1537, die Laterne 1702. Im Glockenstuhl hängt die 1477 gegossene «Gloriosa» mit Ritzzeichnung. Der Chor wurde 1355 umgebaut, seitdem kreuzrippengewölbt. Das hohe Langhaus und die Westempore sind von 1482/96, die anderen Emporen von 1570. Der Chor steht schräg zur Mittelachse. Die Westfassade der Kirche erhielt im letzten Drittel des 19. Jh. ihr jetziges Aussehen. *Ausstattung*: Einige wertvolle Stücke aus dem 17. und 18. Jh., aus der Lutherzeit jedoch nur Grabdenkmale. Die Modellierung der Gewänder auf den

---

Bezirk: Leipzig   **Kreis:** Leipzig   **PLZ:** 7000   **Einwohner:** 564 000   **Information:** Leipzig-Information, Sachsenplatz 1; Reisebüro, Markt 4.
Übernachtungsmöglichkeiten: Merkur, Gerberstr.; Am Ring, Karl-Marx-Platz; Stadt Leipzig, Richard-Wagner-Str.; Astoria, Platz der Republik; International, Tröndlinring; Zum Löwen, Breitscheidstr.; Parkhotel, Richard-Wagner-Str. 7.
Gaststätten: Auerbachs Keller, Grimmaische Str. 2–4; Astoria-Klause, Gerberstr. 8–10; Barthels Hof, Markt 8; Burgkeller, Naschmarkt 1; Kaffeebaum, Kleine Fleischergasse 4; Paulaner, Klostergasse 3; Ratskeller im Neuen Rathaus, Burgplatz; Speisebar moderna, Katharinenstr. 17; Stadt Dresden, Georgiring; Thüringer Hof, Burgstr. 17–19; Bayrischer Hof, Wintergartenstr. 13; Sachsen-Bräu, Hainstr. 1a; Gastmahl des Meeres, Dr. Kurt-Fischer-Str. 20; Wildschütz, Brühl; Spreewald-Gaststätte, Fichtestr. 25; Gohliser Schlößchen, Menckestr. 24; Parkgaststätte Markkleeberg, auf dem Gelände der «agra»; Falstaff, Georgiring 9; Freyburger Weinstube, Dr. Kurt-Fischer-Str. 20; Plovdiv, Barfußgäß-

chen 9; Milch-Mocca-Eisbar, Hochhaus, Wintergartenstr.; Panorama-café, Universitätshochhaus; Centra, Petersstr. 26; Ringcafé, Roßplatz; Mokkabar, Leipzig-Information; Corso-Konditorei, Neumarkt 24 und Markt 17; Konditorei am Sachsenplatz, Katharinenstr. 15; Windmühle, Riemannstr. 10.
Weitere Sehenswürdigkeiten: Alte Börse (1687, rest.). Bachdenkmal (1908). Bachgedenkstätte. Nikolaikirche (14. bis 16. Jh.; Ausstattung 18. Jh.). Opernhaus (1960). Universitätshochhaus (1975). Neues Gewandhaus (1981). Hauptbahnhof (1915). Ehem. Reichsgericht (1895), darin Georgi-Dimitroff-Museum, Museum der bildenden Künste. Gohliser Schlößchen (1756), darin Bacharchiv. Schillerhaus. Leningedenkstätte. Karl-Liebknecht-Haus. Naturwissenschaftliches Museum. Grassimuseum (1929), darin Museum des Kunsthandwerks, Museum für Völkerkunde, Musikinstrumentenmuseum. Bayrischer Bahnhof (1842). Deutsche Bücherei (1916), darin Buch- und Schriftmuseum. Russische Kirche (1913). Messegelände (seit 1920). Völkerschlachtdenkmal (1913). Zoo. Botanischer Garten. Kulturpark Clara Zetkin. Sportforum und Zentralstadion (1956).

1517 datierten Platten für ein Ehepaar greift fast dem Barock vor. Das Epitaph für einen kursächsischen Ritter zeigt eine sehr plastische Ganzfigur, vor 1490 aus Sandstein gefertigt. Die bronzene Platte auf dem Grab Johann Sebastian Bachs ist seit 1950 dort. Bach war an St. Thomas Kantor. Bei der Restaurierung Anfang der sechziger Jahre gotische Gewölbemalereien wiederentdeckt. «**Thüringer Hof**» (Burgstraße 19—23): In der Gaststätte hängt die *Kopie eines Lutherbriefs* an Spalatin von 1520. L. schreibt, daß er 1515 vom Besitzer des Hofs testamentarisch hundert Gulden vermacht bekommen habe. Das Original befand sich angeblich bis 1943 hier und soll bei einem Luftangriff verlorengegangen sein. **Neues Rathaus** (Burgplatz): Hier stand die Pleißenburg, in der im Juni/Juli 1519 die Leipziger Disputation stattfand. 1550/67 Neubau der Anlage, von der ein Turm in den Bau des Rathauses (1907) einging. **Museum für bildende Künste** (Georgi-Dimitroff-Platz 1): *Gemälde* «Junker Jörg» (Lucas Cranach d. Ä.) und «Luther im Kreise seiner Familie» (Gustav Adolph Spangenberg, 1866). In der graphischen Sammlung *Kupferstich* «Martin Luther» (Lucas Cranach d. Ä.) und gleichnamiger *Holzschnitt* (Lucas Cranach d. J.).

Ausflug

MERSEBURG (Zugverbindung). Die Chemie- und Kreisstadt erwuchs aus einer am 930 von Heinrich I. errichteten Königspfalz mit steinerner Kirche. 968 gründete Otto I. ein Bistum. Die alte Burg lag am Schnittpunkt wichtiger Handelsstraßen, wodurch die Besiedlung gefördert wurde. Vornehmlich ließen sich Kaufleute und Handwerker nieder. Marktherr war der Bischof, dem seit 1289 auch alle städtischen Verwaltungen unterstanden. Trotz wiederholter Versuche der Stadt, sich aus der bischöflichen Bevormundung zu lösen, wurde die Kirchenherrschaft erst im Zuge der Reformation durch eine weltliche abgelöst. Bischof Adolf von Anhalt (↑ Wörlitz) war es gelungen, sämtliche Reformationsbestrebungen lange Zeit zu unterdrücken. Die erste evangelische Predigt in Merseburg wurde 1543 gehalten. Moritz von Sachsen ließ das Bistum von kursächsischen Administratoren verwalten. Die geistliche Verwaltung übernahm Georg von Anhalt, seit 1530 zum Freundeskreis Luthers gehörend. Luther selbst führte ihn in den ersten Augusttagen des Jahres 1545 in sein Amt ein. Während dieses Aufenthalts predigte der Reformator auch im Dom. Wenige Tage später, am 6. und 7. August, stand er wieder auf der Domkanzel. Auf den erstgenannten Aufenthalt bezieht sich eine Gedenktafel am **Dom St. Johannes der Täufer und Laurentius**: «Martin Luther der Reformator Deutschlands predigte in dieser Domkirche am 2. 4. 6. August 1545.» Der Bau ist dreischiffig und im wesentlichen spätgotisch (1502/17). Von den vier Türmen sind die beiden runden spätestens von 1042. Fürstengruft und Krypta stammen von 1040. Das Hallenlanghaus hat einen Staffelgiebel. Im spätgotischen Portal der dreischiffigen Westvorhalle flankieren überlebensgroße Standbilder beider Namenspatrone der Kirche das von Heinrich II., der als Stifter aufgefaßt wurde. Die Fülle der Kunstwerke im Innern so groß, daß sie selbst bei einem sakralen Bau dieser Wichtigkeit überrascht. Verwiesen sei besonders auf die bronzene (einst vergoldete) *Grabplatte Rudolfs von Schwaben*, des 1080 in einer Schlacht tödlich verwundeten Gegenkönigs Heinrichs IV. Sie

Innenansicht des Merseburger Doms mit der spätgotischen Kanzel und der Ladegast-Orgel

ist stilistisches und ikonographisches Vorbild einer ganzen Reihe anderer berühmter Grabplatten geworden. In der Vorhalle befindet sich eine Fotokopie eines Drucks von Merseburger Predigten Luthers: «Die erste vom Reich Christ, Die andere vom Ehestand. Gedruckt in Wittenberg durch Georgen Rhaw Anno MDXLVI» (das ist 1546). Im Langhaus ist die sicherlich schönste der erhalten gebliebenen *Lutherkanzeln* zu bewundern (spätgotisch, von 1514/26.). Auf unnachahmliche Weise in Holz gearbeitet, das Schnitzwerk sucht seinesgleichen. Zierlicher Kanzelfuß aus vorzüglich aufgefaßten Fabeltieren und Putten als Wappenschildträger. Der Kanzelkorb mit vieleckigem Grundriß, überschwenglich ornamental verziert und zudem mit lebensvollen Reliefbildern geschmückt. An den Kanten die Figuren heiliger Frauen auf Säulen und von Aposteln unter Baldachinen. Der Schalldeckel ist 150 Jahre jünger als die Kanzel.

Dem Dom unmittelbar benachbart ist das **Schloß.** In ihm war Luther während seiner Aufenthalte im August 1545 Gast Georgs von Anhalt. Eigentliche Bauzeit 1466 bis 1514, doch kamen durch spätere vielfältige Veränderungen prägende Stilelemente der Renaissance und des frühen Barocks hinzu, dennoch ist der geschlossene Eindruck erhalten geblieben. Beispielsweise wurden die Zwerchgiebel erst 1665 angefügt. Der *Westflügel* war ab 1537 bischöfliche Kanzlei. Der *Ostflügel* (eigtl. Wohnbau) wurde im zweiten Weltkrieg zerstört (Erneuerung 1972). Manche der Wappentafeln und Portale stammen noch aus der Lutherzeit (zum Teil inschriftlich datiert). Innenräume von damals sind nur noch im *Nordflügel* vorhanden, so der spätgotische Speisesaal. Das im Schloß beherbergte **Kreismuseum** gibt eine anschauliche Darstellung der Baugeschichte von Schloß und Dom. Auch hier Fotokopien der beiden bereits erwähnten Merseburger Predigten L.s.

M AGDEBURG, Zentrum des Schwermaschinenbaus der DDR, erhielt 1188 das Stadtrecht. Im Rahmen der feudalen Ostexpansion gewann die Stadt bald wesentliche Bedeutung und blühte zu einem Fernhandelsplatz auf.

Als Luther im Frühjahr 1497 nach Magdeburg kam, war er noch keine vierzehn Jahre alt. Sein Vater, zu einem kleinen Hüttenmeister im Mansfeldischen emporgestiegen, wünschte sich für seinen Sohn eine geachtete Position. Da die Mansfelder Stadtschule nur das elementarste Wissen vermittelte, schickte er ihn nach Magdeburg an die Schule der Troilusbrüder, damit er auf ein Studium vorbereitet werde. Es war die Schule der Bruderschaft, in der Laien und Kleriker ohne Ordensgelübde in «tätiger wissenschaftlicher Gemeinschaft lebte(n), sich vom Unterricht nährte(n), gute aufstrebende Lehrer» waren.

Im Hause des aus Mansfeld stammenden erzbischöflichen Offizials Dr. Paul Moßhauer lernte der Knabe bedeutende Persönlichkeiten kennen. Claus Storm (Nikolaus Sturm) war darunter, einer derjenigen, die sich etwa 25 Jahre später im Magdeburger Rat auf die Seite des Reformators schlugen. Und auch Andreas Proles (↑ Wernigerode, Kloster Himmelpforte), der 1508 in Magdeburg starb, begegnete er hier. Von ihm hörte Luther schon damals, daß eine Kirchenreform notwendig sei, die Papstkirche fallen werde, und «der Held schon geborn (sei), den

Magdeburg um 1575, zeitgenössischer Kupferstich von Braun und Hogenberg

Gott zur Durchführung dieses Werkes mit Verstand und Muth begnadigt habe».

Zwar war Luther bei Moßhauer gut untergebracht und verdiente sich als Kurrendesänger einen Teil seines Unterhalts, doch eventuell waren dem Vater die Kosten dennoch zu hoch. Möglicherweise besannen sich die Eltern auch der Verwandten in Eisenach und erwogen darum einen Schulwechsel. Jedenfalls kehrte ihr Sohn bereits 1498 wieder nach Mansfeld zurück.

Erst nach fast 20 Jahren kam Luther abermals nach Magdeburg. 1516 weilte er im Augustinerkloster, ein Jahr später visitierte er es. Die Lage in der Stadt hatte sich bereits zugespitzt. Das Domherrenstift stand gegen den Rat. Aber nicht Glaubensfragen schürten die Spannungen, sondern der vom Klerus angehäufte Besitz brachte die Bürger auf. «Kleinrom» wurde Magdeburg damals genannt, das Berge-Kloster, das Augustinerkloster, das Domstift, zahlreiche Kirchen bestimmten sein Antlitz.

1523 setzte sich ein Teil der ratsfähigen Bürger, darunter Storm und Ludwig Alemann, für die Durchsetzung der reformatorischen Gedanken Luthers ein, die auch unter den plebejischen Schichten populär waren. Die einheitliche Front gegen das Domstift war aber bereits zerfallen. Lutheranhänger, die in Magdeburg Zuflucht gefunden hatten, gingen in ihren Reformationsbestrebungen weit über diejenigen Luthers hinaus, näherten sich teilweise Karlstadt und Zwingli. Ihnen stand der bürgerlich gemäßigte Flügel gegenüber. Storm, der zeitweilig alle Schritte gegen das Domstift unterstützt hatte, scheute vor Volksaktionen zurück; auf sein Betreiben hin wurde Luther nach Magdeburg eingeladen. Kraft seiner Autorität sollte er die radikalen Bestrebungen zügeln.

Luther kam am 24. Juni 1524 an, nahm im Augustinerkloster Herberge und verhandelte mit dem Rat und den Vertretern der Gemeinden. Seine geplante Predigt in der Klosterkirche mußte wegen des großen Zulaufs auf den 26. Juni in die Johanniskirche verlegt werden.

Der Reformator begrüßte die bereits erfolgte Einsetzung evangelischer Pfarrer, und am 3. Juli predigte er über den Unterschied der pharisäischen und der wahren, vor Gott geltenden Gerechtigkeit. Als Folge seines Auftretens bekannten sich alle Kirchen der Stadt am 17. Juli zum Protestantismus. Am 23. Juli stellte der Rat die Abhaltung katholischer Gottesdienste unter Strafe.

Luthers Auftreten hatte die Position der gemäßigten reformatorischen Richtung bedeutend gestärkt, nun begann eine Kampagne gegen radikalere Bestrebungen. Ein Jahr später sorgte Nikolaus Amsdorf dafür, daß der Erfolg der Lutheraner von Dauer war. Der Kurfürst setzte ihn Ende September 1525 auf Bitten des Rats als ersten Superintendenten ein, denn Amsdorf sah sein Ziel darin, «so viel wie möglich allem Aufruhr zuvorzukommen».

Sehenswürdigkeiten

Marktkirche St. Johannes (Johannis-kirchhof): Mehrere Predigten L.s 1524 in der ältesten Magdeburger Pfarrkir-che. Ursprünge des Chors liegen viel-leicht schon im 10. Jh. Die dreischif-fige gotische Basilika mit kreuzförmi-gem Grundriß wurde vor 1131 begon-nen. Die Westfassade mit Doppelturm ist hundert Jahre jünger; bei der Er-neuerung im 17. Jh. Veränderungen vorgenommen, der Gesamteindruck ist aber erhalten geblieben. Am Giebel der spätgotischen Vorhalle Apostelfi-gur gleichen Stils. Das kreuzgewölbte Langhaus folgte im 15. Jh. einem älte-ren; 1669, nach Beschädigung im Drei-ßigjährigen Krieg, wieder in gutem Zustand. Für den Treppenturm von 1697 ein 1507 datierter Türsturz be-nutzt, der auf einen Vorgängerbau gleicher Bestimmung hinweist. Die Sa-kristei stammt aus dem 14. Jh. — Die Einrichtung ging im zweiten Welt-krieg verloren. **Lutherdenkmal** (neben der Johanniskirche): 1886 von Emil Hundrieser. Ganzfigur L.s mit Bibel, die Bannandrohungsbulle unter den Füßen. An dem hohen Sockel In-schrift: «Doctor Martin Luther 1524». **Wallonerkirche** (ehem. Augustinerkir-che, Wallonerberg): Als Kirche des Augustinerklosters gebaut, das 1517 von L. visitiert wurde. Ab 1694 hielt die Wallonergemeinde hier ihre Gottes-dienste ab, daher der Namenswechsel. Baubeginn vielleicht schon 1295, also gleichzeitig mit dem des Klosters (von diesem nichts mehr vorhanden). Gotik in schlichten Formen. Ungewöhnlich langer einschiffiger Chor (28 m) mit zweigeschossigem Kapellenanbau und dreibahnigen Maßwerkfenstern. Von solchen auch die Nordwand der Kir-che durchbrochen. Die frühgotischen Lanzettfenster in der südlichen Umfas-sungsmauer sind so hoch angesetzt,

Lutherdenkmal von Emil Hundrieser

weil dort das Kloster stand. In 20 m Höhe aufsitzendes achteckiges Türm-chen (15. Jh.). Der Westgiebel zeich-net sich durch vier starke Strebepfeiler und reich mit Maßwerk gefüllte Fen-ster aus. Breites Mittelschiff, die Sei-tenschiffe dafür um so schmaler. Die originale Ausstattung ist bei der schwe-ren Kriegszerstörung 1945 verloren gegangen.

Bez.: Magdeb. **Kreis:** Magdeburg
PLZ: 3000 **Einwohner:** 283 000
Information: Magdeburg-Information, Alter Markt 9; Reisebüro, Wilhelm-Pieck-Allee 14.
Übernachtungsmöglichkeiten: International, Otto-von-Guericke-Str. 87; Gewerkschaftshaus, Julius-Brehmer-Str.
Gaststätten: Stadt Prag, Karl-Marx-Str. 20; Böttelstube, Alter Markt; Donezk, Hegelstr. 42; Stadt Kielce, Ratswaageplatz 1—4; Pliska, Karl-Marx-Str. 15; Herrenkrug, Herrenkrugstr. 194; Historischer Ratskeller, Alter Markt; Haus des Handwerks, Gareisstr. 10; Wildbret-Stübl, Karl-Marx-Str. 13; Jägerhütte, Heinrich-Heine-Weg; Historischer Weinkeller Buttergasse, Alter Markt; Weinstudio Grün-Rot, Hasselbachplatz; Zum Humpen in den Bördestuben, Salvador-Al-lende-Str.; Café Moldau, Karl-Marx-Str. 20; Merietta-Bar, Karl-Marx-Str. 23; Theater-Café, Otto-von-Guericke-Str. 64; Kloster-Café, Regierungsstr.; Odett, Leipziger Str. 45.
Weitere Sehenswürdigkeiten: Dom (1209—1520, Teile der Krypta älter, Bauplastik 13. Jh.; Ausstattung 14. bis 17. Jh.). Kloster «Unser Lieben Frauen» (um 1060—1160, rest.), darin Konzerthalle und Ausstellung. Rathaus (1698) mit Magdeburger Reiter (1240). Halle an der Buttergasse (um 1200). Sebastiankirche (12. bis 15. Jh.). Elbuferpromenade mit mittelalterlichen Bauten und Festungswerken (rest.). Kulturhistorisches Museum. Kulturpark Rotehorn mit Stadthalle, Ausstellungszentrum und Aussichtsturm. Erich-Weinert-Gedenkstätte und -Denkmal.

MANSFELD, die von den Haldenzügen des Kupferschieferabbaus umgebene Kleinstadt, liegt im östlichen Harzvorland, im Bezirk Halle. 973 wurde es in einer Urkunde Ottos II. erstmals bezeugt. Unter dem Staufer Friedrich II. fand ein Schloß Erwähnung. Etwa 300 Jahre später durften die Mansfelder Bergbau betreiben, konnten Bergrecht festlegen und vollstrecken, wodurch sie reichsunmittelbar wurden. Stadtrecht erhielt die Siedlung Mansfeld wahrscheinlich um die Wende zum 14. Jahrhundert.

Über Jahrhunderte hinweg wurde die Entwicklung der Stadt vom Kupferbergbau bestimmt. Um 1500 gehörte die Grafschaft Mansfeld zu den entwickeltsten deutschen Gebieten. Frühkapitalistische Produktionsverhältnisse begannen sich durchzusetzen, der Handel mit Silber und Kupfer führte zu beträchtlichem Kapital. Zwischen 1500 und 1600 hatte die Stadt mit etwa 3000 Einwohnern den höchsten Stand der Einwohnerzahl im ausgehenden Mittelalter erreicht. Mansfeld ist die Stadt, in der Martin Luther seine Kindheit verbrachte, in der seine Eltern nach ihrer Übersiedlung aus Eisleben bis zu ihrem Tode lebten. Die Luders kamen im Mai 1484 hierher. Im Zentrum der Kupferbergbaureviere wollte Hans Luder sein Glück versuchen. Zunächst arbeitete er als Berghäuer. Luther erzählte später über diese Jahre: «Meine Eltern sind ernstlich arm gewesen. Mein Vater ist in seiner Jugend ein armer Häuer gewesen. Die Mutter hat all ihr Holz auf dem Rücken getragen. So haben sie uns erzogen. Sie haben harte Mühsal ausgestanden, wie sie die Welt

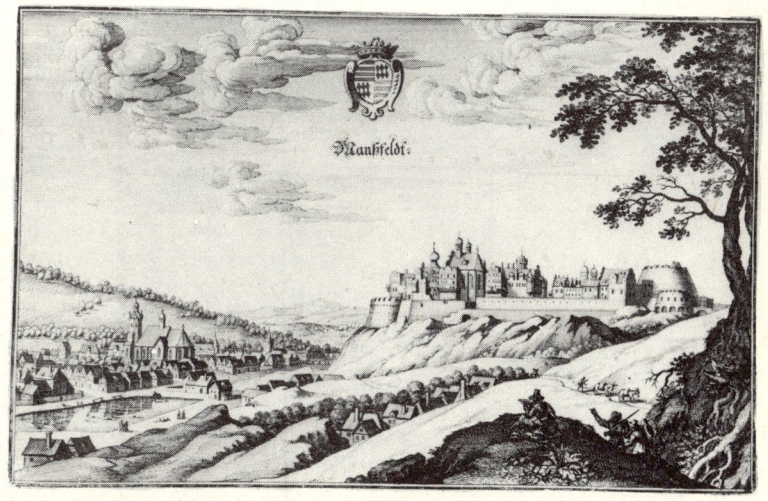

Stadtansicht von Mansfeld, Kupferstich von Merian, 17. Jh.

Margarete und Hans Luder, nach Gemälden Lucas Cranachs d. Ä. aus dem Jahre 1527

heute nicht ertragen wollte.» 1491 trat Hans Luder einer der kleinen Genossenschaften bei, die kupferführende Schächte ausbeuteten. Gemeinsam mit einigen Geschäftsfreunden pachtete er ein Herdfeuer (kleines Hüttenwerk), möglicherweise auch zwei oder mehr und stieg so zum Hüttenmeister empor. Rang und Ansehen in der Stadt brachte ihm sein Amt als Gemeindevertreter. Freilich hatte er Schulden machen müssen, die abzuzahlen ihm erst gegen 1500 gelang. 1508/09 war Luder dann bereits an acht Schächten und drei Herdfeuern beteiligt. Zwar hat er es nicht zu großem Reichtum gebracht, seinen Erben hinterließ er 1250 Gulden, aber er gehörte dem Unternehmerstand an, wodurch auch die Familienverhältnisse entscheidend geprägt wurden. Sohn Martin ermöglichte das den Schulbesuch, zunächst nur in der Mansfelder Stadtschule, die dieser seit dem 12. März 1488 vermutlich acht Jahre besuchte. Gelehrt wurden Religion, Lesen, Schreiben, Singen und natürlich Latein. Luthers Erinnerungen an die Mansfelder Schulzeit waren keine guten. «Es sind manche Präzeptoren so grausam wie die Henker», äußerte er noch im Alter über seine Lehrer, «die selbst nichts gekonnt und nichts Guts noch Rechts haben mögen lernen, ja, auch die Weise nicht gewußt, wie man doch lernen und lehren soll.» Seine späteren intensiven Bemühungen um eine Schulreform waren sicher auch von diesen persönlichen Erfahrungen beeinflußt.

Als sich die finanzielle Lage des Vaters zu bessern begann, konnte Luther im Frühjahr 1497 in Magdeburg eine höhere Schule besuchen. Nun kam er nur noch selten nach Hause und wenn, dann meist auch nur für kurze Zeit.

Später war Luther nicht nur durch seine Eltern und Geschwister mit Mansfeld verbunden, auch durch die Mansfelder Grafen der Linien Mittel- und Hinterort. Mit Graf Albrecht pflegte er fast freundschaftliche Beziehungen. Am 19. April 1525 soll er zum erstenmal im gräflichen Schloß gewesen sein. Anlaß des Aufenthalts waren wahrscheinlich die Unruhen der Bauern und Bergknappen. Nach etlichen Überlieferungen sollen damals die Grafenbrüder von Mittel- und Hinterort mit ihren Frauen zum evangelischen Glauben übergetreten sein, womit «die häßlichen, gehässigen Schikanen» des katholisch gebliebenen Vorderorter Grafen «wider seine ketzerischen Brüder» begonnen hätten. Tatsächlich geschah der Übertritt bereits 1523, und Fragen der Erbschaft und nicht des Glaubens waren der Grund der Streitigkeiten.

Wegen der Erbstreitigkeiten sollte Luther noch mehrmals nach Mansfeld gerufen werden. Sie waren auch Anlaß für seinen letzten Besuch vom 24. Dezember 1545 bis zum 6. Januar 1546 in der Stadt. Spangenberg, bekannter Mansfelder Chronist jener Zeit, berichtete darüber: «Anno 1545 ist Doctor Martinus Luther beneben Herrn Philipp Melanchthon im Dezember auf dem Schloß Mansfeldt gewesen, seine liben Landesherren besuchet und zu Fried und Einigkeit vermahnet!»

Rundgang

Vom Bahnhof in die Lutherstraße zu **Luthers Elternhaus** (Nr. 26): Von Hans Luder erworben, als er zu einigem Wohlstand gekommen war. Bis zu seinem Tode hat er hier mit seiner Familie gelebt. Geerbt hat das Grundstück ein jüngerer Bruder L.s. Es brannte im ersten Drittel des 16. Jh. aus, wurde aber bald erneuert. Ältere Bauteile werden inschriftlich auf 1530 zurückgeführt (Erdgeschoß), jüngere — so das Rundbogenportal aus Rotsandstein und wohl auch die obere Etage — sind 1880/85 hinzugekommen, nachdem das zuvor viel weitläufigere Haus 1805 verkleinert worden war. Kleines *Museum* mit angeblichem Lutherstübchen und einer L. gewidmeten Ausstellung.

In der Lutherstraße steht auch die Stadtkirche **St. Georg**, in der L. als

Luthers Elternhaus

Knabe Ministrant war. Erst 1367 hatte Mansfeld eine eigene Kirche bekommen. Hauptsächlich spätgotisch, doch sind auch ältere Teile vorhanden (u. a.

die Turmbasis). Für Schiff und Chor geben Inschriften das Jahr 1493 als Baubeginn an.

Die Kirche aus dem 14. Jh. war damals ausgebrannt. Das Eichenholzrelief des Heiligen Georgs über dem nördlichen Stabwerkportal ist von 1520. Das einschiffige Langhaus hat eine Flachdecke. Im Kircheninneren haben sich aus der Spätgotik noch einige Portale, drei Altäre, die Chorschranken und der Taufstein von 1522 erhalten. Bewahrt wird ein goldener *gotischer Abendmahlskelch*, den L. als Ministrant in den Händen gehalten haben soll. Das Tabernakel von 1510 weist schon Renaissanceformen auf. Das Lutherbild wurde 1540 gemalt.

Luthers Schule in der Junghuhnstraße 2

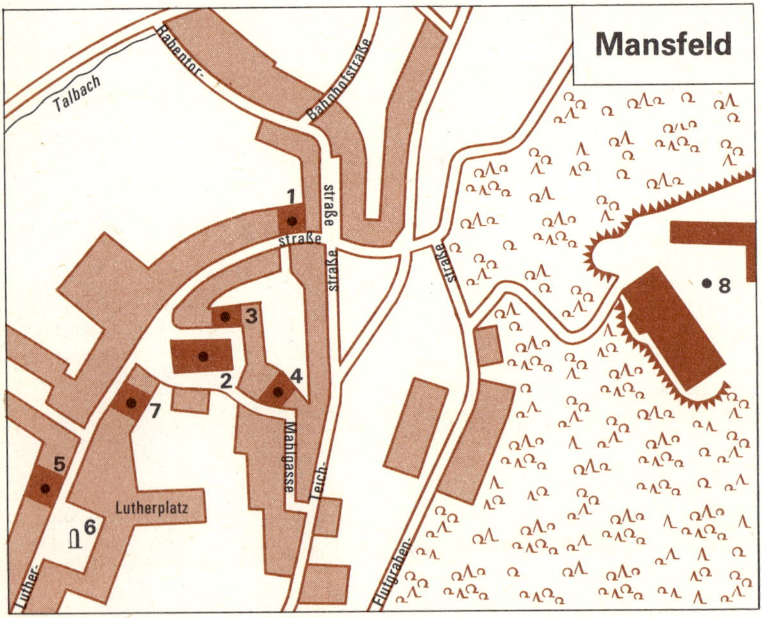

Mansfeld

1 Luthers Elternhaus
2 Stadtkirche St. Georg
3 Luthers Schule
4 Erste Heimstätte der Familie Luther
5 Sog. Lutherschule
6 Lutherbrunnen
7 Gaststätte „Zur guten Quelle"
8 Schloß und Schloßkirche

Die Stadtkirche St. Georg

Die «Auferstehung Christi» (1545) stammt aus der Cranachwerkstatt und ist mit der geflügelten Schlange, dem Wappen des Meisters, signiert. Epitaphe und Zinnsärge Mansfelder Grafen vom 16. bis 18. Jh. zählen zu den beachtenswerten Kunstschätzen der Kirche. Von 1617 ist die vom heiligen Georg getragene Kanzel.

Östlich der Stadtkirche befindet sich **Luthers Schule** (Junghuhnstraße 2): Das originale Gebäude wurde im Dreißigjährigen Krieg zerstört, der Neubau ist jedoch auf verbürgtem Grundriß errichtet worden. *Gedenktafel:* «In diesem Hause hat Dr. Martin Luther, geboren am 10. November 1483, seinen ersten

Portal der sog. Lutherschule
in der Lutherstraße

sche Inschrift: «Wie das trojanische Roß gebar kampflustige Scharen, so die Schule des Orts manche Gelehrte von Ruf. / Du, gib uns der Luther noch mehr, o Ritter von Mansfeld; / mehr dann der Siege erringt Christi begeisterte Schar.» Mit dem Ritter von Mansfeld ist der heilige Georg gemeint. Den **Lutherbrunnen** am Lutherplatz schuf Paul Juckoff 1913. Das Sandsteindenkmal wird von dem heiligen Georg gekrönt (Plastik). Darunter sind auf der Vorderseite die Medaillons Hans und Margarete Luders (nach Lucas Cranach d. Ä.). Bestimmt wird der Eindruck des Denkmals von den drei großen bronzenen Bildreliefs, jeweils mit Schriftzügen darüber: «Hinaus in die Welt» — Luther als Knabe mit Wanderstab; «Hinein in den Kampf» — Thesenanschlag; «Hindurch zum Sieg» — der Reformator mit aufgeschlagener Bibel. In der **Gaststätte «Zur guten Quelle»** (Lutherstraße 38) soll L. eingekehrt sein. Was von dem ursprünglichen Haus erhalten geblieben ist, läßt sich nicht sagen. Auf dem 226 m hohen Schloßberg steht das gewaltige **Schloß**, das die Mansfelder Grafen unter teilweiser Verwendung älterer Bausubstanz 1509 bis 1549 als Festung errichten ließen. Diese gliederte sich in drei Schlösser, war mit mächtigen Befestigungsanlagen versehen und mit 43 Geschützen bestückt. L. war hier wiederholte Male bei den Grafen zu Gast. Obwohl von der Gesamtanlage nur Teile erhalten sind, bietet sich auch heute noch ein imposanter Anblick. *Schloß Hinterort* ist Ruine, wie auch die Befestigungsanlagen, die 1674/75 geschleift wurden. Von *Schloß Mittelort* sind Reste eines Treppenturms und eines hübschen Erkers vorhanden. Bauherr des *Schlosses Vorderort* war Graf Hoyer, L.s beständiger Gegner. Von dem dreigeschossigen Hauptgebäude (1509/18) sind die

Schulunterricht erhalten.» Heimatstube. Links von der Junghuhnstraße in die Spangenberggasse abbiegen, dort war die **erste Heimstatt der Familie Luder** in Mansfeld (Nr. 2). Von ihr sind nur noch die Grundmauern und der Keller erhalten. Das neue Haus entstand 1926.

Zurück zur Lutherstraße. Das Grundstück Nr. 8 ist die **sogenannte Lutherschule.** Hier kann L. nicht Unterricht gehabt haben, die Bauzeit liegt um 1600. Bei dem Relief des Drachentöters Georg, des Schutzheiligen von Mansfeld, handelt es sich um eine Kopie des 1650 entstandenen und ehemals hier vorhandenen Originals, das sich an der Mansfelder Schloßkirche befindet. Am 1610 datierten *Sitznischenportal* mit Rundbogen die lateini-

Keller aus der Entstehungszeit, während das Erdgeschoß nur im Kern von damals ist. Innen erfuhr es 1860/62 gründliche Veränderungen im neugotischen Stil. Den Hof beherrscht ein runder Treppenturm mit einer Wappentafel, die 1518 als Entstehungsjahr angibt. Das vierte Turmgeschoß wurde erst im 19. Jh. gebaut. Der Treppenturm am Nordflügel war ebenfalls 1518 fertiggestellt. Am besten erhalten ist die einschiffige spätgotische *Schloßkirche* aus dem frühen 15. Jh. mit Treppenturm, vorspringender quadratischer Sakristei, Strebepfeilern und hohen Maßwerkfenstern. Beeindruckend sind das Kreuzrippengewölbe sowie die steinerne Hufeisenempore mit Maßwerkbrüstung. Der Chor ist durch kunstvolles schmiedeeisernes Gitter (16. Jh.) vom Schiff getrennt. Von der *Kanzel* predigte L. vor den Grafen. Ebenfalls aus dieser Zeit sind die Sakramentsnischen (1519) und das hölzerne Sakramentshäuschen (1537), das mit seinen Säulen und Relieffeldern ein hübsches Kunstwerk der Renaissance ist. Die meisten originalen Reliefs gingen verloren und wurden nach 1893 ersetzt. Gleichermaßen hervorzuheben sind der große gemalte *Flügelaltar* (1520, Cranachwerkstatt), das Kruzifix (1500), Plastiken von 1520 (u. a. Maria auf der Mondsichel) und der kelchförmige Taufstein (1522). Den 1560 verstorbenen Grafen Albrecht, L.s Freund, zeigt das Hochrelief einer wappengeschmückten Grabplatte. Das Epitaph für Graf Günther ist von 1526.

Bezirk: Halle   **Kreis:** Hettstedt
PLZ: 4274   **Einwohner:** 5000
Information: Rat der Stadt, Lutherstr. 9
Übernachtungsmöglichkeiten: keine
Gaststätten: Haus der Jugend, Spanweg; Ratskeller, Lutherstr. 42; Zur guten Quelle, Lutherstr.; Zur Sonne, Friedensallee 1; Glück auf, Lademannstr.; Zum Schwarzen Adler, Lademannstr.; Bahnhofsgaststätte, Bahnhofstr.; Gaststätte der Jugendherberge der DSF am Mansfelder Teich.

**N**AUMBURG, am rechten Ufer der Saale gelegen, Kreisstadt im Bezirk Halle mit mannigfaltiger Industrie, ist durch seine kulturhistorisch wertvollen Bauten, insbesondere den Dom, und wegen seiner reizvollen Umgebung eines der beliebtesten Touristenziele in der DDR.

1010 ließen an der Kreuzung mehrerer Handelsstraßen die Ekkardiner Markgrafen die «Nuemburc» errichten, die durch Schenkung 1028 an den Bischof von Zeitz fiel. Naumburg wurde 1032 Bischofssitz (bis 1564), und um den Dom entstand als geistliche Residenz eine «Immunikas». Die sich im Schutz der Burg entwickelnde Marktsiedlung erlangte bald Selbständigkeit und blühte zu einem bedeutenden Fernhandelsplatz, vorrangig des Waid- und Tuchhandels, auf. Weiterhin trugen Weinbau und Bierbrauerei zum wirtschaftlichen Aufstieg der Stadt bei. Das Patriziat gewann neben der Geistlichkeit zunehmend an Macht. Mit der Privilegierung Leipzigs durch die sächsischen Kurfürsten verlor die besonders im 14. und 15. Jahrhundert weithin berühmte Peter-Pauls-Messe und damit auch Naumburg an Bedeutung.

Als der Ablaßkrämer Tetzel am 1. März 1517 durch das Salztor einzog, strömten ihm Bürger, Mönche und Vertreter des Domstifts entgegen. Alle Glocken erklangen. Ganz anders dagegen gestaltete sich der Empfang von Luther, als er auf der Reise zum Reichstag nach Worms am 5. April 1521 in Naumburg Station machte. Er wurde nicht gefeiert, konnte lediglich mit seiner Begleitung, unter der sich auch Amsdorf befand, im Hause des Bürgermeisters übernachten. Ganze 23 Groschen und drei Pfennige für Wein und Bier ließ sich der Rat seinen Gast kosten.

1525 hatte sich das Bürgertum weitgehend für die Reformation entschieden, von der es sich vor allem endgültig aus der bischöflichen Abhängigkeit zu befreien hoffte. Ein nicht weniger bedeutsamer Grund war der Nutzen, den die Säkularisierung des Kirchenbesitzes bringen würde. Der Rat hatte sich sogar zur Unterstützung der aufständischen Bauern entschlossen, sicher auch unter dem Eindruck der schwelenden Unruhen in der Stadt. Angesichts des vorbeiziehenden Heeres Georgs von Sachsen, das sich zum Rachefeldzug in die mittelthüringischen Aufstandsgebiete begab, ließ er davon ab.

1526 wurde in Naumburg in St. Wenzel zum erstenmal lutherisch gepredigt. Der Bischof protestierte. Die Reformierung der Stadt wurde verzögert, bis sich 1532 der Rat ausdrücklich unter den Schutz des Kurfürsten Johann stellte. 1536 erwarb der Rat vor dem Reichskammergericht die Patronatsrechte über die Stadtkirche St. Wenzel. Ostern und Pfingsten jenes Jahres predigte Luthers Freund Justus Jonas. Bald darauf wurde auch der erste Superintendent, der das Schulwesen entsprechend der Melanchthonschen Schulordnung von 1537 ausrichtete, ins Amt ein-

Blick auf den Naumburger Dom

geführt. Zum Dank sandte der Rat sechs Tonnen Bier nach Wittenberg. Später überreichte er Luther, Melanchthon und Jonas eine Ehrengabe in Gestalt von drei Bechern.

Anfang des Jahres 1541 wurde Naumburg zu einer bedeutenden Stätte für die Reformation; das Heilige römische Reich deutscher Nation erhielt seinen ersten evangelischen Bischof.

Am 6. Januar starb der Bischof Philipp von Naumburg. Als Nachfolger hatten die Domherren den Zeitzer Domprobst vorgesehen. Kurfürst

Johann Friedrich legte es auf eine Kraftprobe mit dem Domstift und mit dem Kaiser an und bestand auf der Einsetzung eines protestantischen Bischofs. Luther selbst, dem dieses Amt angetragen worden sein soll, lehnte ab. Die Wahl fiel schließlich auf Nikolaus von Amsdorf, der zu den engsten Freunden Luthers und seinen wichtigsten Mitstreitern seit dem Thesenanschlag zählte.

Am 20. Januar, nach 9.00 Uhr, wurde Amsdorf im Ostchor des Doms, im Beisein Johann Friedrichs, Luthers, Melanchthons und Bugenhagens ordiniert. Wahrscheinlich hat Luther von der Ostkanzel des Doms die Bischofsweihe vorgenommen. Am Morgen des 21. Januar huldigten die Stände im Rathaus, das Volk auf dem Markt dem neuen Bischof.

Amsdorf ging entschieden an die Einführung der Reformation im Bistum Naumburg-Zeitz und wurde dabei von Luther maßgeblich unterstützt.

Sehenswürdigkeiten

Dom St. Peter und Paul: Anfang des 13. Jh. unter Nutzung der 1042 geweihten Bischofskirche begonnen, gehört das beeindruckende Bauwerk weitgehend der Spätromanik an.

Der *frühgotische Westchor* entstand in der ersten Hälfte des 14. Jh., im frühgotischen Stil auch teilweise der *Nordwestturm*. In hochgotischen Formen wurde der *Ostchor* errichtet.

Die zwei *romanischen Osttürme* tragen Barockhauben. Die *doppelförmige Basilika* mit drei Schiffen, zwei Chören und zwei Turmpaaren ist 100 m lang. Geweiht wurde der Dom 1242. Er ist Hort zahlloser Kunstschätze, von denen die *Plastiken im Westchor* und der *Westlettner* in die Reihe der besten Leistungen der Weltkunst gehören (geschaffen vom Naumburger Meister und seiner Werkstatt).

Die berühmtesten Statuen sind die *Stifterfiguren der Uta und des Ekkehard*. Hervorgehoben seien u. a. noch die herrlichen *Glasmalereien der Fenster* (14./15. Jh.), der *Ostlettner* und das *Gestühl im Ostchor* (Ende 15. Jh). Der Dreisitz ist von 1400. Der Viersitz mit dem sehr schönen Pflanzendekor sogar noch von 1260. Ebenfalls gehören die Buchpulte seit dem 13. Jh. zur Domausstattung. Die Schauwand des Altars im Ostchor von 1567, der Altartisch aber älter (13. Jh.). Unter den zahlreichen wertvollen Grabdenkmalen (14. bis 16. Jh.) ist vor allem die *Bischofstumba von 1260* zu nennen.

1542 weihte L. im Ostchor des Doms den ersten evangelischen Bischof, Nikolaus von Amsdorf. Obwohl die Kanzel 1466 datiert ist, hat sich nur wenig Originales erhalten: drei Relieffelder (Jesuknabe im Tempel, der heilige Augustinus, der heilige Gregorius) und teilweise der Korbrahmen. Die *Skulptur L.s* als Evangelist stammt aus den dreißiger Jahren des 20. Jh. An der Kanzeltreppe ist ein *Wappenschild mit Lutherrose* zu sehen und eine Beschriftung, L.s Choral zitierend: «Eine feste Burg …». **Rathaus** (Wilhelm-Pieck-Platz): Hier brachten die Stände 1542 Amsdorf, dem neuen Bischof von Naumburg, ihre Huldigung entgegen. L. war Ehrengast dieses Zeremoniells, auf das es aber keinerlei Hinweise am und in dem Gebäude

Im Rathaus brachten die Stände Nikolaus von Amsdorf am 21. Januar 1542 ihre Huldigung entgegen

Nr. 13: «Dr. Martin Luther wohnte in diesem Hause vom 18. bis 21. Januar 1542.» Stadtkirche **St. Wenzel** (am Wilhelm-Pieck-Platz): Die dreischiffige gotische Hallenkirche auf ungewöhnlichem Grundriß (durch Nutzung von Umfassungsmauern eines älteren Baus) entstand 1517/23. Besonders wertvolle Ausstattungsstücke sind zwei *Gemälde Lucas Cranachs d. Ä.:* «Anbetung der Könige» (um 1520) und «Segnung der Kinder» (1529), darauf der Maler selbst (oder Friedrich der Weise), drei Kinder L.s, Katharina von Bora und Amsdorf. Der Maler des Bildnisses «Luther mit Schwan» (17. Jh.) ist unbekannt.

mehr gibt. Bauzeit des dreiflügeligen Baus war 1517–28, später wurde er mehrfach verändert. Sehr repräsentativ ist die Fassade mit dem reichen *Hauptportal* (1612, Renaissance). An der Nordostecke ist an einer Halbsäule ein *figürliches Kapitell* mit zwei sich um einen Knochen raufenden Hunden. Gedeutet wird die Plastik als Versinnbildlichung des ewigen Machtkampfs zwischen Rat und Domkapital. Das hohe Walmdach schmücken an der Marktfront sechs Zwerchgiebel mit Blendmaßwerk (spätgotisch). Auf dem **Marktplatz** (heute Wilhelm-Pieck-Platz) wurde Amsdorf von der Naumburger Bürgerschaft gefeiert. An den **Gebäuden Wilhelm-Pieck-Platz 3 und 13** erinnern *Gedenktafeln* an Aufenthalte L.s: Nr. 3, damals Haus des Bürgermeisters: «D. Martin Luther herbergte in diesem Hause auf seiner Fahrt zum Reichstage in Worms».

Bezirk: Halle   **Kreis:** Naumburg
PLZ: 4800   **Einwohner:** 35000
Information: Rat der Stadt, Wilhelm-Pieck-Platz 1; Reisebüro, Wilhelm-Pieck-Platz 6.
Übernachtungsmöglichkeiten: Goldener Löwe, Salzstr.; Jugendtourist-Hotel «Werner Lambertz», am Tennisplatz.
Gaststätten: Deutscher Hof, Raschstr.; Zum Bahnhof, Roßbacher Str.; Lindeneck, Fischstr.; Thüringer Pforte, Paul-Heese-Str.; Hallescher Anger, Hallesche Str.; Zur Linde, Naumburg-West; Alter Felsenkeller, Naumburg-Ost; Zur Henne, Naumburg-Nord.
Weitere Sehenswürdigkeiten: Teile der Stadtbefestigung und Marientor (1446). Bürgerhäuser (16./17. Jh.). Marienkirche (1728). Ottmarkirche (1699). Moritzkirche (1512). Bürgergarten. Heimatmuseum.

NORDHAUSEN, die am Südrand des Harzes gelegene Kreisstadt des Bezirkes Erfurt mit zahlreicher Industrie, blickt auf eine über tausendjährige Geschichte zurück. 920 bereits civitas Heinrichs I. und ab 934 Pfalz, wurde um 1180 der am Schnittpunkt mehrerer Handelsstraßen gelegene Markt- und Gewerbeort zur Stadt erhoben. Diese erhielt 1220 die Reichsfreiheit. 1375 zwang das ökonomisch starke Stadtbürgertum unter Führung der Zünfte die Ratsoligarchie des Patriziats zum Rücktritt. Der neue Rat änderte die Stadtverfassung rigoros zugunsten der zünftlerischen Interessen. Um 1500 zählte Nordhausen 5 000 bis 6 000 Einwohner. Übrigens ist bereits kurz nach 1500 mit der Herstellung des heute noch bekannten «Nordhäuser Korns» begonnen worden.

Mit der Reformation ist die Stadt auf vielfältige Weise verbunden. Hier wirkte 1522/23 Thomas Müntzer als Prediger. Es war die Zeit, als er sich endgültig von der gemäßigten Reformationslehre Luthers trennte. Luther selbst kannte keine «Stadt am Harze oder sonst dergleichen, die dem Evangelium so bald unterworfen als Nordhausen». Bereits Anfang der zwanziger Jahre bildete sich ein fester Kreis von Lutheranhängern. 1522 wurde der Augustinermönch Lorenz Süß, der in Erfurt Luthers Zellengenosse gewesen sein soll, von den Bürgern zum ersten evangelischen Pfarrer Nordhausens gewählt. Im Februar 1524 erließ der Rat einen Befehl zur Einführung der Reformation. Das Bürgertum hatte frühzeitig die weltlichen Vorteile der Reformation erkannt und stand ihr äußerst aufgeschlossen gegenüber. Vor allem hatten die umfangreichen Rechte und Besitzungen des Allerheiligenstifts es diese Position einnehmen lassen. Treibende Kraft war der Ratssyndikus und spätere Bürgermeister Michael Meyenburg, ein Freund Melanchthons und auch Lucas Cranachs d. Ä.

Luther war erstmals 1516 in Nordhausen, um das Augustinerkloster zu inspizieren, das auch nach seiner Reformierung durch Staupitz keinen guten Ruf genoß. Als Distriktsvikar wies er das Lesen Heiliger Schriften an und befahl den Mönchen, ein heiliges Leben zu führen. Im Frühjahr 1525, auf seiner Reise in die Bauernkriegsgebiete, hielt es Luther für notwendig, auch in Nordhausen zu Ruhe und Gehorsam der weltlichen Obrigkeit gegenüber aufzurufen. In St. Blasius predigte er, daß die zwölf Artikel der Bauern undurchführbar seien. Daraufhin erhob sich in der Kirche ein Sturm des Unwillens, bald wäre es zu Raufereien gekommen. Die Predigt war erfolglos, am 29. April erhoben sich die plebejischen Schichten Nordhausens, versetzten das Patriziat in Schrecken und schleiften Kirchen und Klöster — das Rathaus indes blieb vor den Aufständischen verschont.

Als Luther am 2. Mai wieder in der Stadt war, trat er erst gar nicht vor die Öffentlichkeit.

Sehenswürdigkeiten

Die Pfarrkirche **St. Blasius**, in der L. predigte, stammt aus dem 15. Jh. und wurde als dreischiffige spätgotische Hallenkirche erbaut. Älter ist der spätromanische Westteil der Kirche mit den zwei achteckigen Türmen. Die ursprüngliche Ausstattung wurde im zweiten Weltkrieg zerstört. Die Spätrenaissance-Kanzel ist von 1591/92. Das *Epitaph für Michael Meyenburg* ist eine Kopie des 1558 von Lucas Cranach d. J. gemalten, das dem zweiten Weltkrieg zum Opfer fiel. Darauf der Verstorbene mit Familie neben Luther und Melanchthon. Im Pfarramt am Blasiuskirchplatz wohnte Spangenberg. Sein Haus brannte 1712 allerdings ab, das heutige wurde ein Jahr später gebaut. Im Flur Lutherbild. **Meyenburg-Museum** (Alexander-Puschkin-Str. 31): Abbildung des Meyenburg-Epitaphs. Bildnisse Müntzers, des in St. Blasius predigenden Luthers, Melanchthons und Jonas'. Justus Jonas, der Reformator Halles und Freund Luthers, stammte aus Nordhausen.

Ausflüge

SANGERHAUSEN (Zugverbindung), gelegen am Nordrand der Goldenen Aue, besuchte Luther am 30. Mai 1516 in seiner Eigenschaft als Distriktvikar. Er hatte das Augustinereremitenkloster zu visitieren und fand dort wenig geordnete Verhältnisse vor. Seinem Freund Johannes Lang schrieb er: «Ich habe ein Schreiben aus Sangerhausen an euch abgelassen, daß, wenn ihr einen Bruder hättet, der nicht gar zu gut thäte, ihr ihn dahin zur Strafe schicken möchtet.» Luther kam nicht wieder in diese Stadt, vielleicht weil sie seinem unerbittlichen Gegner Herzog

Bezirk: Erfurt   **Kreis:** Nordhausen
PLZ: 5500   **Einwohner:** 46 000
Information: Nordhausen-Information, Markt 1; Reisebüro der DDR, Kreisstelle, Kornmarkt 5.
Übernachtungsmöglichkeiten: Handelshof, Karl-Marx-Straße 12; Stadt Brandenburg, Kranichstraße 19; Gaststätte Zur Sonne, Hallesche Straße 8; Gaststätte Zur guten Quelle, Ullrichstraße 4; Jugendherberge, Johannes-Kleinspehn-Straße 1.
Gaststätten: Stadtterrasse, Rautenstr. 15; Stadtparkrestaurant, Ernst-Thälmann-Straße; Rosengarten, Dr.-Robert-Koch-Straße; Finkenburg, Domstraße 23; Stolberger Garten, Stolberger Straße 47; Gastmahl des Meeres, Arnoldstraße 8; Parkschloß, Parkallee 8; Klubgaststätte Albert-Kuntz-Sportpark, Parkallee; Eichsfelder Hof, Freiherr-vom-Stein-Straße 6; Kreiskulturhaus, Käthe-Kollwitz-Straße 10; Rolandstuben, August-Bebel-Platz; Zur Friedenseiche, Hauptstraße 76; Waldschlößchen, Gehege 12; Gambrinus, Parkallee 12; Eintracht, Geseniusstraße 27; Jägerhof, Wernigeroder Straße 1; Kulturhaus Niedersalza, An der Salza; Milch-Mokka-Bar, Töpferstraße 1; Promenadencafé, Richard-Wagner-Straße 1; Gehege, Gehege 8–10; Altstadt, Kranichstraße 19.
Weitere Sehenswürdigkeiten: Teile der Stadtbefestigung (13./15. Jh.). Rathaus (1610) mit Roland (1717). Fachwerkhäuser: Finkenburg (1400, 1917 rest.); Barfüßerstr. 6 (1336, 1967 rest.), Domstr. 12 (um 1500), Altendorfer Kirchgasse 3 (um 1400, Umbau nach 1800), Barfüßerstr. 2 (1668), Torhäuschen (um 1600). Theater (1917). Stadtpark mit Tierpark. Park Hohenrode (seltene Gehölze). Mahn- und Gedenkstätte «Mittelbau-Dora» (ehem. faschistisches Konzentrationslager) mit Museum und Mahnmal.

Blick auf Stolberg von der Lutherbuche

Georg unterstand. Das Augustinerkloster steht nicht mehr, an seiner Stelle befindet sich die Ernst-Thälmann-Oberschule (Schulgasse 2). Doch verfügt die **Ulrichskirche** (großartige romanische Basilika, um 1100) über eine Bibliothek mit Buchbestand aus dem Augustinerkloster.

STOLBERG (Zugverbindung). Dieser in historischer Gestalt weitgehend erhaltene und vielbesuchte Erholungsort war ein frühes Zentrum des Erzbergbaus. Um 1490 wurde in Stolberg Thomas Müntzer geboren, 1519 Johann Schneidewind, später Professor in Wittenberg und der große Rechtsgelehrte der Reformation.

Die Anfang des 16. Jh. etwa 2 500 Einwohner zählende Stadt kennzeichneten tiefe soziale Gegensätze. Einer kleinen Schicht dem Fürsten Botho von Stolberg-Wernigerode verbündeter Patrizier sowie 24 Geistlichen, die zeitweilig noch von Mönchen unterstützt wurden, standen Bauern, Bürger und Bergknappen gegenüber. Die meisten Geistlichen, vor allem Tilemann Plathner, Theologe und Erzieher der Grafensöhne, trieben die

Reformation voran. Bereits 1518 war Stolberg lutherisch.

Als sich 1525 die Gemüter auch in Stolberg erhitzten, folgte Luther dem Hilferuf des Grafen. Am 20. April nahm er bei dessen Kanzler Wilhelm Reifenstein Herberge. Nächsten Tags stand er auf der Kanzel der Pfarrkirche St. Martini und predigte, daß Gottes Reich ein Friedensreich sei und daß ein Christ nicht durch Gewalttaten das Reich Gottes bauen könne, sondern stets der Obrigkeit Ehre und Gehorsam schuldig sei.

Wie mit seinem Auftreten in anderen Orten des thüringischen Aufstandsgebiets, hatte Luther auch in Stolberg keinen Erfolg. Am 2. Mai stürmten Plebejer und Bauern das Schloß. Der gräfliche Kanzler Reifenstein flüchtete nach Wernigerode.

An Luthers Aufenthalt in Stolberg erinnert die **Lutherbuche** mit einer Gedenktafel: «Als Anno 1525 freitags nach Ostern Dr. Martin Luther Stolberg besuchte und mit seinem Freunde Reifenstein auf diesen Berg spazierete, verglich Er die Stadt Stolberg gar füglich einem Vogel. Das Schloß, meinte Er, wäre der Kopf, der Markt der Rumpf, die beiden Gassen die Flügel, die Niedergasse der Schwanz.» In der Stadtkirche **St. Martini** (z. Z. gesperrt), in der Luther predigte, hängt ein großes Gemälde des Reformators, auch eines von Melanchthon, der ihn begleitet hat (beide Bilder von 1618), außerdem gibt es ein Fenster mit seinem Bildnis (Glasmalerei). Die Kirche wurde unter Einbeziehung frühgotischer Teile ihres Vorgängerbaus (13. Jh.) 1485/90 im spätgotischen Stil errichtet. Sie hat ein auffälliges Satteldach, schöne Maßwerkfenster und ein Spitzbogenportal aus rotem Sandstein. Sehenswert ist das Sterngewölbe in der Sakristei. Erhalten sind u. a. zwei wertvolle Bronzegrabplatten vom Anfang des. 16. Jh. und an gotischer Holzschnitzerei ein Kruzifixus.

Am Markt Nr. 4 steht das **Reifensteinsche Haus**, wo Luther übernachtete.

Auf dem Grundstück Thomas-Müntzer-Gasse 2 ·stand das Geburtshaus des Bauernführers. Es brannte 1851 ab, doch konnten vier Ecksäulen mit gotischen Holzfiguren gerettet werden; sie sind im **Heimatmuseum** Thomas-Müntzer-Gasse 19 ausgestellt, wo sich auch andere Sachzeugen aus der Reformations- und Bauernkriegszeit befinden. Als **Geburtshaus Schneidewinds** wird das Gebäude Reicher Winkel 3, ein schön geschmückter Fachwerkbau, angenommen. Das **Schloß** (13./14. Jh.) wurde im 16. und 17. Jh. stark verändert, von dem ursprünglichen Bau blieben nur zwei Türme und der Ostflügel erhalten.

WALLHAUSEN (Zugverbindung), die kleine Landstadt dicht bei Sangerhausen, erinnert heute nicht mehr an ihre einstige Bedeutung. Vor tausend Jahren war die Pfalz Hauptsitz der sächsischen Könige. 909 hielt hier Heinrich I. (Königskrönung 919) ein prächtiges Beilager. 300 Jahre war Wallhausen Ausfertigungsort der Urkunden deutscher Könige und Kaiser, bevor es in Vergessenheit geriet.

Während seiner Reise mit Melanchthon in die Aufstandsgebiete des Bauernkriegs predigte Luther, von Stolberg kommend, im April 1525 auch in Wallhausen. Als Thema seiner in St. Peter und Paul gehaltenen Predigt hatte er gewählt: «Sehet euch vor vor den falschen Propheten, die in Schafskleidern zu euch kommen, inwendig aber sind sie reißende Wölfe.» (Matth. VII.15) Das richtete sich vor allem gegen Thomas Müntzer. Doch blieben auch hier seine Ermahnungen wirkungslos, zahlreiche Bewohner vereinigten sich mit den aufständischen Bauern und zogen nach Frankenhausen.

Von der 1408 geweihten **Dorfkirche** ist heute nur noch der gotische Chor mit Strebepfeilern, Maßwerkfenstern, Kreuzgewölben und Triumphbogen erhalten. Ihr Schiff und Turm wurden im zweiten Weltkrieg zerstört. In der Außenwand des Chors weist ein eingemauerter Christuskopf auf einen spätromanischen Vorgängerbau hin. Luther war auf dem **Schloß** (heute Schule) empfangen worden, wo er auch nächtigte. Der Renaissancebau ist von 1606/13. Von dem Vorgängerbau, der ehemaligen Kaiserpfalz, existiert lediglich noch ein zweischiffiger Raum mit säulengestütztem Gewölbe.

Reliefbildnis des Kurfürsten Johann Friedrich um 1550 in St. Maria

ORLAMÜNDE, das mit seiner auf hohem Bergsporn gelegenen Altstadt kleine Städtchen im Bezirk Gera, wurde 918 erstmals erwähnt. Damals befand es sich im Besitz des Klosters Fulda. Von seiner Entwicklung nach der Jahrtausendwende zeugt heute noch die mächtige Kemenate. Der sechsstöckige Breitwohnturm, einst zu der Burg der Grafen von Weimar-Orlamünde gehörend, wurde vermutlich in der ersten Hälfte des 11. Jh. errichtet und gehört zu den ältesten in der DDR vorhandenen Profanbauten.

Die Grafen von Weimar-Orlamünde führten Ende des 13. Jahrhunderts die Opposition gegen die Wettiner, die neuen Landgrafen von Thüringen, an, mußten sich aber nach der Schlacht bei Lucka 1307 unterwerfen. 1344 kam das Stadtrecht auf den Flecken. Nach dem Thüringer Grafenkrieg 1342/46 kauften die Wettiner die Grafschaft auf.

Als Thomas Müntzer 1519 aus Jüterbog vertrieben worden war, fand er in Orlamünde Asyl.

Im Mai 1523 zog sich Karlstadt aufgrund der immer stärker werdenden Spannungen zwischen ihm und Luther auf seine Orlamünder Pfarre

Andreas Karlstadt, Kupferstich um 1700

zurück. Schon ein Jahr zuvor hatte er die Professorenrobe abgelegt und sich weitgehend vom Wittenberger Universitätsleben zurückgezogen. In Orlamünde führte Karlstadt die von ihm in Wittenberg 1521/22 erprobte und von Luther abgelehnte Gottesdienstordnung ein. Bilder und anderes Kirchengerät entfernte er aus seiner Kirche und versuchte, sein dem Urchristentum entlehntes Ideal von einer religiös und sittlich mündigen Gemeinde ohne Obrigkeit zu verwirklichen. Bei dem Orlamünder Rat fand er Unterstützung, und der Zulauf der plebejisch-bäuerlichen Schichten war ihm ebenfalls gewiß. Seit 1522 stand er mit Müntzer im Briefwechsel, konnte sich aber dessen Positionen nicht anschließen, weil er gewaltsame revolutionäre Aktionen ablehnte und auf ideellem Weg seine Ziele verwirklichen zu können glaubte. So schlug schließlich auch unter seinem Einfluß die Orlamünder Gemeinde Müntzers Angebot, sich seinem Bund anzuschließen, aus.

1523 hatte Karlstadt wieder zu publizieren begonnen, gegen Luther. Vor allem aber beunruhigte Luther der große Zulauf, den die Predigten Karlstadts hatten. Er sah die Ordnung und seine eigene Position gefährdet. Im August 1524 reiste er nach Thüringen, um dem «Schwarmgeist» Karlstadt persönlich Einhalt zu gebieten. Am 16. August traf er in Orlamünde ein, hielt sich aber nicht lange auf, sondern versuchte lediglich, die tatsächliche Lage zu erfassen. Seinen Feldzug gegen Karlstadt eröffnete er in (↑) Jena. Hier erreichte ihn die Einladung des Orlamünder Rats: «Du verachtest alle, die aus göttlichem Befehl stumme Götzen und heidnische Bilder umbringen, und nutzest eine kraftlose, weltweise und unbeständige Bewährung aus deinem eigenen Hirn dagegen auf. Wir bitten dich, du wolltest Gott die Seinen nicht so durstig besudeln und versprechen, bitten dich auch, du wolltest bei uns erscheinen und uns, wo wir irren, gütlich, nicht mit Schelten unterweisen und uns nicht mit Landesverweisung drohen.» Luther sagte den Orlamündern ein Gespräch zu.

Am 24. August kam er nach Orlamünde, nahm den ihm gebotenen Ehrentrunk und verbat sich die Teilnahme Karlstadts. Die Orlamünder waren gewillt, sich den Argumenten Luthers nicht zu verschließen, erlebten aber, daß dieser sie als «Schwarm- und Schimmeln-Geister» abkanzelte. Erfolglos brach Luther den Streit ab und verließ auf schnellstem Wege die Stadt: «Ich war froh, daß ich nicht mit Steinen und Dreck beworfen ward, da mir etliche derselben einen solchen Segen gaben: Fahr in tausend Teufels Namen, daß du den Hals brächest, ehe du zur Stadt hinauskommst.»

Die Niederlage gegen Karlstadt veranlaßte Luther schließlich, den Kurfürsten zu bewegen, diesen auszuweisen. Im Herbst 1524 mußte Karlstadt Orlamünde verlassen, auch der Rat vermochte nicht, sich dem Befehl Friedrichs des Weisen zu widersetzen. Im Dezember verfaßte

Luther die gegen Karlstadt und Müntzer gerichtete Schrift «Wider die himmlischen Propheten». Am 26. April 1525 soll er im Verlauf seiner Predigtreise in die thüringischen Aufstandsgebiete des Bauernkriegs in Orlamünde gegen Thomas Müntzer gepredigt haben.

Sehenswürdigkeiten

Markt 44 und 46: Hier stand die **ehemalige Ratsstätte**, in der am 24. August 1524 das Gespräch zwischen L. und den Orlamündern stattfand. Vor hundert Jahren wurde sie abgerissen, und an ihrer Stelle entstand das in Aussehen und Zimmerlage dem Vorläufer folgende Doppelhaus Nr. 44 und 46. Keller und Grundmauern sind noch original. Das Gesprächszimmer lag im ersten Stockwerk (heute Privatbesitz). **St. Maria** (Kemenatenberg) war die Predigtkirche Karlstadts. 1504 im spätgotischen Stil errichtet. 1767 und im späten 19. Jh. umgebaut. Nur Westturm und Treppentürmchen sind noch Reste des ursprünglichen Baus. Von der gotischen Ausstattung ist nichts mehr vorhanden. Das *Reliefbildnis des Kurfürsten Johann Friedrich* des Großmütigen (Pappmaché) entstand um 1550.

Bezirk: Gera   Kreis: Jena
PLZ: 6907   Einwohner: 22 000
Information: Rat der Stadt, Burgstr. 52.
Übernachtungsmöglichkeiten: keine
Gaststätten: Erholung, Markt 2; Stern, Mittelkreis 1.
Weitere Sehenswürdigkeiten: Burg (12. Jh.). Rathaus (16. Jh.).

Ausflug

NEUSTADT/ORLA (Zugverbindung). In der kleinen Stadt hielt sich L. mindestens zweimal auf. Im Mai 1516 visitierte er das hiesige Augustinerkloster. Wegen der zwischen den Mönchen herrschenden Zwistigkeiten soll er sogar erwogen haben, selbst für eine gewisse Zeit die Leitung des Klosters zu übernehmen. Unter dem Eindruck der massenhaften Klosterflucht der Wittenberger Augustiner kam es auch in dem Neustädter Kloster zu Auflösungserscheinungen, 1523 mußte es die «Mönchsstürme» erleben, die Brüder verschafften sich gewaltsam Zugang zum Klostervermögen. 1525 stürmte der Neustädter Haufe das Kloster, an das außer der **Augustinerkirche** von 1292 (Puschkinplatz 2) heute nichts mehr erinnert. Auch diese ist stark verbaut. Sehenswert ist das mittelalterliche Kreuzgewölbe im Durchgang. Das **Barockschloß** wurde nach 1676 unter Verwendung der vom Kloster vorhandenen Bausubstanz errichtet.

In der Stadtkirche **St. Johannis** (Kirchplatz) predigte L. am 23. oder 24. August 1524 während seiner Reise in das Wirkungsgebiet Karlstadts. Neustadt gehörte zum unmittelbaren Einflußbereich des Orlamünder Pfarrers. Die Bauzeit der spätgotischen Kirche erstreckte sich von 1470 bis 1538, geweiht wurde sie 1476. Bei Erneuerungsarbeiten verändert. Die dreischiffige Hallenkirche hat eine Balkendecke. Das Netzgewölbe im Chor wird durch die figürlich gestalteten farbigen Schlußsteine betont.

Der *Taufstein* von 1494 gefällt wegen seiner mannigfaltigen Formen. Den *Flügelaltar* stellte 1513 Matthes,

Das Lutherhaus in Neustadt/Orla

der Bruder Lucas Cranachs d. Ä., auf. Seine Gemälde stammen aus der Cranachwerkstatt. Neuerlich wird vermutet, daß auch die Schnitzereien aus der Cranachwerkstatt kommen. Bisher war unbekannt, daß diese auch Plastik lieferte.

Woher das **Lutherhaus** (Rodaer Straße 12) seinen Namen hat, ist nicht nachweisbar. L. jedenfalls kann es weder betreten noch gekannt haben. Der dreigeschossige Renaissancebau mit reichem Erker wurde erst 1574 gebaut.

SAALFELD (Zugverbindung). Zum Reichstag nach Augsburg ließ sich Kurfürst Johann der Beständige von L., Melanchthon, Jonas, Spalatin und Agricola begleiten. Luther predigte Mitte April 1530 in der Stadtkirche **St. Johannis.** Das **Standbild Luthers** (Sandstein), 1905 hier aufgestellt, soll daran erinnern. Die Kirche steht in der Nähe des Marktes. Dreischiffige Hal-

lenkirche im gotischen Stil, um 1380 begonnen und 1514 vollendet. Die Türme am einschiffigen Chor wurden erst 1898 fertiggestellt. Im Tympanon des Südportals ist die Anbetung der Könige, in dem des Westportals das Jüngste Gericht (um 1400) zu sehen. Über dem westlichen Portal durchbricht ein hohes Maßwerkfenster das Mauerwerk. Die Außenkanzel wird ohne bekannten Grund «*Tetzelkanzel*» genannt, vielleicht war sie ein Pranger. In ihrer Nähe das steinerne «Heringsmännle», wahrscheinlich ein Hinweis auf städtische Fischereirechte. Innen Kreuzrippengewölbe über Bündelpfeilern. Der Chor hat ein Sterngewölbe. Von der originalen Ausstattung sind vor allem der Mittelschrein eines Saalfelder *Schnitzaltars* von 1490, die lebensgroße *Holzfigur Johannes des Täufers* (1505) in der Veronikakapelle und das spätgotische *Heilige Grab* (14. Jh.) mit romanischem Leichnam Christi zu nennen. Die jüngst wiederentdeckte *Gewölbemalerei* «*Himmelswiese*» (1510) im Chor ist ebenfalls spätgotisch. — Das Franziskanerkloster (1419—1515) wurde 1534 aufgelöst. Der von Melanchthon beratene evangelische Stadtpfarrer Caspar Aquila richtete hier eine Schule ein, in der auch Mädchen Unterricht erhielten. Die frühgotische **Andreaskirche** (13. Jh.) der Franziskaner dient heute als Konzerthalle. In dem ehemaligen Kloster, von dem noch ein Kreuzgang und einige Räume im Erdgeschoß erhalten sind, befindet sich das **Thüringer Heimatmuseum.** Zu dessen Ausstellung gehören u. a. verschiedene Grafiken (z. T. fotokopiert) Melanchthons, Aquilas und Tetzels, ein 1560 in Jena gedruckter Band der Gesamtausgabe von Werken des Reformators mit Abbild des betenden L. auf dem Innentitel und Schriften L.s, Melanchthons, Jonas' und Aquilas.

SCHMALKALDEN, moderne Industriestadt und vielbesuchter Kurort zugleich, liegt im Bezirk Erfurt, am Südwesthang des Thüringer Waldes. Die Kreisstadt ist Sitz des Werkzeugkombinats der DDR.

Erstmals urkundlich erwähnt wurde Schmalkalden 874. Bereits damals waren zahlreiche Eisenerzvorkommen, deren Gewinnung und Verhüttung bekannt. Stadtrecht erhielt es 1272. «Smellekalan» fiel bald an die Thüringer Landgrafen. Auf dem Erbweg gelangte es in den Besitz der Grafen von Henneberg, die seit 1360 mit denen von Hessen eine landesgräfliche Doppelherrschaft über den Ort ausübten. Im 15./16. Jahrhundert nahm die Stadt einen raschen ökonomischen Aufstieg, der sich vor allem auf die Stahlerzeugung und den Stahlexport in viele europäische Länder gründete, daneben war das Kleineisengewerbe von Bedeutung. Die Meister, vor allem die Stahlschmiede, und die Fernhändler bildeten das Patriziat und stellten den Rat. Die breite Mittelschicht der Kleinmeister, Zunftgesellen usw. und die Plebejer wurden zunehmend in die Rolle der innerstädtischen Opposition gedrängt. Die Doppelherrschaft der Henneberger und Hessen führte zu zahlreichen militärischen Auseinandersetzungen, unter denen Schmalkalden sehr litt. Die den Bürgern aufgezwungene Heerfolge, die wachsenden Steuerlasten und die zunehmende Einmischung der Grafen in innerstädtische Belange verschärften die Konflikte — vornehmlich, nachdem die wirtschaftliche Entwicklung immer stärker frühkapitalistische Formen verlangte. Als sich 1473 die innerstädtische Opposition im Rahmen des geltenden Rechts gegen den Rat wandte, setzten die Landesherrschaften Gemeindevormünder aus deren Reihen ein. Diese sollten den Rat kontrollieren, vor allem aber dem hessischen Landgrafen und den Hennebergern von Nutzen sein. Bald paktierten die Gemeindevormünder mit dem Rat, so daß sich am Stadtregiment nichts änderte. Die neuerlichen Beschwerden der unteren Schichten 1481 nutzten die Fürsten geschickt, die Privilegien der Stadt weitgehend einzuschränken.

Fürst Wilhelm IV. von Henneberg gelang es zunächst, die Reformation niederzuhalten. Doch kam es in dem wirtschaftlich fortgeschrittenen Schmalkalden 1521 und 1524 zu Erhebungen der Bürger, die sich vor allem gegen die verhaßte Geistlichkeit von Stift und Stiftskirche richteten. Landgraf Philipp von Hessen, selbst lutherisch gesinnt, griff trotz Aufforderung der Henneberger nicht ein.

1521 legte Balthasar Wilhelm als Anhänger der Reformation sein Amt als Pfarrer nieder. Kurz vor dem Bauernkrieg trat er wieder in die Öffentlichkeit. In vier Artikeln bezichtigte er den Prior des Augustinerklosters und den Stadtpfarrer der Irrlehre. Vom Rat wurde er entschieden zurechtgewiesen. Der Geistliche entstammte einer reichen Ratsfamilie und war 1517 in Schmalkalden Vikar geworden.

Als sich Mitte April 1525 der Werra-Bauernhaufen zu formieren begann, erhielt er aus der ganzen Umgegend Verstärkung, vornehmlich aus Schmalkalden. Am 27. April brach der Haufe gegen die Stadt auf. Der Rat ließ die Tore schließen. Die innerstädtische Opposition, angeführt von einer Gruppe Gesellen des Kleineisengewerbes, verbündete sich mit den Aufständischen. Sie stürmten und plünderten die Stiftsdekanei und die Wohnhäuser der Geistlichen, das Augustinerkloster wurde teilweise geschleift. Der Rat mußte die Stadtverfassung demokratisieren und die Forderungen der Bauern anerkennen. Philipp von Hessen ließ die Erhebung erbarmungslos niederschlagen. Der Rat schlug sich wieder auf die Seite des hessischen und des hennebergischen Landgrafen, dennoch mußte die Stadt hohe Geldstrafen an die Fürsten entrichten.

Nach dem Bauernkrieg entflammte der Gegensatz zwischen dem Lager Karls V. und den Evangelischen neu, die Gegenreformation begann, sich zu formieren. Letztlich drängte das Ergebnis des Augsburger Reichstages 1530 – die Erneuerung des Wormser Edikts durch die katholischen Stände – zur Einheit der protestantischen Fürsten und Städte. Unter Führung von Kurfürst Johann und Landgraf Philipp von Hessen wurde 1531 in Schmalkalden der «Schmalkalder Bund der protestantischen Reichsstände» gegründet, gegen die Machtansprüche des Kaisers und zur Förderung der Reformation. Das kleine Städtchen Schmalkalden ging in die Geschichte der Reformation ein. Auf dem Höhepunkt seiner Macht hielt hier der Schmalkalder Bund 1537 seine bedeutendste Zusammenkunft ab. 18 Fürsten (deshalb «Schmalkalder Fürstentag») und 28 Reichs- und Hansestädte waren vertreten. Neben Luther als Oberhaupt nahmen 41 weitere führende protestantische Theologen teil. Aus Dänemark und Frankreich waren Beobachter gekommen.

Gesundheitlich stark angegriffen kam Luther mit großem Gefolge am 7. Februar in Schmalkalden an. Seine Begleiter waren Melanchthon, Bugenhagen, Jonas, Cruciger, Myconius, Amsdorf, Spalatin und Lang. Quartier nahm er bei Rentmeister Balthasar Wilhelm. Am übernächsten Morgen predigte er in der Stadtkirche.

Unter Anwesenheit des päpstlichen Gesandten Petrus Vorstius wurde der Bundestag am 10. Februar im Rathaus eröffnet, des Kaisers Vizekanzler traf erst fünf Tage später ein. Luthers Steinleiden hatte sich derart verschlechtert, daß seine persönliche Teilnahme unmöglich war. Bettlägerig, wurde er im Hause Balthasar Wilhelms des öfteren vom Theologenausschuß konsultiert. Trotz Krankheit entstanden unter seiner Federführung die «Schmalkaldischen Artikel» als Bundesprogramm.

Rechts: Das Lutherhaus. Hier wohnte Luther während der Tagung
des Schmalkaldischen Bundes 1537

Im Hause seines Gastgebers hielt Luther am 11. Februar eine Hausandacht über den christlichen Glauben ab.

Als es ihm für Stunden besser ging — es war der 18. Februar, jener Tag, an dem er beim hessischen Landgrafen zu Tisch geladen gewesen sein soll —, predigte er auch wieder öffentlich und zwar über die Anfechtung Christi. Auch der aus Erfurt herbeigerufene Arzt Georg Sturz konnte Luthers Leiden nicht wesentlich lindern. Von Schmerzen geplagt, trat er am 26. Februar mit Bugenhagen, Spalatin, Myconius und Sturz um die Mittagszeit herum im Gefährt des Kurfürsten Johann Friedrich die Rückreise nach Wittenberg an.

Der Bundestag endete damit, daß Kaiser Karl V. zunächst freie Hand gegen die Türkei und Frankreich bekam, die Artikel hatte nur ein Teil der Bundesmitglieder unterzeichnet. 1546 brach der Schmalkaldische Krieg aus. In der Schlacht bei Mühlberg wurde der im Zerfall begriffene Bund 1547 vernichtend geschlagen. Auf Bitten der Henneberger blieb Schmalkalden vor der Zerstörung bewahrt. Johann Friedrich verlor die Kurwürde an Moritz von Sachsen und mußte bis 1552 in kaiserliche Gefangenschaft.

Sehenswürdigkeiten

Der **ehemalige Gasthof «Zur güldenen Krone»** war eine der Tagungsstätten des Schmalkaldischen Bundes. Das Gebäude links der Post (17. Jh.) erinnert mit einer Tafel daran (Wappen Hessens und anderer Mitglieder des Bundes). Im **Audienzsaal des Rathauses** (nördlicher Teil aus dem frühen 15. Jh., südlicher Teil von 1501) fand am 10. Februar 1537 die Eröffnung des Bundestages statt. Der Raum ist umgestaltet, doch blieb sein mittelalterlicher Eindruck erhalten. Am Rathaus befindet sich eine Gedenktafel für die im Juli 1525 auf Befehl Philipps von Hessen hingerichteten Teilnehmer an der Erhebung der Bauern des Werratals. In der Stadtkirche **St. Georg** predigte L. am 9. Februar früh acht Uhr und am 18. des Monats; auch Spalatin (8. Februar), Amsdorf und andere Theologen, die an der Tagung von 1537 teilnahmen, standen auf der Kanzel. Erbaut 1437 bis 1509 (Südturm im unteren Teil noch romanisch, 11./12. Jh.); mehrmals erneuert. Eine der schönsten gotischen Hallenkirchen Thüringens. Zwei Türme, zwei Portale, dreischiffiges Langhaus, Netzgewölbe. Dachreiter mit Uhr: Der Sensenmann schlägt zu jeder vollen Stunde nach dem Leben, Umschrift «Memento mori» (lat., «Gedenke des Todes»). Sonnenuhr. Steinerne Büste eines der Baumeister am südöstlichen Strebepfeiler des Chors. Im Inneren keine Einrichtung aus L.s Zeit, jedoch an einem Pfeiler *halbplastische Lutherfigur* aus Sandstein. *Lutherstübchen* über der Sakristei, eigentlich die Paramentenkammer. Da die Kirche ansonsten nicht beheizbar war, wohnte der erkrankte L. hier einem Gottesdienst bei. Vom Fenster Blick auf den Altar, die Kanzel und einen Teil des Kirchenschiffs. Ausstellung im Lutherstübchen: Kohlebecken, mit dem damals geheizt worden sein soll, wertvoller fränkischer Schnitzaltar (heilige Familie, spätgotisch, 1450); mittelalterliche Lindenholzplastik (sitzender Christus mit Dornenkrone).

An der **Rosenapotheke** (Steingasse 11) weist eine Gedenktafel auf den Aufenthalt Melanchthons vom 1. März bis 15. April 1540 hin. 1545 erbaut, gotische Teile, Treppengiebel, Flachbogenfenster. Erst Haus der reitenden Post, seit 1664 Apotheke.

Im **Lutherhaus** (Lutherplatz 7) wohnte L. 1537 während der Tagung des Schmalkaldischen Bundes bei dem damaligen Besitzer Rentmeister Balthasar Wilhelm (Eckzimmer 2. Stockwerk, zwei Fenster zum Lutherplatz, zwei zum Schloßberg; Diele, auf der Luther predigte; Stuckarbeiten mit Lutherrose und Wappen Melanchthons an der Decke; Besichtigung nicht möglich). Anfang des 16. Jh., Fachwerk 1948 freigelegt. *Gedenktafel* aus der Mitte des 17. Jh., Gipsarbeit, Spätrenaissance: Hausmarke, Lutherrose und Wappen Melanchthons, Schwan als Sinnbild des Reformators, dazu Text: «VERSAMMLUNGS HAUS DER EVANGEL. STAENDE V. THEOLOGEN BEI VERFERTIGUNG DER SCHMALKALD. ARTICUL ANNO MDXXXVII» (d. i. 1537). Der **Hessenhof** (Platz der Deutsch-Sowjetischen Freundschaft) war 1537 Versammlungsstätte der führenden evangelischen Theologen. Ungewiß ist, ob der erkrankte L. einer Einladung des Landgrafen folgend, am 18. Februar 1537 hier zu Tisch war. Eventuell hatte Philipp nicht hier, sondern auf der Burg Quartier genommen. – Anfang des 13. Jh. entstanden, 1551 bis 1553 völlig umgestaltet. Henneberger Fachwerkbau auf steinernem Untergeschoß, Keller wesentlich romanisch. Tafel: «Der Hessenhof, im Mittelalter Landsitz der landgräflichen Vögte, Absteigequartier der

Landgrafen und wohl auch 1227 der heiligen Elisabeth, 1551 umgebaut. ... Im Unterstock Wandbilder aus der Iweinsage, gemalt vor 1250.» Diese äußerst *wertvollen Fresken* am Tonnengewölbe des Kellers gehen auf Hartmann von Aues Versepos «Iwein» zurück und gehören zu den ältesten erhaltenen Wandmalereien der deutschen Kunst mit weltlicher Thematik. Ihr Schöpfer ist unbekannt. (Besichtigung nur durch Fachleute, Anmeldung im Museum Schloß Wilhelmsburg – dort auch Abbildungen der Fresken.) Das imposanteste Haus des alten Schmalkaldens ist die **Große Kemenate** (Weidebrunner Gasse 26 und 28), in der 1537 Petrus Vorstius, päpstlicher Gesandter beim Bundestag, wohnte. Als L. nach seiner Abreise aus Schmalkalden in Tambach genesen war, schickte er einen Brief in die Stadt zurück, um dem Kurfürsten Nachricht von der Heilung zu geben. Der Bote soll am frühen Morgen mit dem Ruf: «Vivit Lutherus!» (lat., «Luther lebt!») an den Fenstern des Nuntius vorbeigeeilt sein. Zweiteilig, Treppengiebeldach, steinernes Gebäude, zwischen 1410 und 1420, nach anderen Quellen schon um 1400. In den darauffolgenden Jahrhunderten gab es manche bauliche Veränderung.

* Auf dem Schloßberg liegt die mächtige Vierflügelanlage **Schloß Wilhelmsburg.** Von Wilhelm IV., Sohn Landgraf Philipps, 1585 bis 1589 anstelle der romanischen Burg Waltaff erbaut. Renaissance. Von den einst zahlreichen Volutengiebeln nur noch acht erhalten. Vier Treppentürme zum Obergeschoß. Im Inneren ursprünglicher Zustand, zahlreiche Wandmalereien. Äußeres ziemlich verändert. *Schloßkirche:* erster deutscher Kirchenbau, dessen Architektur protestantischen Grundlehren gültig Ausdruck verlieh. *Reste der Burg Waltaff,*

einer der Tagungsstätten des Schmalkaldischen Bundes, sind der untere Teil des Turms der Schloßkirche bis zum Sims hinauf, einige Abschnitte der Schloßmauer und der alte Burgbrunnen.

Schloß Wilhelmsburg beherbergt heute das **Kreis- und Heimatmuseum.** Dort werden mehrere Ausstellungsstücke aus der Zeit der Reformation gezeigt. Fotokopie eines Briefs Thomas Müntzers an den Werrahaufen, Abendmahlskelch aus der Stadtkirche St. Georg, Lutherbibel, gedruckt 1548 von Hans Lufft in Wittenberg, Geldbeutel von Form eines Mönchs (als volkstümliche Anspielung auf den Ablaßhandel, 16. Jh.). Gemälde: kleines Bildnis L.s (unbekannter Meister); «Landgraf Philipp von Hessen, Bundesoberhaupt für Süddeutschland», «Johann der Beständige, Bundesoberhaupt für Norddeutschland». Graphiken: «Liebesmahl des Schmalkaldischen Bundes im Jahre 1531», die Bundesmitglieder bei Tisch zeigend; Martin Luther; Philipp Melanchthon; Kaspar Cruciger; Martin Bucer; Justus Jonas; Johannes Bugenhagen; Nikolaus Amsdorf. Die porträtierten Theologen waren 1537 beim Bundestag anwesend.

Bezirk: Suhl **Kreis:** Schmalkalden **PLZ:** 6000 **Einwohner:** 17 000 **Information:** Reisebüro, Am Busbahnhof. **Übernachtungsmöglichkeiten:** Zentral-Hotel «Patrizier», Weidebrunner Gasse 17; Pension Hildebrandt, Weidebrunner Tor 2. **Gaststätten:** Stadt Schmalkalden, Hoffnung; Ratskeller, Altmarkt; Hessischer Hof, Lutherplatz 6; Thüringer Hof, Straße der Deutsch-Sowjetischen-Freundschaft 89; Teichhotel, Teichstr. 21; Zur Linde, Reihertor 2; Pfalzkeller, Schloßberg; Stadtcafé, Steingasse 8; Café Liebaug, Weidebrunner Gasse 18; Berggasthaus «Queste», Questenweg 5; Volksgarten, Wolfsberg 9; Waldgaststätte «Ehrental», Ehrental; Waldgaststätte «Waldhaus», Waldhausstr. 12; Waldfrieden, im Stadtteil Volkers. **Weitere Sehenswürdigkeiten:** Stadtbefestigung (14. bis 16. Jh.) mit Pulverturm. Rathaus (15. Jh.).

TORGAU, die an der Elbe gelegene Kreisstadt im Bezirk Leipzig ist wirtschaftlich vor allem durch das hier ansässige Flachglaskombinat und den Landmaschinenbau bedeutsam. Die Verleihung des Stadtrechts erfolgte vermutlich zwischen 1255 und 1267, doch war schon 973 eine Burggründung als Sicherung des Elbübergangs urkundlich erwähnt worden. Die Altstadt ging aus der westlich der Burg entstandenen Marktsiedlung hervor, während sich die Neustadt aus einer Kaufmannssiedlung entwickelte. Im Mittelalter war Torgau von geringer Bedeutung; erst nachdem es 1456 neben Leipzig und Wittenberg zur Residenz der Wettiner erhoben worden war, erlebte es einen allgemeinen Aufschwung. Nach der Leipziger Teilung 1485 war die Stadt ständige Residenz des ernestinischen Kurfürstentums.

«Wittenberg ist die Mutter, Torgau die Amme der Reformation» — ein früher weitverbreitetes geflügeltes Wort, das zweifelsohne seine Berechtigung hat. Luther weilte über vierzigmal in Torgau. 1516 visitierte er als Distriktsvikar im Auftrag von Staupitz das hiesige Augustinerkloster. Als er zum zweitenmal herkam, 1521, hatte ihn bereits die Bannandrohungsbulle des Papstes erreicht, die Reichsacht drohte ihm. Luther predigte, und der Rat präsentierte ihm den Ehrentrunk. Schon zuvor war aber in der Nikolaikirche evangelisch gepredigt und auch getauft worden. 1522 feierte man Luthers Erscheinen «mit derjenigen Bewunderung und Auszeichnung, auf welche sein Heldenmuth, den er eben in Worms so herrlich und weltkundig bewiesen hatte, gerechten Anspruch machen konnte».

Torgaus Bürgertum, vor allem durch Brauerei und Tuchgewerbe zu Reichtum gekommen, stand der Reformation aufgeschlossen gegenüber. Die Wittenberger Bewegung von 1521/22 fand in der Stadt großen Widerhall. Die kirchlichen Mißstände, insbesondere die im Augustinerkloster, forderten alle Schichten zu Aktionen heraus. Unter Karlstadts Einfluß ließ der Rat die Termineien der Mönche schließen. 1523 sagte er sich offen vom katholischen Glauben los. Bei Friedrich dem Weisen fand er Unterstützung. Im gleichen Jahr wurde Gabriel Zwilling (Didymus) als evangelischer Prediger berufen. Der ehemalige Wittenberger Augustiner hatte sich zwar im Unterschied zu Karlstadt zur gemäßigten Richtung der Reformation bekannt, war aber ein aufrührerischer Geist geblieben. Als die Franziskaner keinerlei Anstalten machten, sich mit der neuen Lehre zu beschäftigen, inspirierte er junge Ziegeldecker und Messerschmiede zu Spottprozessionen, die 1523 mit der Erstürmung des Barfüßerklosters endeten. In der Klosterkirche vernichteten Bürger die Bilder. 1525 wurde dann auch das Augustinerkloster gestürmt.

Nach der Niederschlagung des Bauernkriegs schlossen sich 1525 in Dessau (↑ Wörlitz) mehrere katholische Fürsten gegen das erstarkende evangelische Lager zusammen. Als Gegenbündnis wurde am

Titel der Apologie zur Augsburger Konfession, 1530

5. Mai 1526 auf dem Schloß der Torgauer Bund zwischen Sachsen und Hessen gegründet, dem sich weitere Bündnispartner anschlossen. An der Ausarbeitung des Vertrags hatte Luther als Berater Philipps und Friedrichs des Weisen entscheidenden Anteil.

1527 wurden Luther, Melanchthon, Bugenhagen und Agricola auf Veranlassung des Kurfürsten nach Torgau gerufen, um mit dessen Räten über die Grundzüge einer allgemeinen Visitation zu beraten. Luther und Melanchthon hatten eine solche seit 1525 mehrfach ins Auge gefaßt und Friedrich den Weisen um Unterstützung gebeten. Im Ergebnis der Zusammenkunft entstand die von Melanchthon formulierte erste Kirchen- und Visitationsordnung. Torgau selbst wurde erst 1529 visitiert. Die Kommission, zu der auch Luther gehörte, gab «dem Gotteskasten eine vollkommnere Einrichtung, untersuchte und ordnete die Stadtschulen; der Pfarrer Gabriel (Didymus) wurde der erste Superintendent».

1530 wurde Torgau zum eigentlichen Geburtsort des ersten offiziellen Bekenntnisses der Protestanten. Nach dem Reichstag in Speyer, in Vorbereitung des Augsburger Reichstags, erarbeitete Luther im kurfürstlichen Auftrag gemeinsam mit Melanchthon, Bugenhagen und Jonas die Torgauer Artikel, die als erste Zusammenfassung der evangelischen Glaubenssätze die Grundlage für die Augsburger Konfession bildeten.

Auch der erste protestantische Kirchenbau ist eng mit Luther verbunden. Kurfürst Johann Friedrich ließ Torgau weiter als Residenz ausbauen. Nachdem der Johann-Friedrich-Bau abgeschlossen war, wurde 1543 bis 1544 die Schloßkirche errichtet. Am 5. Oktober 1544 bestieg der Reformator deren Kanzel, um die Kirche zu weihen: «Also soll dies Haus solcher Freiheit nach gebauet und geordnet sein für die, so allhier im Schloß und zu Hofe sind, oder die sonst hereingehen wollen: nicht, daß man daraus eine besondere Kirche mache, als wäre sie besser denn andere Häuser, da man Gottes Wort predigt. Fiele aber die Not vor, daß man nicht wollte oder könnte zusammenkommen, so möchte man wohl draußen beim Brunnen oder anderswo predigen. Nur muß der Haufe einen Raum haben, da er ordentlich zusammenkommt und ist der Vorteil dabei, daß das Gebet noch eins so stark geht, wenn der ganze Haufe einträchtig betet.»

Der Komponist Johann Walter, ein enger Freund Luthers und ebenfalls Melanchthons, wirkte als Kantor an der Marienkirche. Zunächst kurfürstlicher Hofkapellmeister, übernahm er nach der Auflösung der Hofkapelle 1526 die neu gegründete Kantorei, die zum Vorbild gleicher Einrichtungen in allen protestantischen Ländern wurde. Er schuf den evangelischen Schulchor, was dazu beitrug, daß die höfische Musik hinter die bürgerliche zurückzutreten begann. 1524 schon hatte er einen Band alter geistlicher Vokalstücke und neuer Lieder für den evangelischen Gottesdienst herausgegeben, das erste Chorgesangbuch der evangelischen Kirche überhaupt. Walter, der als Berater Luthers in Fragen des Gemeindegesangs und der Liturgie gilt, vertonte auch dessen Hymnus «Ein feste Burg ist unser Gott.»

Luther hatte auch eine sehr persönliche Beziehung zu Torgau. Am 13. Juni 1525 heiratete er Katharina von Bora, eine der neun Zisterzienserinnen, denen er 1523 zur Flucht aus dem Kloster Marienthron (Nimbschen) nach Torgau verholfen hatte. Eigentlich hätte Luther den Pfarrer Glatz aus Orlamünde als Gemahl für Katharina vorgesehen, sie aber wollte Amsdorf oder ihn selbst. Viel später äußerte sich Luther, daß er lieber die Ave (Eva) von Schönfeld genommen hätte, da er seine Katharina damals überhaupt nicht lieb gehabt habe; sie war ihm verdächtig gewesen, stolz und hoffärtig zu sein. «Aber Gott gefiel es also wohl, der wollte, daß ich mich ihrer erbarmte. Und ist mir Gottlob, wohlgerathen; denn ich habe ein fromm, getreu Weib, auf welche sich des Mannes Herz verlassen darf.»

Luther war bereits sechs Jahre tot, als in Wittenberg die Pest ausbrach und die Universität nach Torgau zog. Auch Luthers Witwe suchte hier Zuflucht. Unterwegs scheuten die Pferde, Katharina sprang vom Wagen und kam unglücklich zu Fall. Man brachte sie vermutlich in jenes Haus, aus dem Luther sie 27 Jahre zuvor geholt hatte. Doch genas sie nicht mehr und starb am 20. Dezember 1552.

Titelblatt des Wittenberger Gesangbuches aus dem Jahre 1524

Sehenswürdigkeiten

Am Martha-Brautzsch-Platz (Nr. 11) befindet sich das «Lutherhaus» von 1871 mit einem eisernen L.-Medaillon an der Platzseite. Auf dem jetzigen Rathaushof (Markt) steht, von anderen Gebäuden völlig eingeschlossen, die **ehemalige Nikolaikirche** (gotisch, Ursprünge Mitte 13. Jh., vor 1545 umgebaut). Hier fand 1520 die erste evangelische Predigt in Torgau statt. Beachtenswert am **Haus des Kanzlers Brück** (Fleischmarkt 6) ist das Portal mit dem kursächsischen (Schwerter) und dem herzoglich sächsischen Wappen unter den Baldachinen der Sitznischen. Die **Kirche des** 1834 abgerissenen **Franziskanerklosters** (Schloßstraße), in der 1525 Bilderstürmerei und Übergriffe gegen die Mönche stattfanden, wurde 1490/1510 im spätgotischen Stil erbaut (Langhaus mit Netzgewölbe). Auf Vorschlag L.s und Justus Jonas' bei der Visitation 1529 zur evangelischen Alltagskirche gemacht. (Profaniert.) Das **Sterbehaus von L.s Frau** ist das Gebäude Katharinenstraße 11. Eine Metalltafel mit der Inschrift: «In diesem Hause starb Frau Käthe Luther am 20. Dezember 1552» erinnert daran. **Schloß Hartenfels** (Schloßstraße) war Sitz der sächsischen Kurfürsten. Friedrich der Weise wurde hier geboren. L. kam häufig ins Schloß, u. a. als 1527 unter seiner Leitung die Grundzüge der protestantischen Visitationsordnung entworfen wurden. Auch Melanchthon und andere Reformatoren waren hier Gäste. Eine Brücke führt über den Bärengraben, der 1452 angelegt und später erweitert wurde. Dahinter *Johann-Georgs-Bau* — nach dem Kurfürsten gleichen Namens — von 1619 mit Hauptportal. *Spätgotischer Westflügel* von 1482/85, ansonsten einziges erhalten gebliebenes Schloß deutscher Frührenaissance.

Philipp Melanchthon

naissance. Das Epitaph (beschädigt) des Baumeisters Kunz Krebs steht in der Ostecke des Hofes. — Krebs schuf 1533/40 den Südostflügel — nach dem Kurfürsten *Johann-Friedrichs-Bau* benannt —: viergeschossig, spätgotische Vorhangbogenfenster, vorgekragter Laufgang. *Großer Wendelstein* 1533/36: Von Wappengalerie umzogen, doppelarmige Freitreppe, an Brüstungen und Wandpfeilern Zierformen der Frührenaissance, Schlußstein mit Porträtmedaillon des Kunz Krebs und der Jahreszahl 1536, spindelförmiger Bau, der als höchste Vollendung des spätgotischen Treppenhauses bezeichnet wird. Im Osten fein geschmückter Erker, im Westen Hausmannsturm (auch Wächterturm genannt) mit anmutigem reich verziertem Laubengang. — *Nordostflügel:* Nach 1540 von Nickel Gromann errichtet. Schöner Erker. Das Rundbogenportal von Simon Schröder d. Ä. unter der Kreuzabnahme Christi ist der Eingang zur *Schloßkapelle:* erster evangelischer Kirchenbau (1543/44), von L. geweiht (5. Oktober 1544). Die Kanzel, auf der L. damals stand, ist ebenfalls ein Werk Schröters (gemäß der Auffas-

sung L.s, der Prediger gehöre unter die Gemeinde, an einem Seitenpfeiler). Auch die betonte Schlichtheit des Raums entspricht dem Willen L.s. Johann Walter war hier Kantor, zur Kirchweihe führte er seine Huldigungsmotette an L., Melanchthon und Johann Friedrich auf. Inneres fast wie ursprünglich. Vorbild für andere protestantische Schloßkirchen. Einschiffige Halle ohne Chor, in der Höhe dreigeschossig, abgeflachtes Tonnengewölbe mit Rippennetz. Unter der Fürstenempore große *Stiftertafel* (1545), Bronzeguß mit Porträtmedaillons L.s, Johann Friedrichs des Großmütigen und seiner Söhne. Das **Museum** im Kapellenflügel beherbergt u. a. einen Reliquienschrein (15. Jh.) aus der heute verschwundenen Martinskapelle des Schlosses, in der L. wiederholt predigte. Bildnis L.s (Reproduktion eines Gemäldes Lucas Cranachs d. Ä.); Abgüsse der Porträtmedaillons Konrad (Kunz) Krebs' vom Schlußstein des Großen Wendelsteins und Johann Friedrichs von der Stiftertafel in der Kapelle. In der eindrucksvollen gotischen **Stadtkirche** (Wintergrüne) hat L. häufig gepredigt. Sie war auch die Wirkungsstätte Johann Walters. Dreischiffige Hallenkirche (1390 bis Anfang 16. Jh.) mit Teilen eines bereits 1119 erwähnten romanischen Sakralbaus in der Westfront. Der Südturm ist erst von 1750/52. Von der ursprünglichen Einrichtung nur noch wenig erhalten. Barocker Hochaltar (1694). Die sehr schöne *Renaissancekanzel* (1582) hat im Bogenfeld ein Lutherbildnis. Neben der Kanzel *Altarstaffel* «Die vierzehn Nothelfer» von Lucas Cranach d. Ä. (1507). Die Messinggrabplatte Sophie von Mecklenburgs, der ersten Gemahlin Johanns

Grabplatte Katharina von Boras in der Schloßkirche

des Beständigen, stammt aus der Werkstatt Peter Vischers d. Ä. (1504). Das *Epitaph Katharina Luthers*, die in der Marienkirche bestattet wurde, ist mit Lutherrose, Wappen und Bildnis der Verstorbenen geschmückt. Die Umschrift lautet: «Anno 1552, den 20. December, Ist in Gott Selig entschlafen allhier zu Torgau Herrn D. Martini Luthers seligen Hinderlassene wittbe Katharine». Die Maßwerkrose ist vermutlich aus dem 15. Jh. Die Glasmalerei eines Fensters (1883) zeigt L. mit Bibel. Neben dem Eingang zur Sakristei sind Reste von Wandmalereien (zwischen 1390 und 1500) erhalten, in der Sakristei selbst gotische

Links: Inneres der Schloßkirche mit der Lutherkanzel

Abendmahlskelche. Das **Pfarrhaus** (Wintergrüne 2) war zumeist L.s Torgauer Unterkunft. Hier wohnte Zwilling (Didymus), der erste Superintendent der Stadt. Tafel mit Goldschrift: «In diesem Hause wurden im März 1530 von Luther, Melanchthon, Jonas und Bugenhagen die Torgauer Artikel, die Grundlage des Augsburgischen Bekenntnisses, zur Überreichung an den Kurfürsten Johann den Beständigen, zum Abschluß gebracht. Gewidmet v. Bürger-Verein d. 10. Nov. 1883.» 1527 war hier unter L.s Leitung an der evangelischen Visitationsordnung gearbeitet worden.

Ausflüge

BELGERN (Busverbindung). Die Marienkirche, in der L. am 25. April 1525 der Gemeinde die Bibel ausgelegt hat, wurde noch im gleichen Jahr abgerissen. An die Predigt L.s erinnert ein **Gedenkstein** bei der Barholomäuskirche, die der Reformation damals noch verschlossen blieb. Schon 1525 aber predigte dort ein evangelischer Pfarrer, den L. selbst geschickt hatte und wegen dessen finanzieller Nöte er zwei Jahre später an den Kurfürsten schrieb — übrigens vergeblich. Die Stadtkirche **St. Bartholomäus** war 1512 fertig. Ein starker Turm aus Bruchsteinen, dessen unterer Teil einem älteren Bau gehörte, bestimmt ihren Anblick. Ursprüngliche Ausstattung verloren. Sehenswerter Altaraufbau von 1660.

HERZBERG (Zugverbindung). In Herzberg siegte die Reformation sehr früh. Die Zugehörigkeit zum sächsischen Kurkreis wog stärker als diejenige zur Diözese Meißen. Bereits 1522 löste ein kurfürstliches Edikt die Pfarrkirche vom Augustinerkloster. Es berief den Schweinitzer Pfarrer Andreas Wagner — den Beichtvater Friedrichs des Weisen — nach Herzberg, der hier die Reformation voranbrachte. Am 26. April jenes Jahres war Luther, als er von Belgern kommend über die «Rottenbrücke» bei Buckau nach Wittenberg zog, in der Stadt.

Bei der Visitation Ostern 1529 ordnete die Kommission den Gottesdienst und regelte die Bezüge von Pastor, Küster, Schulmeister usw. Insbesondere wurde dem Geistlichen nahegelegt, «auf die Schul gut achtung zu geben, er soll domit die jugent recht und wol underwisen werdde, über sie Superintendent sein». Das entsprach der von Melanchthon ausgearbeiteten ersten Schulordnung, die der Visitationsordnung angefügt worden war. Es erwies sich jedoch, daß sie in größeren Städten zwar gute Dienste leistete, in kleineren wie Herzberg aber kaum. Deshalb wandten sich Pfarrer und Rat 1537 mit der Bitte an Melanchthon, ihnen eine gesonderte Ordnung auszuarbeiten. Es ist anzunehmen, daß jener — möglicherweise auch Luther — zum

Studium der Verhältnisse nach Herzberg kam und hier im Pfarramt Herberge nahm. Am 14. Februar 1538 wurde die von Melanchthon entworfene und von Luther unterzeichnete «Herzberger Schulordnung» veröffentlicht, die für die damalige Zeit Modellcharakter trug und die Ausbildung des Schulwesens in Deutschland wesentlich beeinflußte. Daran erinnern am Eingang der Hans-Beimler-Oberschule die **Melanchthonbüste** und eine **Gedenktafel:** «Philipp Melanchthon, Praeceptor germaniae Verfasser der Herzberger Schulordnung» (die lat. Worte bedeuten «Lehrer Deutschlands»). Daß Luther oder Jonas in **St. Nikolai** (1377–1540 erbaut) gepredigt hat, ist nicht belegt. In der Kirche befinden sich *Bildnisse Luthers und Melanchthons* (Kopien aus der Cranachwerkstatt). Sehenswert sind vor allem die figürlichen und ornamentalen Gewölbemalereien aus der Bauzeit (deutlich böhmisch beeinflußt), die ältesten sind um 1415 entstanden (vorwiegend biblische Themen). Im Untergeschoß der Kapelle sind noch zwei kleine Fenster mit Glasmalerei von 1370/80 erhalten, die sich ursprünglich im Chor befanden.

LIEBENWERDA, BAD (Zugverbindung). Am 8. und 9. Oktober 1519 fand hier das zweite Zusammentreffen zwischen Luther und dem päpstlichen Nuntius Miltitz statt (↑ Altenburg). Miltitz versuchte nochmals, Luther dem Papst und der römischen Kirche zurückzugewinnen, in der Hoffnung auf eigenen diplomatischen Ruhm. Der Erfolg blieb ihm verwehrt.

1544 konnte Luther Martin Gilbert als den ersten evangelischen Superintendenten der Stadt, in der sich die Reformation nur sehr zögernd durchgesetzt hatte, in sein Amt einführen. An beide Aufenthalte Luthers in Bad Liebenwerda erinnert eine *Gedenktafel* (1917) an der Stadtkirche **St. Nikolai.**

Der nach 1513 spätgotisch erneuerte Backsteinbau mit Ursprung im 13. und 14. Jh. war zunächst dreischiffig, ist heute aber durch mehrfache Veränderung einschiffig. Die Pfeileransätze erinnern an den alten Zustand. Im nördlichen Anbau die Sakristei mit Zellengewölben, über ihr die Ratsloge. Der mächtige Turm wurde um 1900 errichtet. An spätgotischer Ausstattung Triumphkreuz und Schmerzensmann. Taufstein (1671): Halbkugelbecken mit Fruchtgehänge zwischen Engelsflüchten. Am Schaft ausdrucksstarke Männermasken.

SCHLIEBEN (Zugverbindung). 1522 und 1529 soll Luther zur Kirchenvisitation in dem Ort gewesen sein. Das **Pfarramt** (Markt 1) wird als sein Quartier bezeichnet. Die Kapelle, in der Luther wahrscheinlich predigte, stand auf dem nach ihm benannten Martinsberg. An diesem Hügel noch Weinkeller vorhanden, die von Zisterziensermönchen angelegt wurden. Über dem Portal der **St. Martinskirche** (19. Jh.) befindet sich eine *Lutherfigur.*

WEIMAR, berühmt als die Stadt der deutschen Klassik, ist zugleich ein Zentrum des DDR-Landmaschinenbaus, 975 wurde es erstmals urkundlich erwähnt — Kaiser Otto II. hatte zum Fürstentag auf die Burg Wehmar eingeladen. Die Stadtgründung bei jener Burg erfolgte erst um 1254, unter der Herrschaft der Grafen von Weimar-Orlamünde.

Weimar lag an keiner bedeutenden Handelsstraße. Auch gab es nichts sonst, was den Ort hervorhob. Dieser war eine ausgesprochene landesherrliche Gründung. Handwerk und Landwirtschaft dienten fast ausschließlich den Bedürfnissen des gräflichen Schlosses und der näheren Umgebung. Nach 1372 gelangte die Stadt in die Hände der Wettiner, die sie zur Residenz ausbauten. Im 15. Jahrhundert zählte das Herrscherhaus zu den mächtigsten deutschen Fürstengeschlechtern. Bei der Leipziger Erbteilung 1485 fiel Weimar an die Ernestiner und wurde Nebenresidenz. Hier regierte der Bruder des Kurfürsten, Herzog Johann.

Um 1500 lebten in der Stadt etwa 1 800 Bürger. Eine patrizische und ratsfähige Oberschicht hatte sich nicht herausgebildet. Dies und die ständige landesherrschaftliche Bevormundung unterdrückten soziale Spannungen, wie sie für zahlreiche andere Städte charakteristisch waren. Der Herzog und vor allem sein Sohn Johann Friedrich förderten die gemäßigte Reformation.

Luther kam im September 1518 ins hiesige Franziskanerkloster. Er war unterwegs nach Augsburg, zum Verhör durch Kardinal Cajetan. Welche Wirkung Luthers Auftreten im Kloster und seine Predigt in der Schloßkirche hinterließen, ist nicht überliefert. Was für 1518 ungewiß bleibt, steht für 1521 hingegen fest: Als Luther auf dem Weg nach Worms in Weimar eintraf, wurde er wegen seines Mutes und seiner Standhaftigkeit bewundert.

Die Aufenthalte vom 16. bis 21. Oktober und vom 23. bis 30. Oktober 1522 galten dann direkt der Stadt. Mehrfach stand er während dieser Tage in der Schloß- und in der Pfarrkirche auf der Kanzel. Besonders bedeutsam war seine Predigt am 25. jenes Monats, in der er seine Staatsauffassung darlegte. Auf Wunsch des Herzogs wurde die Predigt im März 1523 unter dem Titel «Von weltlicher Obrigkeit, wie weit man ihr

Weimar um 1600, Kupferstich von Braun und Hogenberg

Gehorsam schuldig sei» gedruckt. Entschieden forderte Luther zum Gehorsam gegenüber der weltlichen Obrigkeit auf und wandte sich gegen jedwede revolutionäre Erhebung. Das zeitigte Wirkungen. Als der Bauernkrieg ausbrach, blieb es in der Stadt und in der näheren Umgebung ruhig. Am 1. August 1524 mußte Thomas Müntzer aufgrund seiner Allstedter Fürstenpredigt zum Verhör auf dem Schloß erscheinen. In Weimar eröffnete Luther 1524 die Reihe seiner Predigten gegen den bürgerlich-radikalen Reformator Karlsstadt und dessen Anhänger (↑ Orlamünde). Von hier aus entsandte der Kurfürst seine Truppen in die Schlacht bei Frankenhausen.

Am 17. August 1525 wurde auf kurfürstlichen Befehl offiziell die Reformation eingeführt, die Geistlichkeit hatte fortan «das lauter rain evangelion on menschliche zusatzungen» zu predigen.

Luther kam auf seinen Reisen noch oft durch Weimar und hat auch verschiedene Male hier genächtigt. Mehrmals stand er auch auf der Kanzel der Schloßkirche und von St. Peter und Paul, so vom 23. Juni bis 7. Juli 1540, als er nach Eisenach unterwegs war. Nach der Schlacht bei Mühlberg 1547 im Schmalkaldischen Krieg ging die Kurwürde auf die Albertiner über. Die Ernestiner hatten ihre meißnischen Besitzungen verloren und ließen sich in Weimar nieder, das ständige Residenz wurde. Als Johann Friedrich der Großmütige 1552 aus der Gefangenschaft hierher kam, folgte ihm Lucas Cranach d. Ä.

Grab Lucas Cranachs d. Ä.
auf dem Jakobskirchhof

Sehenswürdigkeiten

Jakobskirchhof (am Rollplatz): Er wurde im 12. Jh. angelegt. Ruhestätte vieler Persönlichkeiten des Geisteslebens. Hier befindet sich *Lucas Cranachs d. Ä.* Gruft, die Grabplatte ist allerdings seit 1859 in St. Peter und Paul (eine Nachbildung des Epitaphs an der Südwand der Jakobskirche). **Lutherhof** (Luthergasse 1): 1492 erbautes, später aber sehr verändertes Haus Johann Burgkhards «an der Ekken zu St. Jacob uff der Mauer» (d. i. die alte Stadtmauer), wo L. bei seinem letzten Weimarer Aufenthalt gewohnt haben soll. Burgkhards Bruder war ein guter Freund Luthers. **Stadtkirche**

In der Stadtkirche
St. Peter und Paul (Herderkirche)
predigte Luther 1537

St. Peter und Paul (Herderplatz): Am
4. Februar 1537 mengte sich ein Teil
des Gefolges von Petrus Vostius, dem
päpstlichen Gesandten beim Schmalkalder Fürstentag, in St. Peter und
Paul unter die Gemeinde, um L. predigen zu hören. Um 1500 unter Benutzung eines kleinen Vorgängerbaus
entstanden, gotisch, dreischiffig mit
Turm und Dachreiter, im 18. Jh. jedoch gründlich barockisiert. Nachdem
die Kirche 1945 durch zwei Bomben-
treffer schwer beschädigt worden war,
berücksichtigten die bald folgenden
Restaurierungsarbeiten beide Stile.
Gotisch blieben im wesentlichen die
Umfassungsmauern mit Fenstern und
Strebepfeilern sowie der große Turm.
Oberhalb der Traufe ist bei Chor und
Langschiff alles neu. Im Inneren
Kreuzgewölbe aus der Restaurie-
rungszeit. — Ausstattung: Aus L.s Zeit
der Taufstein, einige Abendmahlskelche und jene Truhe, in der sie verwahrt
wurden. Die steinerne, wohl aus einem
einzigen Block gemeißelte *Lutherkan-
zel,* ist durch die prunkvolle barocke
Umkleidung unkenntlich geworden. —

Viele Grabdenkmale, so die 1555 unter
dem Triumphbogen aufgestellte *Sand-
steintumba mit bronzenen Wappentafeln für Johann Friedrich den Großmütigen* und seine Gemahlin. Das *Epitaph
Lucas Cranachs d. Ä.* mit Ganzfigur des
Meisters wurde 1859 vom Jakobskirchhof, wo der Maler begraben liegt,
hierher versetzt. Eine eiserne Tafel von
1819 bedeckt die Gruft Herders, der
an der Kirche gewirkt hat. Letztes *Altarbild Lucas Cranachs d. Ä.*; es wurde
wahrscheinlich von seinem Sohn vollendet (1555), der die Figur des Vaters
einfügte. Dreiteilig: links Johann
Friedrich der Großmütige mit Frau,
rechts ihre Söhne, in der Mitte Luther,
Lucas Cranach d. Ä. und Johannes der
Täufer am Kreuz Christi. Wunderba-
res Altargesprenge. In der Sakristei *Lu-
therschrein* von 1572 mit Gemälden L.s
als Mönch, Junker Jörg und Doktor
der Theologie (die beiden letzten nach
Lucas Cranach d. Ä.). Erläuternde
Knittelverse. **Schloß** (am Burgplatz):
Die «Bastille» (1439) und der noch ältere untere Teil des Turms sind von jener Anlage übriggeblieben, die L.
kannte. Das andere vor allem nach
1789. **Lucas-Cranach-Galerie** (im
Schloß): *Von Lucas Cranach d. Ä.:* Johann der Beständige (um 1526), Johann Friedrich der Großmütige als
Bräutigam (1526), Martin Luther
(1528), Katharina von Bora (1528),
Luther als Augustinermönch (Kupferstich, 1520), Luther als Junker Jörg
(um 1521), Luther als Doktor der
Theologie (Kupferstich, 1521). — *Aus
der Cranachwerkstatt:* Martin Luther
(1546). — *Von Lucas Cranach d. J.:*
Kanzler Gregor Brück (1557). — Mar-
morbüste Lucas Cranachs d. Ä. (Adolf
von Donndorf) und Relief Johann
Friedrichs aus Kalkschiefer (Cranachschule, um 1540). **Cranachhaus**
(Markt) mit Gedenktafel: «In diesem
Haus wohnte Lucas Cranach d. Ä. von

Das Cranachhaus am Markt. Hier wohnte Lucas Cranach d. Ä. von 1525 bis zu seinem Tod am 16. Oktober 1553.

1552 bis zu seinem Tode am 16. Oktober 1553.» Bauherr war 1547/49 Christian Brück, Cranachs Schwiegersohn. Die Fassade wurde im Laufe der Zeit umgestaltet, doch machten Restaurierungsarbeiten 1953 manche Veränderung wieder rückgängig. Farbenprächtige Frührenaissance. Zwei Zwerchgiebel. Sieben fast bis unter die Fenster des ersten Stockwerks reichende Säulchen, Muschelnischen, ornamentaler Schmuck. Über dem Eingang das Wappen Brücks und Cranachs geflügelte Schlange. Das *«Malerstübchen» Cranachs* befindet sich in der dritten Etage. **Franziskanerkloster** (Am Palais): 1453 gegründet. Johann Hilten und Friedrich Myconius waren hier

Mönche. L. wohnte während seiner Aufenthalte 1518/21 bei den Barfüßern. Als er zum Reichstag unterwegs war, soll ihn ein Mönch mahnend an den Tod des Jan Hus erinnert haben. L.s Entgegnung: «Und wenn sie ein Feuer anzünden würden von Wittenberg bis Worms, ich wollte doch hindurch.» (Andere Quellen verlegen diese Episode etwas abgewandelt in das Jahr 1518, als L. nach Augsburg reiste.) — Es ist nur noch jener Teil erhalten, in dem sich früher die Klosterkirche befunden hatte. Dort las L. den Mönchen am 29. September 1518 die Messe.

Bezirk: Erfurt   **Kreis:** Weimar
PLZ: 5300   **Einwohner:** 63000
Information: Weimar-Information, Marktstr. 4; Reisebüro, Markt 10.
Übernachtungsmöglichkeiten: Elephant, Am Markt 19; International, Leninstr. 17; Einheit, Brennerstr. 42; Russischer Hof, Goetheplatz 2.
Gaststätten: Hainfels, Belvederer Allee; Russischer Hof, Goetheplatz 2; Schloßgaststätte Belvedere, Belvederer Allee; Birkenhaus, Leibnizallee; Falkenburg, An der Falkenburg 1; Gastmahl des Meeres, Herderplatz; Ratskeller, Markt; Schwanseebad, Herbststr. 2; Schwarzer Bär, Markt; Theatercasino, Theaterplatz; Waldschlößchen, Jenaer Str. 56; Weimarhalle, Schwanenseestr.; Weißer Schwan, Frauentorstr. 23; Zum Siechenbräu, Ferdinand-Freiligrath-Str. 17; Alt-Weimar, Steubenstr.; Konzert-Café, Schillerstr. 18; Café am Goetheplatz; Milchbar mit Mocca- und Weinkabinett, Friedenstr. 2; Express-Café, Leninstr. 11; Café Resi, Grüner Markt; Kaffee-Ecke, Wilhelm-Pieck-Str.; Café am Wielandplatz.
Weitere Sehenswürdigkeiten: Staatliche Kunstsammlungen und Nationale Forschungs- und Gedenkstätten der klassischen deutschen Literatur (im Schloß). Stadthaus (16. Jh.). Zentralbibliothek der deutschen Klassik (ehem. «Grünes Schloß», 1563 und 18. bis 19. Jh.). Fürstenhaus (1770), darin Hochschule für Musik. Goethes Wohnhaus (1709), mit Goethe-National-Museum. Schillerhaus (um 1775). Bertuchhaus (19. Jh.), darin Stadtmuseum. Kirms-Krakow-Haus (16. bis 18. Jh.) mit Herdermuseum. Wittumspalais (1767) mit Wielandmuseum. Museum für Ur- und Frühgeschichte. Liszthaus (1798) mit Lisztmuseum. Deutsches Nationaltheater (1907). Goethe-Schiller-Denkmal (1859). Goethe- und Schillergruft. Kunsthalle. Goethe- und Schillerarchiv (19. Jh.). Hochschule für Architektur (1904 und 1911). Park an der Ilm (18. Jh.) mit Goethes Gartenhaus (17. Jh.) und Römischen Häusern (1797). Platz der 56000 mit Ernst-Thälmann-Denkmal (1958). Denkmal der Märzgefallenen (1922). Schloß Belvedere (1732) mit Rokokomuseum und Landschaftspark (18. Jh.). Nationale Mahn- und Gedenkstätte Buchenwald.

ERNIGERODE, KLOSTER HIMMELPFORTE. Unweit von Wernigerode, der «bunten Stadt am Harz», auf halbem Wege nach Darlingerode, lag vor mehr als 450 Jahren das Kloster Himmelpforte.

Um 1230 ließ sich dort ein Eremit namens Adalbering (Elbering) nieder. Ritter Theodericus von Hartesroth (Hasserode) schenkte 1253 der Einsiedelei «den Ort in Elbingerode, der jetzt Himmelpforte benannt wird». Noch war es keine Augustinerniederlassung, denn der Orden bildete sich erst 1256 durch die Vereinigung verschiedener Genossenschaften. Doch bereits am 21. April 1257 erwähnte Bischof Volrad zu Halberstadt eine «neue Pflanzung», zu der die Eremitenbrüder vom Orden des heiligen Augustinus den Grundstein legten.

In Überlieferungen wird vom Fleiß der Mönche berichtet und ihre Armut hervorgehoben; durch Betteln müßten sie ihren Lebensunterhalt erlangen. Tatsächlich jedoch sammelte die Stiftung einen ansehnlichen Grundbesitz. Rasch prägten sich auch Verbindungen zu Wernigerode aus, dem Hauptort eines größeren feudalen Territoriums. 1121 hatte dort ein «Comes (Graf) de Wernincherod» begonnen, auf dem Agnesberg eine Fronfeste zu bauen.

Die Mönche richteten der Stadt eine Schule ein und taten noch anderes Nützliches. Besonders ausgeprägt aber waren ihre Beziehungen zum gräflichen Geschlecht.

Der Höhepunkt in der Geschichte des Klosters lag zwischen 1420 und 1520. In dieser Zeit begannen bei den Klerikern Reformbestrebungen um sich zu greifen, die sich gegen die verderbten Sitten und Ausschweifungen innerhalb der Kirche richteten. Besonders unter dem Priorat Andreas Proles spielte das Kloster Himmelpforte diesbezüglich eine bedeutsame Rolle. Proles trat 1465 an die Spitze aller reformierten Konvente der Augustinereremiten in Sachsen, deren Bemühungen die anderen Konvente des Ordens bald mehr oder minder stark beeinflußte.

Als Proles 1503 gebannt wurde, folgte ihm Johannes von Staupitz im Amt des Generalvikars der sächsisch-thüringischen Kongregation. 1516 wandte sich dieser an den Kurfürsten Friedrich von Sachsen und teilte ihm mit, daß er unbedingt das Kloster Himmelpforte visitieren wolle.

Luther war am 6. August 1517 dort. Von jenem Tag ist auch sein mit «Ex Porta coeli» (lat. – «Aus Himmelpforte») gekennzeichneter Brief datiert, in dem er Johannes Lang in Erfurt mitteilte, dieser solle endlich die Licentiatenwürde erwerben – Staupitz wolle es so. Ob Staupitz und Luther im Kloster Himmelpforte zusammentrafen, ist ungewiß. Die Legende behauptet, beide hätten dort über Luthers Thesen gegen den Ablaßhandel gesprochen. Unwahrscheinlich ist ein solches Gespräch nicht, stand Staupitz den reformatorischen Bestrebungen doch zunächst aufgeschlossen gegenüber.

Als sich 1524/25 ringsum im Land die Bauern erhoben, wurde auch das Kloster Himmelpforte gestürmt. Dessen Insassen flohen nach Wernigerode und stellten sich unter den Schutz des Grafen. Die Aufständischen zerstörten oder verschleppten das Kirchengerät. Zwar blieb das Kloster selbst fast unversehrt, doch kehrten die Mönche nicht zurück. Ihre Liegenschaften und Besitztümer fielen an den Grafen, und im Laufe der Zeit wurden die Mauern Himmelpfortes abgetragen.

Luthergedenkstein aus dem Jahr 1917 bei dem ehem. Kloster Himmelpforte

Sehenswürdigkeiten

Wanderung: Wernigeroder Markt — Westernstraße und Westerntor — Leninstraße — Eichberg — Naturlehrpfad Himmelpforte. Fünf Fischteiche, in denen die Augustiner Karpfen züchteten. — Fußhohe **Reste der Klostermauer** bei der Gabelung am Wegrand. Links dem Pfad nach Hasserode folgen, am Wald rechts hoher **Gedenkstein** von 1917 mit einer Eisentafel mit Luthermedaillon, für das ein Kupferstich Cranachs d. Ä. Vorlage war. Inschrift: «Hier, wo das Augustinerkloster Himmelpforte stand, hat D. Martin Luther am 6. August 1517 mit D. Staupitz den Ablass-

handel besprochen, bevor er am 31. Oktober desselben Jahres die 95 Thesen an die Tür der Schloßkirche zu Wittenberg anschlug.»

Bez.: Magdeb. **Kreis:** Wernigerode
PLZ: 3700 **Einwohner:** 35000
Information: Informationszentrum der Kurverwaltung, Breite Str. 12; Reisebüro, Ernst-Thälmann-Str. 83—83.
Übernachtungsmöglichkeiten: Gothisches Haus, Markt 2; Meyers Hotel, Burgstr. 58; Weißer Hirsch, Markt 5; Wiener Hof, Marktstr. 12; Post, Marktstr. 17; Zur Tanne, Breite Str. 59.
Gaststätten: Eselskrug, An der Holzmühle 1; Ratskeller, Markt 1; Zum Wernigeröder Krug, Breite Str. 15; Zum Nico, Nicolaiplatz; Vier Jahreszeiten, Breite Str.; Zur bunten Stadt, Breite Str. 49; Zur Sonne, Johannisstr. 27; Haus des Handwerks, Burgstr. 41; Café Westerntor, Westernstr. 16; Ratscafé, Marktstr. 3; Café Wien, Breite Str. 4; Café und Milchbar, Burgstr. 18.
Weitere Sehenswürdigkeiten: Teile der Stadtbefestigung. Rathaus (1498 und 1544, Fachwerk). Bürgerhäuser (15. bis 17. Jh., Fachwerk). Kirchen (13. bis 18. Jh.). Harzmuseum. Lustgarten mit Orangerie. Schloß (15. Jh., Umbau 1861/83), darin Feudalmuseum. Mahn- und Gedenkstätte des antifaschistischen Widerstandskampfes.

WITTENBERG, Geburtsstätte und Zentrum der Reformation, wurde urkundlich erstmals 1180 als Burgwardium erwähnt. 1293 erhielt die heutige Industrie- und Kreisstadt das Stadtrecht verliehen. Die Kreuzung zweier Handelsstraßen sowie die Elbeschiffahrt boten günstige Voraussetzungen für die Entwicklung des Ortes, der bis 1422 zum Herrschaftsbereich der Askanier gehörte. Frühzeitig sicherte sich die Stadt vielerlei Privilegien und Rechte.

Nach dem Aussterben der askanischen Linie, die die an das Wittenberger Gebiet gebundene Kurwürde erworben hatte, übertrug Kaiser Sigismund 1423 dem Wettiner Friedrich dem Streitbaren die Landesherrschaft. Der neue Kurfürst hatte sich besondere Verdienste im Kampf gegen die Hussiten erworben. Mit der Leipziger Teilung 1485 fiel der Kurkreis Wittenberg an deren ernestinische Linie. Als Kurfürst Ernst von Sachsen 1486 starb, folgte ihm sein Sohn Friedrich der Weise in der Herrschaft. Er erhob Wittenberg zur Residenz.

Mit Entschiedenheit ging Friedrich der Weise, der der Mächtigste nach dem Kaiser war, daran, Wittenberg, das ein unscheinbarer Ort geblieben war, zur würdigen Residenzstadt auszubauen, die neben den albertinischen Städten, wie Leipzig und Meißen, bestehen konnte. In Wittenberg lebten damals etwa 2000 Einwohner. Durch verschiedene Privilegien hatte es wirtschaftliche Bedeutung erlangt. Eine reiche Bürgerschaft war entstanden. Kaufherren und Handwerker übten gemeinsam das Stadtregiment aus, wodurch innerstädtische Konflikte weitgehend ausgeschlossen wurden. Große soziale Gegensätze, wie beispielsweise in bedeutenden Handelsstädten, gab es in der Stadt nicht.

Ein entscheidender Schritt zum Ausbau eines starken Territorialstaates war die Gründung der Universität durch Friedrich den Weisen, die vor allem die für die Landesverwaltung notwendigen fähigen Juristen ausbilden sollte. Am 18. Oktober 1502 wurde die Leucorea (griech. leukos = weiß, -óros = Berg; Wittenberg bedeutet soviel wie Weißer Berg) als erste landesfürstliche Universität Deutschlands feierlich eröffnet. Zwar knüpfte sie in vielem an mittelalterliche Traditionen an, doch wa-

Wittenberg um 1558, nach einem farbigen Holzschnitt Lucas Cranachs d. J.

139

Kurfürst Friedrich der Weise,
Kupferstich nach dem Gemälde
Lucas Cranachs d. Ä.

Der Drucker Johannes Lufft,
der 1523 bis 1584 in
Wittenberg wirkte

ren bereits Lehrstühle für humanistische Fächer vorgesehen. Friedrich
der Weise war bereit, auf das Bildungsstreben der Humanisten einzuge-
hen. Schon bei der Vorbereitung der Eröffnung der Leucorea hatte er
sich der Hilfe von Martin Pollich von Mellerstadt, Medizinprofessor in
Leipzig, sowie von Johann von Staupitz, damals noch Prior des Münche-
ner Augustiner-Eremitenklosters, — beide Freunde der Humanisten —
versichert.

Schloßbau und Universitätseröffnung regten das Baugewerbe und den
lokalen Handel an. Drucker kamen nach Wittenberg, das sich in den folgenden Jahrzehnten zum Zentrum der Buchherstellung entwickeln
sollte. 1502 erschien der erste Wittenberger Druck. Friedrich der Weise
baute die Stadt auch zu einem Zentrum der Kunst aus, 1504 berief er
Lucas Cranach d. Ä. zum Hofmaler. Cranach nutzte die ihm gebotenen
Möglichkeiten und baute seine große Werkstatt, die künstlerische Auf-
träge verschiedenster Art ausführte, auf. Er entwickelte sich neben Dürer zu einem der bedeutendsten Künstler des 16. Jahrhunderts. Sehr früh
bekannte er sich zur Reformation, setzte sich als Ratsherr (ab 1519) und
Bürgermeister (ab 1537) für sie ein, vor allem aber mit seiner Kunst. Cranach gehörte zu Luthers engstem Freundeskreis. Seine Lutherporträts
prägen bis heute die Vorstellungen der Nachwelt über das Aussehen des
Reformators.

Martin Luther kam 1508 das erste Mal in die Stadt, die wenige Jahre
später seine Heimat wurde und deren Entwicklung er entscheidend bestimmte. Noch nannte niemand Wittenberg das «protestantische Rom»,

es war in den Augen des angehenden jungen Gelehrten eine Kleinstadt am Rande der Zivilisation. Ein Stück weiter nördlich, so meinte er, wäre sie im Barbarenreich gelegen.

Staupitz, seit 1503 Generalvikar der sächsisch-thüringischen Kongregation des Augustinerordens, hatte Luthers Versetzung vom Erfurter Augustinerkloster in das hiesige angewiesen. Mit Beginn des Wintersemesters 1508/09 sollte er die von den Augustinern zu besetzende Dozentur für Moralphilosophie an der Artistenfakultät übernehmen. Wöchentlich hatte er nun viermal eine Vorlesung über die Philosophie des Aristoteles zu halten, dreimal studentische Disputationen zu leiten. Trotz dieser anstrengenden Lehrtätigkeit, neben der er sein theologisches Studium fortsetzte, erlangte Luther am 9. März den akademischen Grad eines Bakkalaureus biblicus.

Im Oktober 1509 rief ihn das Erfurter Augustinerkloster zurück. Im Spätsommer 1511 erfolgte dann seine ständige Übersiedlung nach Wittenberg. Gemeinsam mit seinem Erfurter Ordensbruder Johannes Lang fand er Aufnahme im Schwarzen Kloster am Elstertor.

Staupitz, der von den Fähigkeiten und dem Intellekt des Achtundzwanzigjährigen sehr beeindruckt war, veranlaßte ihn, sich auf das Predigeramt vorzubereiten und den Doktorgrad der Theologischen Fakultät, den damals höchsten akademischen Grad, zu erwerben.

1512 wurde Luther Subprior der Wittenberger Augustiner, im gleichen Jahr promovierte er. Die Promotionskosten hatte auf Vermittlung Georg Spalatins, kurfürstlicher Geheimsekretär, Friedrich der Weise übernommen. Als Gegenleistung mußte sich Luther verpflichten, die biblische Professur auf Lebenszeit zu übernehmen. Wenige Tage nach der am 18. Oktober 1512 vollzogenen Promotion bekam er einen Sitz im Senat der Universität.

Neben dem Subpriorat im Kloster, der Professur an der Theologischen Fakultät und seiner Predigerstelle an der Wittenberger Stadtkirche wurde Luther 1515 Distriktsvikar über 11 kursächsische Augustinerklöster. Damit war ihm ein hohes Ordensamt übertragen worden. Bei dieser überragenden Fülle von Arbeit, die ihn zwangsläufig immer wieder mit den Problemen der spannungsgeladenen Gesellschaft seiner Zeit konfrontierte, wurde ihm der deutliche Autoritätsschwund der Kirche bewußter als je zuvor. In den Jahren 1513 bis 1516 waren vorwiegend die Psalmen und die Briefe des Paulus an die Römer Gegenstand seiner Vorlesungen, auf die er sich durch gründliche Studien vorbereitete. Bei diesen Studien gelangte Luther zu jener entscheidenden Erkenntnis — oft als Turmerlebnis bezeichnet — die Ausgangspunkt aller seiner weiteren Überlegungen wurde. Der erste Römerbrief des Paulus, der u. a. von der Gerechtigkeit Gottes handelt, die er bisher als «richterliche Gerechtigkeit des wägenden Gottes» verstanden hatte, führte ihn zu ihr. Nunmehr

Die Schloßkirche um 1509.
Aus dem Wittenberger
Heiltumsbuch

Titelholzschnitt des Neuen Testaments
von Lucas Cranach d. J., 1546 bei Hans
Lufft gedruckt. Luther und Kurfürst
Johann Friedrich unter dem
Gekreuzigten kniend

begriff er, die Gerechtigkeit Gottes war keine strafende, sondern eine
barmherzige. Wenn der Mensch gläubig und demütig sei, so könne er
der Gnade teilhaftig werden.

Damit erhielt das Evangelium — die «Frohe Botschaft Jesu Christi» —
einen neuen Sinn, das «Übergewicht über das Gesetz, das mit guten Werken zu erfüllen war». Die Grundlage einer neuen religiösen Ideologie
war geboren. Sie entsprach vor allem dem Denken und Fühlen der bürgerlichen Schichten und spiegelte auch das Hoffen weiter Bevölkerungs-
kreise in der sich abzeichnenden gesamtgesellschaftlichen Krise zu Beginn des 16. Jh. wider.

Der Gelehrte blieb zunächst dem Theoretischen verhaftet, und was er
wollte, war einzig und allein eine gereinigte Kirche. Als Tetzel auf Anweisung des Magdeburger Erzbischofs Kardinal Albrecht den Ablaßhandel schwunghaft zu betreiben begann, formulierte Luther vornehmlich aus seelsorgerischen Gründen die 95 Thesen gegen den Mißbrauch
des Ablasses und ließ diese am 31. Oktober 1517 an die Tür der Schloßkirche — sie war das Schwarze Brett der Universität — anschlagen. Damit
wollte er zum akademischen Disput herausfordern. Während seine Pro-
fessoren-Kollegen bis auf Karlstadt dieser Aufforderung nicht nachka-
men, fanden sie in den breitesten Bevölkerungsschichten — zur Bestür-

zung des Autors — ein nachhaltiges Echo. In ihrer Kritik entsprachen sie dem allgemeinen Wunsch nach einer «wohlfeilen Kirche». Nach kurzer Zeit lagen die Thesen mehrfach nachgedruckt vor und fanden eine große Verbreitung. Der Angriff auf die Papstkirche, der zugleich das ideologische Fundament des Feudalismus erschütterte, mußte natürlich auf den erbitterten Widerstand Roms stoßen.

Kardinal Albrecht, gegen den sich die Thesen hauptsächlich richteten, wollte zwar den Augustinerorden nicht verstimmen, denunzierte aber den Wittenberger Mönch beim Papst. Leo X. glaubte zunächst, Luther mit Hilfe Staupitz' zum Schweigen bringen zu können und gewährte dem hiesigen Stift Aller Heiligen neue Gnadengaben, um den Kurfürsten zu gewinnen. Friedrich der Weise jedoch ermahnte seinen Professor 1518 zur Standhaftigkeit.

Als sich die Auseinandersetzungen 1518/19 zuspitzten — Luther wurde durch Kardinal Cajetan im Auftrage des Papstes einem Verhör unterzogen, und die Gefahr einer Verhaftung lag nahe —, stellte sich der Kurfürst schützend vor Luther und lehnte das Ansinnen, ihn auszuliefern, ab. Auch immer mehr Professoren wandten sich Luther zu. Da war Philipp Melanchthon, ein Großneffe des Humanisten Johannes Reuchlin. Ihm war die neugeschaffene Professur für Griechisch übertragen worden, am 29. August 1518 hielt er seine Antrittsvorlesung an der Leucorea. Bald zählte er zu den eifrigsten Mitstreitern Luthers, der sich besonders um die Erneuerung der Schulen bemühte. Hieronymus Schurff, der bekannte Jurist, erlebte an der Seite Luthers alle Höhen und Tiefen der Reformation. 1521 kam Johannes Bugenhagen (Pommeranus), Stadtpfarrer, Universitätslehrer, Generalsuperintendent des Wittenberger Kurkreises, der spätere Reformator Norddeutschlands und Dänemarks. Auch Vertreter der Wittenberger Geistlichkeit bekannten sich bald zu Luther, so Nikolaus von Amsdorf und Justus Jonas. Die Universität stand fest hinter dem Reformator. 1520 richtete er zunehmend schärfere Angriffe gegen die Papstkirche, seine bedeutenden reformatorischen Schriften entstanden. Luther war zur populärsten Persönlichkeit Deutschlands geworden. Als ihm der Papst die Bannandrohungsbulle schickte, verbrannte er sie mit dem kanonischen Recht und den Schriften seiner Gegner öffentlich auf dem Schindanger vor dem Elstertor. Anwesend waren viele Einwohner Wittenbergs, Professoren und Studenten. Mit dieser Tat, deren Kunde sich wie ein Lauffeuer verbreitete, war Luther zum Helden geworden.

Auch vor dem Reichstag in Worms (1521) bekannte er sich unbeirrbar zu seinen theologischen Auffassungen und begab sich damit in Lebensgefahr. Friedrich der Weise sorgte dafür, daß er auf der Wartburg ein sicheres Asyl fand. Während seines Wartburgaufenthaltes (↑ Eisenach) radikalisierte sich in Wittenberg unter Führung von Professor Karlstadt (eigentlich Andreas Bodenstein) und unter dem Einfluß der «Zwickauer Propheten» die reformatorische Bewegung. Ihre Aktionen drückten sich unter anderem in Bilderstürmen aus, bei denen Anfang 1522 die Einrichtung der Stadtkirche stark beschädigt wurde.

Als Luther am 6. März 1522 endgültig nach Wittenberg zurückkehrte, predigte er mit Beginn am 9. März acht Tage lang gegen den Aufruhr. Mit den sogenannten Invokavitpredigten gelang es ihm, die Wittenberger Bewegung wieder in gemäßigte Bahnen zu lenken — beim Rat, den Adligen und vor allem dem Kurfürsten fand er Zustimmung und Unterstützung. Karlstadt verließ Wittenberg (↑ Orlamünde). Entschieden bekämpfte Luther auch fortan jegliche Radikalisierung der Reformation aus der Befürchtung heraus, daß «eine große Empörung in den deutschen Landen entstehen könne, die sich nicht nur gegen die geistliche Tyrannei, sondern auch gegen die weltliche Gewalt richtet.» Seine theologischen Grundauffassungen ließen ihn den Aufstand gegen die weltlichen Obrigkeiten zutiefst ablehnen. Als 1524/25 der Bauernkrieg das Land erfaßte, reiste er im April/Mai 1525 in die Aufstandsgebiete, um zu Ruhe und Gehorsam aufzurufen. In der gleichen Zeit verfaßte er die Schrift »Wider die räuberischen und mörderischen Rotten der Bauern«, deren Schärfe selbst seine Freunde und Anhänger betroffen machte. In ihr forderte er die bedingungslose Niederschlagung des Aufstands.

Am 13. Juni 1525 ehelichte Luther die aus dem Kloster Nimbschen entflohene, in Torgau untergekommene Nonne Katharina von Bora. Bugenhagen traute das Paar. Damit vollzog Luther den endgültigen Bruch mit dem Mönchsstand und die Wandlung zum Pfarrherrn, bürgerlichen Gelehrten und Staatsbeamten.

Der Mainzer Kurfürst und Magdeburger Erzbischof Albrecht übermittelte «seiner entflohenen Nonne» ein Hochzeitsgeschenk von 50 Gulden. Luther wies dem Emissär die Tür, Katharina jedoch nahm die Gabe heimlich an. Der Wittenberger Rat spendete Wein und bot eine Hochzeitsgabe. Das Festmahl fand am 27. Juni statt.

Die folgenden Jahre waren vom Kampf um die Durchsetzung der Reformation und die weitere Ausformung der reformatorischen Theologie gekennzeichnet. Während viele Humanisten nach der Niederlage des Bauernkrieges resignierten und in den Schoß der katholischen Kirche zurückkehrten, andere sich den Täufern zuwandten oder sich spiritualistischem Einzelgängertum verschrieben, gingen von Luther und seinem Freundeskreis immer neue Impulse für die Fortführung der Reformation aus. Wichtige Dokumente wurden ausgearbeitet. Luther blieb bis zum Ende seines Lebens die tragende Kraft.

Vor allem bestimmten wissenschaftliche Arbeit und Lehrtätigkeit seine späteren Lebensjahre. Zahlreiche Schriften, in denen er sich mit der

Der Hymnus «Ein feste Burg ist unser Gott» in dem Klugschen Gesangbuch
aus dem Jahre 1533

Bibel beschäftigte, aber auch zu aktuellen politischen Ereignissen äußerte, entstanden, und seine Vorlesungen, von ihm angeleitete studentische Disputationen und Promotionsverfahren sind Legion. Ungezählte Male stand er auf den Kanzeln der Wittenberger Kirchen, um wortgewandt das neue Evangelium zu predigen. Dabei kam ihm zugute, daß er wie kein anderer «dem Volke aufs Maul» geschaut hatte, seine Sprache verstand, aufgriff und mitformte. Gelegenheit dazu bot sich ihm vielfach: ein Maß Bier hat er nie verschmäht, Feierlichkeiten, ja Völlereien war er nicht abgeneigt, auf den Straßen, in den Gassen und Wirtshäusern hatte er ein offenes Ohr. Und sein Haus war ein gastfreundliches; nicht nur seine Wittenberger Mitstreiter verkehrten hier, auch bedeutende Leute, die nach Wittenberg kamen, waren hier Gast.

Nur in groben Umrissen mag angedeutet sein, in welcher Vielfältigkeit sich die Reformation auf das Leben in Wittenberg auswirkte. Luthers Schaffen und das seiner Mitarbeiter hatte die Leucorea zum Aufblühen gebracht. Die Scholastik wurde nach 1518 Schritt um Schritt zurückgedrängt. Geschichte, Naturwissenschaften, die alten Sprachen und Mathematik erhielten feste Plätze in den Lehrplänen. Innerhalb weniger Jahre war die Wittenberger Universität zur berühmtesten in Deutschland aufgestiegen. Der Zuzug von Professoren und Studenten wiederum forderte und förderte den Ausbau der Stadt. Zwischen 1520 und 1540

PESTIS · ERAM · VIVVS
MORIENS · TVA · MORS · ERO · PAPA

Luther als Hieronymus. Kupferstich von Wolfgang Stuber, 16. Jh.

entstanden allein 39 Häuser neu, die — stattlich und massiver ausgeführt als die meisten älteren — fortan das Stadtbild prägten. Ein Gewerbe zog aus dem Lehrbetrieb und aus der ständig zunehmenden Verbreitung der reformatorischen Schriften hauptsächlich Nutzen: der Buchdruck. Die Zahl der Druckereien stieg im 16. Jahrhundert auf 30 an. Der herausragendste Drucker war Hans Lufft (1523–1584 in Wittenberg), in dessen Offizin 1534 die erste Luthersche Gesamtbibel erschien, der allein bis zu Luthers Tod elf weitere Ausgaben folgten (insgesamt 37 Ausgaben). Außer den Druckereien profitierten die Buch- und Papierhändler von den gewaltig steigenden Massenauflagen. Aus der Vielzahl derer, die an der Ausgestaltung der Prachtwerke mitwirkten, ist vor allem Lucas Cranach der Ältere zu nennen. Sein Schaffen und das seiner Werkstatt, später auch jener seines Sohnes Lucas Cranach d. J., stand von Anfang an im Dienst der Reformation.

Am 23. Januar 1546 verließ Luther Wittenberg in Begleitung seiner zwei Söhne und Melanchthons, um in (↑) Eisleben die Erbstreitigkeiten der Mansfelder Grafen zu schlichten. Dort starb er. Sein Leichnam wurde nach Wittenberg überführt. Als Angehörigen der Leucorea setzte man ihn in der Universitäts(Schloß)-kirche bei. Melanchthon und Bugenhagen hielten die Trauerreden.

Rundgang

Die weitaus meisten der Sehenswürdigkeiten befinden sich am Straßenzug Collegienstraße — Markt — Schloßstraße — Schloßplatz. Darunter sind hier nicht näher beschriebene, jedoch durch Gedenktafeln kenntliche Häuser, in denen Zeitgenossen L.s wohnten — so Kaspar Cruciger, Hieronymus Schurff und dessen Bruder Augustin in der Collegienstraße 81, Thomas Müntzer in der Schloßstraße 4 und Justus Jonas am Schloßplatz 3.

Bahnhof — Am Bahnhof — nach rechts bis zur Ecke Lutherstraße.

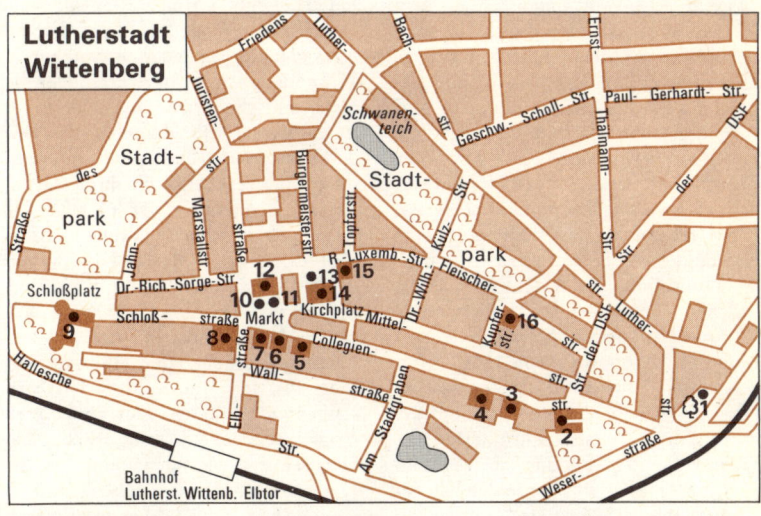

1 Luthereiche
2 Staatliche Lutherhalle
3 Melanchthonhaus
4 Fridericianum (Alte Universität)
5 Hotel „Goldener Adler"
6 Bayerhaus
7 Geburtshaus Cranachs d. J.
8 Lucas-Cranach-Haus
9 Schloß mit Schloßkirche
10 Melanchthondenkmal
11 Lutherdenkmal
12 Rathaus
13 Bugenhagenbüste
14 Stadtkirche
15 Bugenhagenhaus
16 Ehem. Druckerei Hans Luffts

Luthereiche: Kleine Grünanlage anstelle des früheren Schindangers vor dem Elstertor. Hier verbrannte L. am 10. Dezember 1520 die päpstliche Bannandrohungsbulle und das Kanonische Recht. Die Eiche wurde 1830 gesetzt, nachdem die Franzosen 1813 die vorherige gefällt hatten. Der Baum ist durch Inschriften auf der Umfassung bezeichnet.

Stadteinwärts zum **Augusteum** (eigentlich «Collegium Augusti», Collegienstraße 54): Nach Kurfürst August benannt, Renaissance, 1564/83, im 18. Jh. aufgestockt und barock verändert, geschweifter Ostgiebel von 1900. Teil der 1817 erloschenen Alma mater, in dem Vorlesungen gehalten wurden und Festakte stattfanden. Das *Deckengebälk des Flurs* mit der Lutherrose, dem Ahnenwappen L.s, aus dem L. die Lutherrose entwickelte, und dem Wappen Melanchthons. Dazu ein Schriftzug, L. zitierend: «Ich hab einmal des Papstes Dekret allhier zu Wittenberg verbrannt und ich wollts wol noch einmal verbrennen.» Die Flurportale sind von 1715; das linke führt zur *wissenschaftlichen Bibliothek des Predigerseminars* mit umfangreichem Bestand an Reformationsschriften.

Lutherhof: Der Seitenflügel rechts wurde 1568 oder 1571 begonnen. *Brunnen* mit dem «Alten Wittenberger Jungfernröhrwasser» von 1556.

An der Südseite des Hofes das **Lutherhaus:** Bleibende Wohnstatt des Reformators. Zuerst Augustinerkloster, worin L. 1508/09 und ab 1511 als Mönch lebte. 1522 wurde das Kloster aufgehoben, 1524 offiziell Luther zugewiesen und ihm 1532 von Johann dem Beständigen geschenkt. Fast alle namhaften Wittenberger Zeitgenossen L.s, so auch Johann Friedrich der Großmütige, waren hier bei L. zu Gast. Der Bau wurde 1504 im spätgotischen Stil begonnen, um an der von Staupitz mitbegründeten Universität lehrenden und studierenden Ordensbrüdern Unterkunft zu geben. Im wesentlichen etwa 1508 vollendet. Darin verbaut sind Reste des bereits 1301 erwähnten Heilig-Geist-Spitals, deshalb die Unregelmäßigkeiten der Ostwand. Dort auch kleiner Wendelstein von 1504. Das Gebäude kam 1564 in den Besitz der Universität. 1565/68 umgebaut und 1844/83 mit Unterbrechungen nach Plänen Friedrich August Stülers gotisierend erneuert und in das Reformationsgeschichtliche Museum verwandelt (Lutherhalle), das 1980/82 gründlich rekonstruiert wurde. Der Grundriß ist langgestreckt. Von Stüler stammen die kleinen Zwerchgiebel mit Dachfenstern und die Ziergiebel. Am *großen Wendelstein* von 1566 (die Haube ebenfalls Stüler, 1932 aber vereinfacht) eine Gedenktafel für Michael Agricola, der zu L.s Zeit Student in Wittenberg war; später verfaßte er die erste finnische Grammatik. Der *Erker* ist aus dem 19. Jh. Zwischen den beiden Fenstern der Lutherstube neugotischer Maßwerkbaldachin mit *Reliefbüste des Reformators* (1876). Die Inschrift: «Hier lebte und arbeitete Martin Luther von 1508—1546» ist wegen des Erfurter Aufenthalts L.s 1509/11 ungenau. Das *Katharinenportal* aus pirnaischem Sandstein war ein Geburtstagsgeschenk der Ehefrau Luthers für den Hausherrn. Es ist von schlichter Schönheit. Der Spitzbogen (sog. Eselsrücken) spätgotisch, sein Scheitel mit Meisterschild trägt die Datierung 1540; Sitznischen, die Baldachine rechts mit Lutherrose (lateinische Umschrift, Christus meinend: «Er lebt») und links mit dem Porträt L.s als

Rechts: Der Lutherhof im Augusteum mit dem «Alten Wittenberger Jungfernröhrwasser»

148

Vorderfront der Lutherhalle

Doktor der Theologie (lateinische Umschrift, Bibelstelle: «Durch Stillesein und Hoffen würdet ihr stark sein»). Unter den steinernen Lutherbildnissen ist dieses eines der frühesten. Das Haus beherbergt die **Staatliche Lutherhalle**, die über die umfangreichste Sammlung der Welt zur Reformationsgeschichte verfügt (unter anderem 2500 L.-Grafiken). *Kellergeschoß:* Unter den Tonnengewölben kleines Café, Vortragsraum und Ausstellung von seit dem 16. Jh. geprägten Münzen und Medaillen zur Reformationsgeschichte. Wittenberger Buchdruck, funktionstüchtiger Nachbau einer Druckerpresse. Johann Rhau-Grunenberg, der als erster L.s Schriften auflegte, hatte in diesem Haus seine Werkstatt. *Erdgeschoß:* Das ehemalige Refektorium (Speisesaal des Klosters) mit Sterngewölbe wird nun

für Konzerte und Vorträge genutzt. Darin kostbares Tafelgemälde «Die zehn Gebote», von Lucas Cranach d. Ä. 1516 für den Gerichtssaal des Wittenberger Rathauses gemalt. *Erstes Obergeschoß:* Nach den Vorstellungen Stülers gotisierend überarbeiteter Großer Hörsaal, hauptsächliche Wirkungsstätte des Universitätslehrers L. Am barocken Katheder (etwa 1680) sein Bildnis, dazu das von Martin Pollich von Mellerstadt, dem ersten Rektor, und das farbige Siegel der Leucorea. Universitätsfahnen, Bilder von Kurfürsten und Professoren. — Die *Lutherstube*, das Familienzimmer der Luthers, wurde 1535/38 eingebaut. Dielen, Wandtäfelung, Felderdecke, die umlaufenden Sitzbänke und die Butzenscheiben sind original erhalten. Die Möbel stammen ebenfalls noch aus dem Besitz L.s. An dem Kastentisch wurden die meisten seiner Tischreden aufgezeichnet. Der Kachelofen ist von 1602, etwa gleichaltrig ist die 1967 unter mehreren Farbschichten wiedergefundene Temperabemalung. Als L. hier wohnte, war der Raum weiß getüncht. Der Große Hörsaal und die Lutherstube sind der *Hauptausstellung «Martin Luther 1483—1546»* angegliedert, die L.s Leben und Wirken gewidmet ist. Chronologischer Aufbau, zehn Teile, darunter «Wider Papst und Kaiser», «Kirchenamt und Staatsdienst», «Luthers Familienleben» und «Bleibende Spuren». Vorwiegend Schriftgut und Grafik. Ferner unter anderem: hölzerne Lutherkanzel aus der Stadtkirche, Augustinerkutte (eine Quelle des 17. Jh. behauptet, es sei diejenige L.s), prunkvolles katholisches Priestergewand (Kasel), schlichte bürgerliche Schaube (Tracht der Reformationszeit, aus welcher der Talar des evangelischen Predigers entstand), Ablaßkasten, Wittenberger Gemeiner Kasten, Bauern-

Lutherhalle Wittenberg

1. Obergeschoß

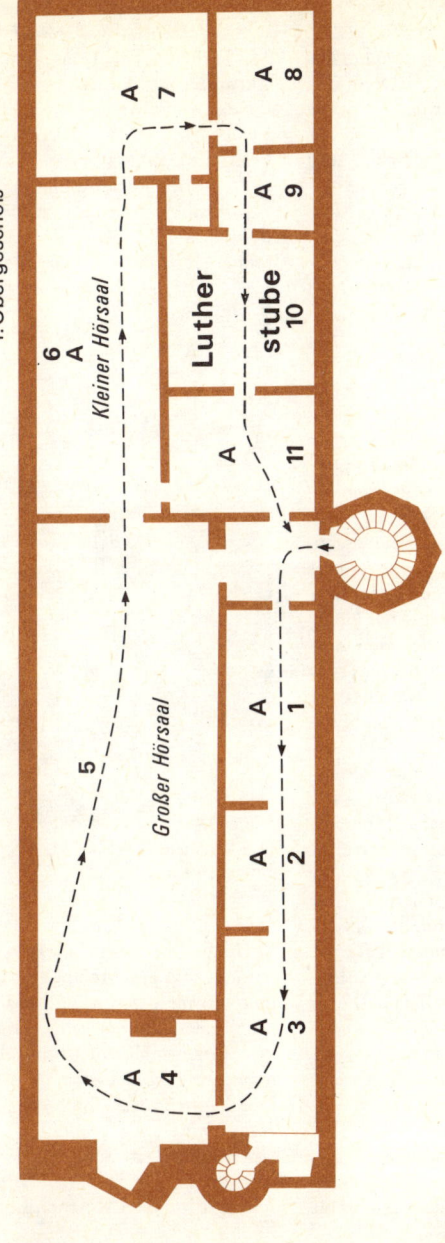

1 Gesellschaft im Umbruch (Wende 15./16. Jh.)
2 Werdegang eines Rebellen (1483–1517)
3 Vom Zweifel zur Kritik (1517–1519)
4 Wider Papst und Kaiser (1521)
5 Großer Hörsaal
6 Vom Wort zur Tat (1521–1525)
7 Kirchenamt und Staatsdienst (1526–1546)
8 Der Kampf mit der Hydra (1526–1546)
9 Luthers Familienleben
10 Lutherstube
11 Bleibende Spuren
→ Führung (Rundgang)
A Ausstellungsräume

kriegswaffen, Harnisch, Auswahl in Fremdsprachen übersetzter Werke L.s. An Kopien: silberner Mundbecher L.s (Original im Dresdener Grünen Gewölbe), Trauring Katharina von Boras (Original im Leipziger Museum für Stadtgeschichte), Totenmaske und Abguß der Totenhände L.s. An Gemälden: «Katharina von Bora» und «Martin Luther» (beide Lucas Cranach d. Ä., 1528), «Christus am Kreuz» (Lucas Cranach d. J., 1571), «Luther auf dem Reichstag zu Worms» (Hermann Freihold Plüddemann, 1864) und schließlich Friedrich Adolf Teichs «Karl V. am Grabe Luthers» (1845), die Illustration einer Legende: Nachdem der Kaiser 1547 den Schmalkaldischen Bund besiegt hat, steht er an der geöffneten Gruft L.s. Herzog Alba fordert ihn auf, die sterblichen Überreste des Reformators entfernen zu lassen, doch Karl wehrt ab: «Die Toten laßt ruhn. Ich kämpfe nur gegen Lebende.» *Zweites Obergeschoß:* L.s großes Übersetzungswerk würdigende Bibelausstellung. Die 40 Mönchskammern sind verschwunden. Eventuell war hier L.s «Thorbude, mein armes Stüblin». Seine Zelle hatte er in der Südwestecke, dieser wiederum war das Studierzimmer des Theologieprofessors — seit 1512 also L.s — benachbart. Es befand sich in einem anlehnenden Torturm, den man über Durchbrüche in der Westfassade mit dem neuen Kloster verbunden hatte. Im ersten Stockwerk jenes älteren Baus war auch der Raum, wo die frühen Tischreden L.s aufgezeichnet wurden (seit 1531). Turm nach 1728 abgetragen.

Melanchthonhaus (Museum; Collegienstraße 60): 1536 erbaut und Melanchthon vom Kurfürsten geschenkt. Hohes Haus mit Kreissegmentgiebeln an der Straßen- und Gartenseite. Renaissance. Im Rundbogenportal Sitznischen. Die geteilte Eichentür stammt

wahrscheinlich aus der Bauzeit. Im ersten Stockwerk *sog. Melanchthonstube,* M.s Arbeitszimmer, in dem er auch starb. Einige *Ausstellungsstücke:* Der Gelehrte auf Münzen und Grafiken. Büste Melanchthons von Schadow. Gouache-Malerei des Luthersbrunnens. Verkleinerte Abbildung des Tetzelschen Ablaßkastens. Studentenkleidung von 1502. Rohr des «Alten Wittenberger Jungfernröhrwassers» von

Das Melanchthonhaus in der Collegienstraße

1556, einer auf Kosten Cranachs d. J., Luffts und anderer verlegten Wasserleitung, aus der Melanchthons Haushalt kostenlos versorgt wurde (die Quelle ist 3 km entfernt). Darstellung des Wirkens Melanchthons als Reformator und humanistischer Gelehrter. Der *Garten* des Anwesens ist heute zwar kleiner, sonst jedoch wie zu Melanchthons Zeit. Schmuckloser Röhrwasserbrunnen. Der *Steintisch* mit Inschriften: «P Melanchthon» und

«1551». Die Eiben sind mehr als 400 Jahre alt, sie standen wohl schon zur Zeit des ersten Hausherrn.

Fridericianum (ehemalige Universität, nach ihrem Bauherrn, Friedrich dem Weisen, so genannt; Collegienstraße 62): Auf dem Hof *Altes Collegium* von 1503, seit Schließung der Leucorea fast unkenntlich geworden. An der Straße das *Neue Collegium* (1509/11), durch Baumaßnahmen im 19. Jh. dem ursprünglichen Aussehen ebenfalls weit entfernt. Eine Tafel neben dem Portal nennt unter den Lehrern Andreas Karlstadt und unter den Schülern Ulrich von Hutten. Luther und Melanchthon hielten hier Vorlesungen.

Rechts von der Collegienstraße abbiegen und zur Kupferstraße 10. **Werkstatt Hans Luffts**, des berühmten Buchdruckers und Bürgermeisters, aus der 37 Ausgaben der Lutherbibel kamen. Vom damaligen Haus sind allerdings höchstens noch die Grundmauern vorhanden.

Wieder zurück und weiter die Collegienstraße hinunter. Hotel **«Goldener Adler»** (Markt 7), L.s Stammlokal. Davon sind heute nur noch Reste vorhanden. Die Fassade ist erst aus dem 19. Jh. Relief eines 1775 datierten Doppeladlers. Innen Gastraum, der als *«Lutherzimmer»* bezeichnet wird.

Beyerhof (Markt 6): Haus des kursächsischen Kanzlers Christian Beyer, der die deutsche Fassung der Augsburger Konfession im Reichstag verlas. Durchfahrt mit Tonnengewölbe. An der Hofseite mittelalterliche Laubengänge und Treppenturm.

Geburtshaus Lucas Cranachs d. J. (Markt 4): Renaissance, bald nach 1500 entstanden. Die Fassade ist im Geschmack des 18. Jh. umgestaltet. Der Flur mit Kreuzrippengewölbe.

Lucas-Cranach-Haus mit gleichnamiger Apotheke (bis 1960 «Adler-Apo-

theke»; Schloßstraße 1): *Gedenktafel:* «Lucas Cranach, Maler zu Wittenberg, wie er sich selbst stets geschrieben, kaufte 1520 diese Apotheke, war von 1537 bis 1544 Bürgermeister und starb am 16. October 1553 in Weimar.» Cranach hatte sich das Haus 1512 bauen lassen. Hier war seine Werkstatt untergebracht. Das Haus hatte 16 Küchen und 84 Zimmer, alle konnten beheizt werden. Portal der Durchfahrt von 1607. Auf dem Hof *Brunnen des «Alten Wittenberger Jungfernröhrwassers»* von 1556, dessen jetzige Umfassung jünger, darauf die Namen der Stifter: Cranach d. J., Hans Lufft, Hieronymus Schurff u. a. *Wendelstein* mit Sandsteinrelief Johann Friedrichs des Großmütigen als Fahnenritter (1542/43). In der Schloßstraße 1 druckte Melchior Lotter d. J. 1522 die vom Hausherrn illustrierte Erstausgabe des Lutherschen Neuen Testaments («Septemberbibel»).

Rathaus (Markt): Spätgotik und Renaissance. Bauzeit 1523/35. Das heutige Aussehen wurde erst gewonnen, als 1570/73 die stirnseitigen Giebel, die Zwerchgiebel und das Portal mit den Figuren (Justitia, Engel, Tugendallegorien; seit 1868 Nachbildungen) hinzukamen. 1793 Dachreiter aufgesetzt. — Im Amtszimmer des Bürgermeisters hängen zwei Bilder L.s und Melanchthons, beide von einem Schüler Lucas Cranachs d. Ä. mit eigener Werkstatt.

Vor dem Rathaus Standbilder L.s und Melanchthons. **Lutherdenkmal:** Entgegen dem Wunsch des Mansfeldischen Vereins, der das Geld für das Denkmal gesammelt hatte, auf Befehl des preußischen Königs statt in Eisleben hier aufgestellt. Ganzfigur L.s mit Bibel, Bronze, von Gottfried Schadow. Gotisierender Baldachin aus Eisen nach Entwurf Schinkels (Nachguß 1967). Der Grundstein wurde 1817 ge-

Blick auf den Marktplatz mit dem Rathaus, davor die Denkmale Luthers und Melanchthons, im Hintergrund die Stadtkirche

legt und das Denkmal 1821 enthüllt. Der Sockel aus Freiberger Granit ist ein Gleichnis für die Standhaftigkeit des Reformators. Inschriften erinnern an L.s Unerschütterlichkeit in Worms und an sein Liedschaffen. **Melanchthondenkmal:** Gegenstück des Lutherschen. Ganzfigur Melanchthons mit «Confessio Augustana». Bronze, von Friedrich Drake entworfen, 1865 enthüllt. Der eiserne Baldachin Johann

Heinrich Stracks ist ein Nachguß (1967).

Stadtkirche (Kirchplatz): St. Marien war die bevorzugte Predigtstätte L.s. Ältestes Gebäude Wittenbergs, zum großen Teil mit Ablaßgeldern bezahlt. Seinen Ursprung hat es in einer kleinen 1300 errichteten Kapelle. Um 1400 entstand die dreischiffige Halle. Beide Türme sind spätgotisch, die achteckigen Türmerhäuser aber erst

Inneres der Stadtkirche mit dem Cranachaltar

1556 und die steinerne Brücke zwischen ihnen 1655/66 gebaut. An der Westseite meisterliches *Marienportal* unter spätgotischer Rosette und Madonna mit Baldachin. Die Ausstattung entspricht etwa der zu L.s Zeit. An dem Pfeiler gegenüber der Sandsteinkanzel von 1811 stand früher die Lutherkanzel (heute in der Lutherhalle). Die 1457 von Hermann Vischer d. Ä. gegossene *Bronzetaufe* mit Wappenlö-

wen, Fabeltieren und Aposteln überstand Karlstadts Bildersturm von 1522. Besonders wertvoll ist der *Flügelaltar* mit Gemälden Lucas Cranachs d. Ä. und seines Sohns. Links (Cranach d. J., um 1547): «Die Taufe», darauf Melanchthon, der in Wahrheit gar nicht ordiniert war, als Täufer und Lucas Cranach d. Ä. mit Taufkissen. Mitte (Cranach d. Ä., wahrscheinlich vor 1539): «Das heilige Abendmahl» — im

Johannes Bugenhagen, neben Melanchthon einer der engsten Mitarbeiter Luthers. Nach einem Gemälde Lucas Cranachs d. Ä.

Kreis der Jünger L. als Junker Jörg, dem Lucas Cranach d. J. den Kelch reicht. Rechts (Cranach d. J., um 1547): «Die Beichte», Beichtvater ist Bugenhagen. Predella (Cranach d. J., um 1547): «Die Wortverkündung» durch Martin L., links hinten mit weißem Bart wiederum Lucas Cranach d. Ä., im Vordergrund wohl Katharina L. mit einem Sohn. – Vier *Epitaphgemälde* Lucas Cranachs d. J., darunter das für den Stadtpfarrer Paul Eber. Viele *Grabsteine*, u. a. die *Bugenhagens, Elisabeth Luthers* und *Lucas Cranachs d. J.* Im Schatten St. Mariens ihre 1377 aus Backsteinen errichtete *Begräbniskapelle zum Heiligen Leichnam*, in der Luther am 28. November 1518 vor bestellten Zeugen an ein Konzil appellierte, das über die zwischen ihm und dem Papst strittigen Fragen entscheiden sollte. Treppentürmchen, Strebepfeiler, zweiteilige Spitzbogenfenster. Innen Kreuzrippengewölbe.

Vor dem Nordportal der Kirche **Bugenhagenbüste** mit der Inschrift: «Johannes Bugenhagen Pomerius» (der Beiname wegen seiner Herkunft, B. wurde häufig auch Dr. Pommer genannt). Bronze, 1894 von Gerhard Janensch.

Bugenhagenhaus (Kirchplatz 9) mit Gedenktafel: «Hier wohnte, wirkte und starb Dr. Johannes Bugenhagen, Gen. Sup. des Kurkreises, geb. zu Wollin im Pommern d. 24. Juny 1485, gest. in Wittenberg d. 20. April 1558.» Das Gebäude ist von 1605 und wurde 1731/32 völlig verändert.

Wieder zum Markt und von dort die Schloßstraße bis zur **Schloßkirche Allerheiligen** hinunter, in der L. bestattet ist. Hier predigte L. am Grab Friedrichs des Weisen. Erbaut 1496 bis etwa 1509, vornehmlich zur Verfügung des Fürstenhauses, seit 1507 aber auch Universitätskirche. Spätgotisch, einschiffig. Im Siebenjährigen Krieg nach Beschuß niedergebrannt, Umfassungsmauern und unterer Turmteil sind erhalten geblieben. – Damals wurde auch die berühmte hölzerne Thesentür zu Asche. An ihrer Stelle errichtete man 1858 ein neues Nordportal als Ehrenmonument der Reformation. *Bronzene Türflügel mit den 95 Thesen*, lateinisch in Gutenbergschen Minuskeln, dazu neun singende und musizierende Knaben. Die Farben des Gemäldes im Bogenfeld – L. mit Bibel und Melanchthon mit Augsburger Glaubensbekenntnis zu Seiten des Gekreuzigten – sind in Lavagestein gebrannt. Darüber *Standbilder Friedrichs des Weisen* (links) und *Johanns des Beständigen*. Erneuerung der Kirche im Barockstil 1767/70.

Das heutige Aussehen der Kirche wird von ihrer grundlegenden Umgestaltung zur repräsentativen Gedenkstätte der Reformation von 1885/92 geprägt. Damals von Friedrich Adler

Die Thesentür an der Schloßkirche

neu eingerichtet und der *Kirchturm* (eigentlich Schloßturm) mit einem Aufbau versehen, den, Luthers Choral zitierend, die aus Mosaiksteinchen gefügte Schriftzeile «Ein feste Burg ist unser Gott» umläuft. Die kupfergedeckte Kuppelhaube mit dem eindrucksvollen Maßwerk ringsum soll an die deutsche Kaiserkrone erinnern. Der Dachreiter ist erneuert. Große dreibahnige Fenster mit dünnem Maßwerk. — *Inneres* (Einrichtung, wenn nicht anders angegeben, aus den Jahren der Neugestaltung): Die Chorfenster nach Dürer. Schinkels Bronzetaufe (1832) neugotisch und klassizistisch. Neben dem neugotischen Sandsteinaltar die *Kurfürstengrüfte,* deren

Luthers Grabmal und die Nachbildung
des Lutherepitaphs Cranachs
in der Schloßkirche

Beiwerk in der ersten Hälfte des 16. Jh.
entstand. Links: Grabplatte Friedrichs
des Weisen (Entwurf: Cranach d. Ä.,
Guß: Peter Vischer d. J.); von Vischer
ist auch das *Bronzeepitaph* des Verstorbenen, das beste Kunstwerk der Kirche. Steinernes Standbild des anbeten-
den Kurfürsten (unbekannter Meister). Rechts: Die Gegenstücke dazu
für Johann den Beständigen (das Epitaph von Hans Vischer). — Kaiser-
stuhl, Fürstengestühl und Kanzel sind
sehr schöne Neugotik Wittenberger
Kunsthandwerker. — Bei der Kanzel
befindet sich das *Grab Luthers.* Die
Deckplatte trägt die Inschrift: «Hier ist
begraben der Leib des Doktors der heiligen Theologie Martin Luther, der im
Jahre Christi 1546 am 18. Februar in
seiner Heimatstadt Eisleben starb,
nachdem er 63 Jahre, 2 Monate
10 Tage gelebt hatte.» Ähnlich gegenüber auf der Deckplatte des *Grabs Melanchthons:* «Hier ist begraben der Leib
des frommen Mannes Philipp Melanchthon, der im Jahre Christi 1560
am 19. April in dieser Stadt starb, nachdem er 63 Jahre, 2 Monate, 2 Tage gelebt hatte.» Beide Inschriften in Latein.
An der Wand neben der Kanzel *Nachguß* (1892) *des Cranachschen Lutherepitaphs* von 1548, das in der Jenaer Michaeliskirche aufbewahrt wird: L. in
voller Lebensgröße mit Bibel, links
oben die Lutherrose. Daneben Epitaph
für den 1521 verstorbenen Henning
Goede, den letzten katholischen
Propst Allerheiligens und berühmten
Kirchenrechtsgelehrten, bei dem L. in
Erfurt für kurze Zeit Jura gehört hatte.
Auf Kandelabersäulen vor den Strebepfeilern lebensgroße *Statuen.* Links:
Martin Luther, Justus Jonas (Reformator Halles), Johannes Brenz (Reformator Württembergs), Kaspar Cruciger
(Mitreformator Leipzigs). Rechts:
Philipp Melanchthon, Johannes Bugenhagen, Georg Spalatin, Urbanus
Rhegius (Reformator mehrerer nord-
deutscher Städte) und Nikolaus Amsdorf (Reformator Magdeburgs, erster
evangelischer Bischof). Über den Statuen *Bronzemedaillons.* Links: Friedrich der Weise (Chor), Johann der Beständige, Johann Friedrich der Großmütige, Wolfgang von Anhalt, Johannes von Staupitz, Paul Speratus, Johannes Matthesius, Heinrich von Züt-
phen, Johannes Hus, Girolamo Savo-
narola, Johannes Calvin. Rechts: Joachim II. von Brandenburg (Chor),
Albrecht von Preußen, Philipp von
Hessen, Ernst von Braunschweig-Lü-
neburg, Lucas Cranach d. Ä., Albrecht

Die Schloßkirche mit angrenzendem Schloß

Dürer, Hans Sachs, Martin Bucer, Petrus Waldus, John Wyclif, Ulrich Zwingli. 128 deutsche Städte, in denen sich die Reformation früh durchgesetzt hatte, werden durch *Wappenscheiben* in den Fenstern geehrt. Mit gleicher Absicht sind die Wappen von Fürsten und weiteren Adligen an den Brüstungen der Emporen angebracht

worden. Die großen *Ölbilder* im Langhaus, «Martin Luther» und «Philipp Melanchthon», sind aus dem 18. Jh., wahrscheinlich nach Lucas Cranach d. J. In der Grabkapelle Sandsteinfries mit neun heiligen Frauen (Mitte 14. Jh.) und Tumba der Askanier.

Schloß: Sitz der ernestinischen Kurfürsten, L. war hier häufig Gast. Bauzeit im wesentlichen 1490 bis 1525, von Friedrich dem Weisen reich ausgestattet; die künstlerische Pracht inzwischen leider fast völlig verschwunden. Beide Treppenaufgänge mit Renaissancegiebeln. Wappenfries. Der Bau besonders nach 1819 entstellt, als er preußische Zitadelle wurde.

Stadtgeschichtliches Museum im Schloß: Abbildungen L.s und einiger seiner Zeitgenossen, u. a. Melanchthons und der Kurfürsten. «Das Newe Testament Deutzsch», 1522 von Melchior Lotter d. J. gedruckt.

Ferner in Wittenberg: Erweiterte Oberschule «Philipp Melanchthon» (Dr.-Wilhelm-Külz/Ecke Lutherstraße) mit Woldemar Friedrichs **Wandgemälde «Luther auf dem Reichstag zu Worms»** (1898) in der Aula. — **Luthersbrunnen:** Rechts der Dresdener Straße, in Höhe der Straße Am Luthersbrunnen, die links abzweigt. L. kam oft und gern an diesen Ort und ließ die Quelle angeblich auch einfassen. Die Brunnenanlage des 16. Jh. wurde später erneuert, mit Gratgewölben verbessert (1717) und durch ein Haus überbaut. (Das Grundstück ist der Öffentlichkeit nicht zugänglich.)

Bezirk: Halle   **Kreis:** Wittenberg
PLZ: 4600   **Einwohner:** 53000
Information: Wittenberg-Information, Markt 4; Reisebüro, Markt 12/13.
Übernachtungsmöglichkeiten: Wittenberger Hof, Collegienstr. 56; Goldener Adler, Markt 7.
Gaststätten: Schwarzer Bär, Schloßstr. 2; Haus des Handwerks, Collegienstr. 53a; Ratsschenke, Markt 14; Kreiskulturhaus, Lutherstr. 41/42; Café am Holzmarkt, Mittelstr. 1/2; Schloßkeller, Schloß; Eiscafé, Schloßplatz; Café am Markt, Markt 5.

Ausflüge

ANNABURG (Zugverbindung). Nahe Lochau, dem heutigen Annaburg, hatte Kurfürst Friedrich der Weise ein Jagdschloß. Luther war mindestens elfmal in der Stadt, oft zu mehrtägigem Besuch. Meist wohnte er im **Pfarrhaus** am Markt (heute Karl-Marx-Platz 21). In der **Stadtkirche** hat er häufig gepredigt. Im gotischen Stil (14. oder 15. Jh.) gebaut, wurde die Kirche im Dreißigjährigen Krieg zerstört. Der Fachwerkteil blieb damals erhalten, das Mauerwerk aus Feldsteinen ist jünger. Am Turm ist eine kleine farbige Halbplastik eingelassen. Zur Ausstattung gehört ein *Kruzifixtorso* aus dem 13. Jh.

Am 30. August 1525 wurde Luther an das Sterbelager des Kurfürsten in das Schloß gerufen. Mit ihm kamen Melanchthon und Jonas. Gelegentlich wird behauptet, daß Luther damals Friedrich dem Weisen erstmals persönlich gegenüberstand. Wenige Tage später wurde der Leichnam nach Wittenberg überführt. Melanchthon hielt eine Grabrede in lateinischer, Luther eine Trauerpredigt in deutscher Sprache.

Das kurfürstliche Jagdschloß stand wahrscheinlich außerhalb der Ortschaft. Man erreicht die Stelle in knapp einer halben Stunde. Von der Kirche zum Friedhof, den Bahndamm entlang und an der Schranke links die Schienen überqueren. Rechts am Weg nach Gerbisbach, in einer Baumgruppe auf dem Feld, steht ein hoher **Steinobelisk** mit der Inschrift: «Hier starb am 5. Mai 1525 Kurfürst Friedrich der Weise von Sachsen, der Beschützer der Reformation.» Eventuell stand das Jagdschloß auch an der Stelle des 1572 errichteten Schlosses Annaburg.

In Verbindung mit Luther wird aus Lochau berichtet, daß der dortige

Lutherstätten im Raum Wittenberg

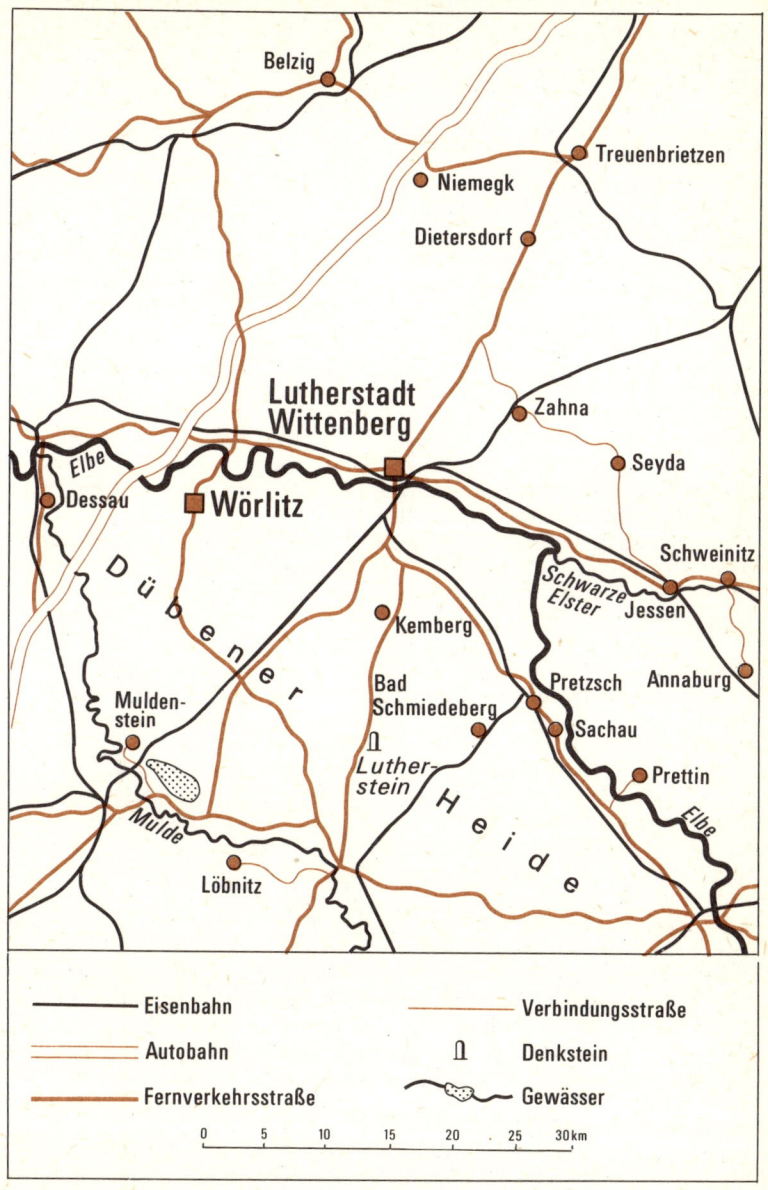

Belzig

Treuenbrietzen

Niemegk

Dietersdorf

Lutherstadt Wittenberg

Zahna

Seyda

Elbe

Dessau

Wörlitz

Schweinitz

Schwarze Elster

Jessen

D ü b e n e r

Kemberg

Annaburg

Muldenstein

Bad Schmiedeberg

Pretzsch

Sachau

Prettin

Luther-stein

H e i d e

Elbe

Mulde

Löbnitz

——— Eisenbahn	——— Verbindungsstraße
——— Autobahn	⋒ Denkstein
——— Fernverkehrsstraße	Gewässer

0   5   10   15   20   25   30 km

Pfarrer, Michael Stiefel, mit dem er befreundet war, für den 19. Oktober 1533 den Weltuntergang prophezeit habe. «Er kam zu Luther nach Wittenberg und erzählte ihm davon, betonend, daß seine Berechnungen niemals trügen. Freilich vermochte er den Reformator nicht zu überzeugen, aber viele Bauern schenkten der Predigt Glauben und wollten nichts von ihrem Gut übriglassen. Sie verzehrten und vergeudeten alles, was sie hatten; andere verlebten ihre Zeit mit Beten, ohne zu arbeiten und ihre Aecker zu bestellen. Als der prophezeite Tag herbeigekommen, faßte die Kirche nicht alle Zuhörer. Der Tag war zwar sehr neblig, aber das Ende der Welt kam nicht. Dafür erschienen Abgesandte des Kurfürsten und führten den unglücklichen Propheten auf einen Wagen gefangen nach Wittenberg.» Auf Melanchthons Fürbitte hin wurde Stiefel freigelassen. Als Professor der Mathematik der Jenenser Universität erwarb er sich Verdienste.

BELZIG (Zugverbindung), im Hohen Fläming liegend und zum Bezirk Potsdam gehörend, ist die nördlichste Ortschaft, in der Luther weilte. Als er im Januar 1530 die Stadt visitierte, zählte sie knapp 250 Einwohner. In seiner Begleitung befand sich neben anderen der Propst Justus Jonas, einer seiner engsten Freunde. Die Kommission bestätigte Pfarrer, Diakon und Schulmeister in ihren Ämtern und gab Richtlinien für die Durchführung des Gottesdienstes und der Bibelstunden. Fortan sollte das Evangelium sonntags um 7.00 Uhr in der Schloßkapelle auf Burg Eisenhardt verkündet werden, und nach der Kirche waren «etliche teutsche Lektion» zu singen. Seinen Aufenthalt in Belzig verband Luther mit einer Predigt in **St. Marien**, an die eine Inschrifttafel über dem Portal erinnert: «Hier predigte Luther am 6. Januar 1530» (richtiges Datum wahrscheinlich 14.1.). Feldsteinbau, nach 1227 begonnen, romanisch, gotische Erweiterungen. Ursprünglich einschiffig mit zwei Kreuzarmen, deren nördlicher noch erhalten ist. Die tonnengewölbte Sakristei stammt aus der zweiten Hälfte des 13. Jh., zu dieser Zeit wurde auch der Chor vollendet und der Querbau im Westen angefügt. Das zweite Schiff mit seinen spitzbogigen Arkaden ist spätgotisch, der südliche Kreuzarm wurde darin verbaut. Die Kirche wurde 1636 von den Schweden zerstört, erhalten blieben nur die Umfassungsmauern und ein Teil des Turmes. Wiederaufbau 1657/65, Turm 1697 fertiggestellt. Als Unterkunft Luthers kommen Burg Eisenhardt und die Superintendentur in Frage. **Burg Eisenhardt:** Der 33 m hohe Bergfried um 1000 aus Feldsteinen erbaut, die übrige Anlage gegen 1417. In der Wallmauer mit ihren runden Türmen, einer davon ist 23 m dick, befinden sich Gang und Wachstuben. Der Palas hat turmartige Flügel und eine sterngewölbte Halle. Die Keller des ehemaligen Salzmagazins, das noch früher sicherlich Wohnhaus war, haben weite Tonnengewölbe. Die **Superintendentur** befindet sich am Kirchplatz 2. Das Gebäude, in dem Luther eventuell genächtigt hat, wurde 1636 von den Schweden zerstört, das jetzige ist von 1678, der Unterbau aber noch original (15. Jh.).

DIETERSDORF (Busverbindung). Vor einer Feldsteinmauer-Kulisse, an der F 2 gelegen, steht ein sogenannter **Lutherbrunnen**. Es heißt, Luther habe aus ihm getrunken. Die Umstände sind unbekannt.

DÜBENER HEIDE, LUTHERSTEIN (Busverbindung). 4 km hinter dem Heidegasthof «Zum Wachtmeister» steht links an der F 2 ein **Findling** mit den Inschriften (verwittert): «D. M. L.» und, den Anfang des Lutherchorals falsch zitierend: «Eine Feste Burg ist Gott.» Bis zu ihm kamen die Wittenberger Studenten L. 1519 entgegen, um ihn nach seinem Leipziger Streitgespräch mit Eck zu empfangen.

Der Lutherstein in der Dübener Heide

JESSEN (Zugverbindung). Sicher ist, daß Luther zweimal in dem Städtchen weilte. Am 12. Juli 1533 predigte er in der Kirche, die allerdings nicht mehr steht. Lediglich Teile des Vorgängerbaus wurden für den Neubau (17. Jh., Frühbarock) genutzt. Der Grund für seinen Aufenthalt Mitte November 1538 ist unbekannt. Zugetragen haben soll sich folgende Begebenheit: «Als Luther einmal mit Dr. Jonas, Veit Dietrich und anderen Tischgenossen zu seiner Erholung nach Jessen fuhr, gab er daselbst, obgleich seine Verhältnisse keine glänzenden waren, den Armen Almosen. Dr. Jonas folgte seinem Beispiel mit der Erklärung: Wer weiß, wo mirs Gott wieder bescheret? Darauf erwiderte Luther lachend: Gleich als hätte es Euer Gott nicht zuvor gegeben; frei einfältig soll man geben, aus lauter Liebe willig.»

KEMBERG (Busverbindung). In dem unmittelbar bei Wittenberg gelegenen

Ort hat Luther oft geweilt. Es wird berichtet, daß er unter der Linde im Pfarrgarten an den 95 Thesen gearbeitet habe. Dieser Baum ist aber wahrscheinlich nur etwa 350 Jahre alt. Häufig predigte L. in der **Stadtkirche St. Marien** (1325/46). Die Sakristei ist aus dem frühen 16. Jh., noch gotisch. Maßwerkfenster, Spitzbogenportale, große Kreuzblume. Den gotisierten 86 m hohen Turm im Westen baute Stüler, der auch das Wittenberger Lutherhaus umgestaltete, nach 1854, weil der alte eingestürzt war. Drei mittelalterliche Glocken. — Im Inneren Kreuzrippengewölbe und Reste von Wandmalereien des 15. Jh. Emporen mit Bildern der Biblia pauperum (lat. — Bibel der Armen; also jener, die nicht lesen konnten). Ein wertvoller *Flügelaltar von Lucas Cranach d. J.* zeigt Taufe, Kreuzigung und Auferstehung Christi. Als Taufzeugen sind Luther, Melanchthon, Bugenhagen und Jonas dargestellt. An gotischer Ausstattung sind ein *Schnitzaltar* mit Marienkrönung aus der zweiten Hälfte des 15. Jh., ein nur wenig jüngeres *Triumphkruzifix* und ein 10 m hohes, leicht durch Bilderstürmerei beschädigtes *Sakramentshäuschen* aus Sandstein mit zahlreichen fein gearbeiteten Figuren (15. Jh.) vorhanden.

Am Abend des 21. Februar 1546 erreichte der feierliche Trauerzug, der Luthers Leichnam von Eisleben nach Wittenberg überführte, Kemberg. Der Leichnam wurde in der Vorhalle von St. Marien aufgebahrt. Kemberger Bürger übernahmen die Totenwache. Am Ort der Aufbahrung befinden sich eine *bronzene Lutherbüste* und eine *Gedenktafel.*

LÖBNITZ (Zugverbindung bis Bitterfeld, dann Bus). Luther kam mehrmals her, vor allem aus alter Freundschaft mit der 1523 aus dem Kloster Nimbschen geflohenen Eva von Schönfeld, einer Gefährtin seiner Ehefrau Katharina von Bora (↑ Torgau). Er predigte auch in der Löbnitzer **Kirche**. Diese ist ein spätgotischer Bau des 15. Jh., der im Dreißigjährigen Krieg zerstört und 1688 ziemlich verändert wieder aufgebaut wurde (statt dreischiffig seitdem nur noch einschiffig). Innen Patronatsloge und Grabsteine derer von Schönfeld. Schöner Altar von 1629. Sein Stifter, ein Schönfeld, soll aus dem Krieg mit dem Osmanischen Reich ein Türkenmädchen mit nach Löbnitz gebracht haben, deshalb die Gruppe unter dem Kreuz Jesu in türkischen Trachten.

Das Schönfeldsche Schloß, in dem Luther bei seinen Besuchen wohnte, stand dort, wo sich heute die Tankstelle befindet. Im Park soll auch noch die Eiche, unter der Luther einen Psalm übersetzt hat, stehen.

MULDENSTEIN (Zugverbindung). 1476 wurde das Kloster Steinlausigk gegründet. Sein Prior, Dr. Fleck, hielt 1502 die Einweihungspredigt der Wittenberger Universität. Im Zusammenhang mit dem Thesenanschlag am 10. November 1517 soll folgendes zugetragen haben: An die Tür des Refektoriums sollen ebenfalls die 95 Thesen angeschlagen gewesen sein. Fleck rief aus: «Ho, ho! Der wirds tun, er kommt, darauf wir lange gewartet haben», und schrieb einen sehr «tröstlichen brieff der wegen an D. Luther», in dem er diesen «vermanet …(,) er soll getrost fortfaren, denn er sey auffm rechten wege, Gott und aller gefangener gebet in der Römischen Babilon, werde mit jm sein.» 1520 (1522?) war Luther im Kloster. Seine Predigt gegen den Ablaßhandel hielt er auf freiem Platz, da die Kirche die vielen Zuhörer nicht faßte.

Das Kloster, dessen Insassen sich gegen die Reformation sträubten, wurde im Juni 1531 aufgelöst.

Die **Dorfkirche** mit Walmdach und einem quadratischen Turm, auf hohem Porphyrfelsen über der Mulde stehend, wurde im 12., vielleicht sogar schon im 11. Jh. gebaut. Im 13. Jh. kam sie in den Besitz des damals errichteten Augustiner-Minoritenklosters (verbaute Gebäudeteile vorhanden). Vorwiegend noch romanisch, u. a. das profanierte Schiff. Der kleine, schlicht ausgestattete Chor, der Altar, die Kanzel und die hölzerne Taufe stammen aus dem 17. Jh. Zwei um 1900 hereingenommene Grabsteine, der schönere figürlich gestaltet und 1515 einem Ehepaar bestimmt, der andere mit Wappen eines 1477 verstorbenen Ritters.

Der Radfahrweg vor dem Kirchengelände führt auf die **Lutherlinde** zu, unter der L. gepredigt haben soll. Sie steht jenseits der Straße auf dem Gelände des VEB Rohrwerke, ist aber gut sichtbar.

NIEMEGK (Busverbindung). L. war am 8. August 1532 zur Taufe des Predigersohns hier. Pfarrer Konradus Cordatus, Reformator der Altmark, wohnte hier am Kirchplatz 9. Das Haus war damals eingeschossig, vermutlich blieb dieser Teil erhalten, ist jedoch unkenntlich. Die Kirche ist jünger.

PRETTIN (Busverbindung). Der heutige Ort bestand im 16. Jahrhundert aus dem Städtchen Prettin und dem kleinen Dorf Lichtenberg. Die Lichtenburg war ein Kloster der Brüder des Antoniter-Ordens. Die Mönche sollen so reich gewesen sein, daß sie, als sie ihr Gemäuer verlassen mußten, einige Fuhrwerke benötigten. Ihr Prior war ein guter Freund des Reformators.

Schloß Lichtenburg in Prettin

Gegen Ende November 1518 traf sich Luther hier mit dem kurfürstlichen Geheimsekretär Georg von Spalatin. Fast zwei Jahre später, am 11. September 1520, fand im Beisein Melanchthons die dritte Begegnung zwischen Luther und dem päpstlichen Legaten Carl von Miltitz statt. Luther nächtigte wahrscheinlich im Kloster. Noch mindestens viermal weilte Luther hier, visitierte das Kloster und predigte. Am 11. Juni 1539 war er bei Elisabeth von Brandenburg zu Tisch. Die Schwester des Königs Christian von Dänemark und Gattin Joachims I., Kurfürsten von Brandenburg, hatte den evangelischen Glauben angenommen und mußte deshalb vor ihrem Gemahl, einem entschiedenen Gegner der Reformation, fliehen. In Prettin wohnte sie bis 1546. Von ihrem unweit der Kirche gelegenen Wohnsitz sind in einem jüngeren Gebäude verbaute Reste vorhanden. Die von Luther visitierte **Pfarrkirche** ist eine dreischiffige gotische Backsteinbasilika des 13. und 14. Jh. Der *Flügelaltar* entstand um 1500. Die sog. *Lutherkanzel* kam 1552 an die Stelle der echten. Das Antoniterkloster, in dem L. 1518 Spalatin und zwei Jahre später Miltitz traf, wurde während der Reformation abgerissen. Im **Schloß Lichtenburg** befindet sich ein **Museum** mit Sachzeugen aus der Lutherzeit. Reste des Klosters sind im rechten Teil des Nordflügels gegenüber der Toreinfahrt zum Hof zu suchen, wo überwölbte Räume des Erdgeschosses deutlich auf gotische Bausubstanz hinweisen.

PRETZSCH (Zugverbindung). Mindestens achtmal war Luther hier. Herr des Ortes war der kurfürstliche Erbmarschall Johannes von Löser (Hans Löser), ein guter Freund von ihm. Löser führte in Pretzsch sehr früh die Reformation ein, hatte aber keinen leichten Stand gegen die katholische Geistlichkeit, was Luther zu seinen oftmaligen Visiten und Predigten bewogen haben mag. Im Dezember 1519 weilte er das erste Mal in der Stadt. Am 29. Dezember 1524 traute er Löser. Zu Gast waren auch Amsdorf, Jonas und Melanchthon. 1531 folgte er einer Einladung zur Jagd.

Die **Stadtkirche St. Nikolaus** ist im Kern spätgotisch, nach 1720 barockisiert. Am Turm *Rittergrabstein* von 1493. Kaum Hinweise auf die Lutherzeit. Eventuell war es nicht die Kirche, in der Luther predigte. Vom Schloß Lösers sind keinerlei Spuren mehr vorhanden. Der Neubau ist nach 1570 errichtet worden.

SACHAU (Zugverbindung). 1501 wurde in dem zum Sprengel Pretzsch gehörenden Ort eine Kapelle eingerichtet, die 21 Jahre später zur Kirche erhoben wurde. Luther hat persönlich

Die Schifferkirche in Priesitz

die Weihe vorgenommen. Möglicherweise handelt es sich um einen Freundschaftsdienst für Hans Löser, dessen Gerichtsherrschaft das Dorf unterstand. Die Kirche ist im Kern vermutlich romanisch, ihr Anblick wird jedoch von den 1622 vorgenommenen Veränderungen bestimmt. Die Ausstattung stammt ebenfalls aus dieser Zeit. Schön ist das *Rundbogenportal*.

Auf dem Weg zur Kirchweihe nach Sachau soll Luther in der kleinen **Schifferkirche** Priesitz, die an der Alten Elbe steht, gepredigt haben. Die Kirche ist im Kern romanisch, turmlos, der Glockenstuhl als Fachwerk gearbeitet. Zu ihrer Ausstattung gehört ein *spätgotischer Schnitzaltar*.

SEEGREHNA (Busverbindung). Karlstadt hatte nach Seegrehna geheiratet und führte zeitweise das Leben eines Bauern. Er wohnte auf dem Grundstück Lindenstraße 9, wo damals das Gutshaus der Familie seiner Frau stand, doch sind davon höchstens noch Grundmauern vorhanden. Luther kam 1526 mit Käthe, Melanchthon und Jonas her, um Karlstadts Sohn zu taufen. Im nächsten Jahr visitierte er die **Dorfkirche.** Damals stand nur der im Kern romanische Chor. Zur Ausstattung gehört ein spätgotischer Taufstein. Auf dem *Altarbild «Heiliges Abendmahl»* (1653) sind Reformatoren dargestellt, u. a. Luther und Melanchthon.

SCHMIEDEBERG, BAD (Zugverbindung). Als Luther 1528 in der ungewöhnlich großen **Stadtkirche** predigte, soll er sich «wie eine kleine Schwalbe» gefühlt haben, heißt es. Der spätgotische Bau ist von 1453/54, romanische Reste vorhanden. Das Langhaus hat seit 1666 eine Flachdecke. Zur Ausstattung gehören u. a. ein *Lutherbild* und ein *Fenster mit Lutherrose.* Wertvoll ist die *Wandmalerei* (15. Jh.) in der Vorhalle.

SCHWEINITZ (Busverbindung). Mit dem Ort verbindet sich die Legende vom Traum Friedrichs des Weisen, der in der Nacht vor dem Thesenanschlag Luthers bereits von dessen Tat geträumt haben soll. Der Kurfürst weilte damals auf seinem Schweinitzer Schloß. Von diesem ist nichts mehr vorhanden, noch im 16. Jh. wurde es abgetragen. Luther war mindestens sechsmal in der Stadt.

Am 7. und 8. März 1523 nahm er an den Tauffeierlichkeiten eines Kindes teil. In einem Brief an Spalatin schrieb er in diesem Zusammenhang: «Gnade und Friede. Ich kann nicht umhin, da ich dir so nahe bin, daß ich sogar Lochau sehen kann, an dich zu schreiben, mein Spalatin, damit du wissest, daß ich hier bin bzw. gewesen bin. Ich war also hier und habe der Taufe des dem Bernhard geborenen neuen Brüder-chens Christi beigewohnt. Wir haben auch selbst mit Esaias einen Gesang auf der Laute gesungen den Brüderchen und unserem geliebten Sohne Gottes. Ja, wir haben aus dem fürstlichen Keller guten und klaren Wein getrunken, und wir würden schön Evangelische sein, wenn uns das Evangelium so voll machte.»

Am 6. Oktober des gleichen Jahres kam er mit Melanchthon, um auf Geheiß des Kurfürsten vor Christian von Dänemark, dem König im Exil, zu predigen. Bei der Predigt in der **Stadtkirche** waren auch Friedrich der Weise mit seinem Gefolge zugegen. Die Kirche ist im Kern romanisch, wurde im 15. Jh. umgebaut und erhielt ihr heutiges Aussehen im wesentlichen im 18. Jh. 1528 und 1529 hatte Luther als Visitator in Schweinitz zu tun, 1532 kam er aufgrund des Ablebens Johanns des Beständigen. 1538 war er letztmalig in der Stadt, gemeinsam mit Melanchthon, der ihn auf dieser Reise begleitet hatte.

Der Traum Friedrichs des Weisen zu Schweinitz
«Luther schreibt an die Tür der Schloßkirche zu Wittenberg und stößt mit dem Federhalter dem Papst die Tiara vom Kopf»

167

Die Dorfkirche in Seyda

SEYDA (Busverbindung). Wie in den meisten Orten des Wittenberger Kurkreises, fand auch in dieser Stadt die Reformation zu einem frühen Zeitpunkt auf kurfürstliche Anweisung hin Eingang. Es gab zwei Pfarrer und eine Schule. Im Spätherbst 1528 führte Luther die erste Visitation durch und fand geordnete Verhältnisse vor. Die einschiffige gotische **Feldsteinkirche** brannte im späten 18. Jh. aus. Dabei ging die gesamte originale Einrichtung verloren. Der neue Bau wurde 1794 fertig, er übernahm von dem früheren die Umfassungsmauern bis in 2 m Höhe und die Ostwand. Verputzt, Turm 1850. Die *Empore* ist mit der *Lu-*

therrose und dem Wappen Melanchthons geschmückt. Zur Ausstattung gehört das *Gemälde «Lutherus und Melanchthon»*, gemalt nach dem Original in der Schloßkirche zu Wittenberg. Die **Luthereiche** vor der Kirche wurde 1883 gepflanzt.

TREUENBRIETZEN (Busverbindung). Neben der **Marienkirche** steht eine uralte Linde mit Zementplomben, unter der L. gepredigt haben soll. Die Umstände sind unbekannt. Die Kirche wurde in der ersten Hälfte des 13. Jh. gebaut. Ihr mächtiger Westturm stammt aus dem 15. Jh.

ZAHNA (Zugverbindung). Die Stadt lag auf der Route, die die Visitationskommission im Spätherbst 1528 zurücklegte. Luther, der ihr angehörte, soll in der **Marienkirche** gepredigt haben. Ursprünglich war die Kirche eine spätgotische Granitquaderbasilika mit kreuzförmigem Grundriß (1130/80). Seit der schweren Feuersbrunst im 18. Jh. stehen nur noch der Chorraum, das Mittel- und das Querschiff. Die Seitenschiffe und die Ausstattung wurden vernichtet. Der obere Teil des Turms wurde in Backstein wiederhergestellt.

W ÖRLITZ, die Kleinstadt mit dem ersten Landschaftspark nach englischem Vorbild auf dem europäischen Kontinent, liegt wenige Kilometer östlich von Dessau, der zweitgrößten Stadt des Chemiebezirks Halle. Der Ort ist seit 1004 bekannt, 1034 fiel er an die Askanier, und Stadtrecht wurde ihm wahrscheinlich 1440 durch Georg von Anhalt verliehen.

Im Juli 1516 starb Fürst Ernst von Dessau-Anhalt. Vormünder seiner im strengen katholischen Glauben erzogenen drei Söhne — Johann, Georg und Joachim — wurden Joachim I., Kurfürst von Brandenburg, Kardinal Albrecht, Erzbischof von Magdeburg und Mainz, sowie Georg von Sachsen. Unter dem Kuratel dieser entschiedenen Reformationsgegner wurde das kleine anhaltinische Fürstentum zu einem Eckpfeiler des Papsttums: Am 19. Juli 1525 trafen sich hier katholische Fürsten und schlossen gegen das erstarkende evangelische Lager das Dessauer Bündnis. Initiator war Georg von Sachsen. Vereint sollte gegen die lutherische Ketzerei vorgegangen werden, selbst ein Krieg gegen Kursachsen wurde in Erwähnung gezogen. Damals ging das Gerücht um, der sächsische Herzog versuche, Luther in seiner Hände zu bekommen. Am 21. Juni schrieb der Reformator an Amsdorf: «Man sagt, er wolle mich aus Wittenberg holen, des Erfolgs sicher; er meint ich sei in der Lehre wie Münzer.»

Nach dem Tod der Fürstenmutter wandten sich die anhaltinischen Fürsten der evangelischen Glaubenslehre zu, veranlaßt vor allem durch das Auftreten der Protestanten auf dem Augsburger Reichstag 1530. Georg, den der Schüler Luther als Franziskanermönch in Magdeburg getroffen hatte, begann 1530 einen ständigen Briefwechsel mit dem Reformator. Schließlich baten die Fürsten um einen evangelischen Prediger. Am 14. September 1532 trat auf Luthers und Melanchthons Geheiß Nikolaus Hausmann sein Amt als Hofprediger im Anhaltinischen an. Hausmann hatte bereits in Zwickau im reformatorischen Sinne gewirkt.

Zwei Monate später, am 24. November 1532, erschien Luther selbst in der fürstlichen Residenz zu Wörlitz, um mit Johann, Georg und Joachim die Einführung der Reformation zu besprechen. In der Stadtkirche St. Petri predigte er. Wahrscheinlich war Wörlitz der erste Ort Anhalts, wo der Prediger vor Einführung der Reformation im Land evangelisch geworden war. Als Luther im Juni 1538 ein weiteres Mal auf der Kanzel der Petrikirche stand, waren die Protestanten im Fürstentum bereits in der Mehrheit.

Nach Dessau kam Luther im Juni und im Juli/August 1534. Am 7. Juni predigte er das Evangelium in der Metropole Anhalts. Später war er dann noch im März/April dort, und auch für den September 1542 ist ein Besuch belegt.

Das Gotische Haus im Wörlitzer Park

Für kurze Zeit lebte auch Karlstadt in Wörlitz. Aufgrund der zunehmenden Spannungen mit Luther nach den Wittenberger Unruhen hatte er sich 1523 hier niedergelassen, bevor er sich in Orlamünde der reformatorischen Praxis widmete.

Sehenswürdigkeiten

Stadtkirche St. Petri: Hier predigte L. 1532 und 1538. Die Kirche wurde 1805/09 umfassend neugotisch umgestaltet. Die Umfassungsmauern bis hinauf zu den Fenstern und die Turmbasis (etwa 5 m) stammen aus dem 12. Jh. Das Querhaus und die Portalvorhallen sind – bis auf eine romanische Säule im Südportal – völlig aus dem 19. Jh., auch der Chor entstand damals, doch ist der alte Triumphbogen noch vorhanden. – Innen Kreuzrippen- und Sterngewölbe. Emporen mit Maßwerkbrüstungen. Manche der Grabsteine standen früher in der Dessauer Schloßkirche, der älteste stammt aus dem Jahr 1511. Im romanischen Mauerwerk neben dem Altar ist ein vor 1500 eingelassenes Tabernakel zu sehen. Das *Lutherbild* gegenüber der Kanzel schuf Lucas Cranach d. Ä. 1547. Die Ausstattung sonst neugotisch. – Das benachbarte Pfarrarchiv bewahrt das Gemälde «Schmerzensmann» von Lucas Cranach d. Ä. auf. Cranach d. Ä., oder zumindest seiner Werkstatt, werden auch zwei kleinere Bildnisse Luthers und Melanchthons zugeschrieben. **Wörlitzer Park:** Fürst Franz von Anhalt ließ seit 1765 den Landschaftspark nach englischem Muster anlegen. Im *Gotischen Haus* (Frühwerk der deutschen Neugotik) sind mehrere Kopien von Gemälden Lucas Cranachs d. Ä. und anderer zu sehen, so eine Darstellung Kaiser Karls V. und das Spottbild «Der Streit zwischen Luther und dem Papst» (16. Jh.).

Bez.: Halle **Kreis:** Gräfenhainichen
PLZ: 4414 **Einwohner:** 3000
Information: Rat der Stadt, Thäl-
mannstr. 87.
Übernachtungsmöglichkeiten: Zum
Eichenkranz, am Park.
Gaststätten: Wörlitzer Hof,
Markt 96; Parkgaststätte; Goldene
Weintraube, Thälmannstr. 15; Zum
Stein, Thälmannstr. 228; Koltzen-
burg, Thälmannstr. 198; Sommer-
café am Parkeingang; Sommercafé
Grüner Baum.
Weitere Sehenswürdigkeiten: Wörlit-
zer Park (1771–1800),darin Schloß
(1773); Neumarks Garten mit Laby-
rinth und Rousseauinsel; Rosenin-
sel; Nymphäum (1768); Floratempel
(1798); Kettenbrücke; Luisenklippe;
Venustempel (1797); Monument
(1803); Pantheon (1769); Großer
Walloch mit Herderinsel und Ama-
liengrotte; Stein (1796) mit Villa
Hamilton und Neptungrotte; Vesta-
tempel (1798). Rathaus (1795).

DESSAU (Busverbindung). Die **Schloßkirche St. Marien** (Clara-Zetkin-
Platz), in der L. predigte, ist seit dem
zweiten Weltkrieg Ruine. Der am Ausgang des Mittelalters entstandene
Backsteinbau soll weitgehendst wiederhergestellt werden. Die erhalten gebliebenen Umfassungsmauern stammen aus der Hauptbauzeit 1505/23.
Außen befinden sich Epitaphe. Einige
Grabsteine wurden in die Wörlitzer
Stadtkirche versetzt. Das benachbarte
Schloß war Gründungsort des katholischen Fürstenbündnisses gegen die Reformation. Später war L. dort ein will-
kommener Gast. Im zweiten Weltkrieg
wurde fast die gesamte Anlage zerstört, nur die Umfassungsmauern des
Johannbaus, errichtet in den Jahren
1530–1533, mit Treppenturm, Altar,
Freitreppen und Hauptportal blieben
erhalten.

ZEITZ liegt im Südteil des industriellen Ballungsgebiets Halle – Leipzig. Die zum Bezirk Halle gehörende Kreisstadt hat vor allem durch die Produktion von Ausrüstungen für den Bergbau und die Schwerindustrie wirtschaftliche Bedeutung, weitaus bekannter sind aber die Erzeugnisse aus den Zeitzer Kinderwagenwerken.

Die früheste urkundliche Erwähnung von Zeitz erfolgte 967 auf der Synode von Ravenna. Mit der damaligen Gründung des Erzbistums Magdeburg entstanden die Bistümer Zeitz, Merseburg und Meißen. 1032 wurde der Bischofssitz von Zeitz nach Naumburg verlegt, zeitweise jedoch residierten die Bischöfe später wieder hier. 1210 erhielt der Ort Stadtrecht. Seine Lage an der Kreuzung mehrerer Handelsstraßen wirkte sich günstig auf die Entwicklung der Märkte aus, die aber durch den Aufstieg Leipzigs zur Messestadt im 16. Jahrhundert lediglich nur noch lokale Bedeutung besaßen.

Um 1500 war das Bistum Zeitz fast völlig von den Ländereien des sächsischen Kurfürsten umschlossen und befand sich weitgehend unter dessen Einfluß. Das begünstigte natürlich den Verlauf der Reformation, obgleich sich das Stift gegen sie sträubte. Als die Stiftsherren die Bannandrohungsbulle gegen Luther verlesen und anschlagen ließen, kam es zwischen ihnen und der Stadtbevölkerung zum Zusammenstoß. Fast wären ihre Häuser von der empörten Menge gestürmt worden.

Die nächsten Jahre blieben ruhig; selbst vom Bauernkrieg spürte Zeitz wenig. Als jedoch der Rat 1533/34 den Bischof um die Berufung eines evangelischen Pfarrers bat, begannen die Auseinandersetzungen erneut und mit größerer Heftigkeit. Kurfürst Johann Friedrich unterstützte die Einsetzung eines protestantischen Predigers und gemahnte die Stadt, in geistlichen Dingen fest zu bleiben, in weltlichen aber gehorsam zu sein. In St. Nikolai wurde 1536 die erste evangelische Predigt gehalten.

1539 setzte der Rat unter Umgehung des Rechtszustandes in St. Michael einen protestantischen Prediger ein. Die Nonnen des Klosters «St. Stephan auf St. Michaelskirchhof» verweigerten diesem seine Bezüge. Daraufhin wurde ihr Besitz säkularisiert. Zwar setzten sich Bischof und Stift zur Wehr, doch mußten auch sie sich letztlich der kurfürstlichen Ermahnung fügen.

Im Januar 1541 starb Bischof Philipp auf seinem in Süddeutschland gelegenen Schloß (↑ Naumburg). Nachdem es den Tod des Bischofs zunächst verschwiegen hatte, wählte das Domkapitel den ehemaligen Dechanten des Zeitzer Stiftkapitels, Julius Pflug, zum Nachfolger. Johann Friedrich der Großmütige, mit der Wahl eines Katholiken nicht einverstanden, ordnete die gewaltsame Besetzung des Schlosses in Zeitz an und ernannte einen Statthalter für das Stift. Das Kapitel wurde angewiesen, den von den Wittenberger Reformatoren um Luther vorgesehenen

Nikolaus von Amsdorf zu wählen. Am 20. Januar kamen er und Luther nach Zeitz. Die Stände der Stadt huldigten dem Bischof, der wiederum bestätigte ihnen ihre Privilegien.

Tags darauf predigte Amsdorf vormittags im Dom. Nachmittags ergriff Luther in der Kirche der Franziskaner das Wort. Wegen des großen Andrangs sollen die Leute Leitern angelegt haben, um Luther wenigstens durch die Fenster sehen zu können. Luther weilte nun des öfteren bei seinem Freund Amsdorf, auch um ihn in seinem Amt zu unterstützen und im ersten evangelischen Bistum die reformatorischen Maßnahmen voranzubringen. Im August 1544 kam er für zehn Tage. Für den Rückweg gab Amsdorf dem unpäßlichen Reformator einen Begleiter. Dieser brachte aus Wittenberg einen Brief mit, in dem Luther schrieb: «Ich bin aber itzt heym kommen von Zeitz so müde des farens, das ich nicht gehen noch stehen kann, schier auch des sitzens überdrüssig.» Ende Juli des darauffolgenden Jahrs kam er wieder, diesmal in Begleitung seines Sohnes Hans, Crucigers u. a. Er war vor den verderbten Sitten der Wittenberger Studenten geflüchtet und trug sich mit dem Gedanken, in Zeitz zu bleiben, vor allem aber bedurfte Amsdorf der Hilfe — die Naumburger Pfarrer hatten sich gestritten, und Luther sollte schlichten. Amsdorf blieb nicht lange Bischof. Im September 1546 besetzte Kaiser Karl V. Naumburg. Nach der Niederlage des Schmalkaldischen Bundes 1547 bei Mühlberg wurde Amsdorfs Stellung vollends unhaltbar; er mußte seine Diözese verlassen.

Während der Reformation waren die Klöster um und in Zeitz aufgelöst worden. Nicht so das Stift, auch wenn es mehr und mehr verkümmerte. Eine der Domherrenstellen konnte der Landesfürst vergeben. 1576 übertrug er sie Paul Luther, einem Sohn Luthers. Ein Ururenkel, sein letzter Nachfahre direkter Linie, starb 1742 als Bürgermeister der Stadt.

Sehenswürdigkeiten

Dom St. Peter und Paul: Anläßlich seiner Wahl zum Bischof predigte Nikolaus Amsdorf am 22. Januar 1544 im Dom. Der Predigt wohnte auch L. bei. — In Zeitz lebten mehr Nachfahren des Reformators als in sonst einer Stadt. Viele waren Domherren. Als erster zog 1587 L.s Enkel Johann Ernst zu, dessen Grabstein (1637) sich im Kreuzgang (um 1400) befindet — es ist jener, dessen flache schwer leserliche lateinische Inschrift «Johannes Ernestus Lutherus ...» beginnt. — Der Dom ist dreischiffig mit Chor und Querhaus, alles aus Sandsteinquadern. Seine Anfänge gehen auf die Wende vom 10. zum 11. Jh. zurück. Bald darauf wurde die ebenfalls dreischiffige Krypta, der älteste Teil des Bauwerks, unter dem Chor fertig. Das Querhaus entstand gegen 1100, es stürzte im 16. Jh. teilweise ein und bekam beim Wiederaufbau ein schönes Portal; damals wurde inschriftlich auch Kaiser

Die Moritzburg mit dem Dom
St. Peter und Paul

Ottos I., des angeblichen Domstifters,
gedacht. Den romanischen Vorgänger
des spätgotischen Langhauses hatten
die Hussiten 1430 zerstört; mit dem
Neubau war sofort begonnen worden.
Gleichzeitig entstand auch die Sakristei, was von einem 1444 datierten
Schlußstein bezeugt wird.

Anstelle der alten Bischofsburg (Reste der Befestigungswerke erhalten), in
der Amsdorf residierte und L. zu Gast
war, ließen sich die Herzöge von Sachsen – Zeitz 1657 bis 1718 die **Moritzburg** bauen. Sie ließen den Dom zur
Schloßkirche umgestalten und ver-
kürzten seinen Turm, um den Kirchenbau der Architektur ihres Wohnsitzes
anzupassen. Der Innenraum wurde barockisiert. Erwähnenswert sind vor allem die in wucherndem Akanthus-
schnitzwerk prunkende Kanzel und
das hohe hölzerne Altargesprenge mit

Hochgotisches Maßwerkfenster
der Franziskanerkirche

Engeln, Putten und Palmsäulen. – Ältere Kunstwerke, die schon 1544 hier
waren: An einem Wandpfeiler eine
Fuhrmannsfigur aus dem 15. Jh. mit
dem Spruchband: «ich heiße Käse-
lieb»; an einem anderen Wandpfeiler
Maria mit dem Leichnam Christi;
wertvoller romanischer Taufstein, steinerne Apostelpaare (15. Jh.); Holzpla-
stiken der Dompatrone (um 1430);
Reste gotischer Wandmalereien im
südlichen Seitenschiff und in der Sa-

kristei. Außerdem mehrere Bronzegrabplatten und Steinepitaphe aus vor-
reformatorischer Zeit. — Neben dem
Eingang zur Sakristei Erinnerungsmal
für den 1564 verstorbenen Kirchenfürsten Julius von Pflug, Bischof, Humanist und Gegenspieler Amsdorfs.
(Wegen umfassender Restaurierungsarbeiten ist die Kirche geschlossen.)
**Franziskaner(Barfüßer- oder Kloster)-
kirche** (an der Brüderstraße): Bei Luthers Predigt 1544 herrschte großer An-
drang. Entstehungszeit 13. bis 15. Jh.;
umlaufend Strebepfeiler, Fenster mit
hochgotischem Maßwerk. Das Innere
barockisiert, dort spätgotischer Altar
und gleichaltes Triumphkreuz. Grabsteine vom 16. Jh. und später. (Baufällig). **Michaelskirche** (Kirchplatz):
Spätgotisch, Kern aber romanisch. In
der Sakristei wird ein Lutherscher
Thesendruck «zweiter Form» aufbewahrt; er entstand gleichzeitig mit dem
allgemein bekannten Leipziger Erst-
druck, doch diente als Vorlage eine of-
fenbar in aller Eile hergestellte Ab-
schrift des Originalmanuskripts.

Bezirk: Halle   **Kreis:** Zeitz
PLZ: 4900   **Einwohner:** 44000
Information: Zeitz-Information,
Puschkinstr. 14; Reisebüro, Le-
ninstr. 14.
Übernachtungsmöglichkeiten: Hotel
«Drei Schwäne», Friedensplatz 6.
Gaststätten: Hotel «Drei Schwäne»,
Friedensplatz 6; Ratskeller, Frie-
densplatz 1; Haus der DSF, Lenin-
str. 13; Am Theater, Thäl-
mannstr. 15; Paulaner, Braustr. 5;
Sophienhöhe, Maria-Buch-Str. 5;
Zum Wenden, Thälmannstr. 4;
Klubhaus «Weltfrieden», Richard-
Leißling-Str. 1; St. Nicolai, Nicolai-
platz; Skatklause, Altenburger
Str. 49; Goldener Stern, August-Be-
bel-Str. 17; Elsterpromenade, Bad-
stubenvorstadt 8d; Harmonie, Wen-
dische Str. 32; Zentral, Fischstr.;
Stadtmitte, Kramerstr. 17.
Weitere Sehenswürdigkeiten: Teile
der Stadtbefestigung (15./16. Jh.).
Schloß Moritzburg (17. Jh.). Markt
mit Rathaus (1509, Neubau 1909).
Bürgerhäuser (16. bis 18. Jh.). Kul-
turpark mit Heimattiergarten.

Ausflug

EISENBERG (Zugverbindung). Luther
weilte mehrmals in Eisenberg, auf alle
Fälle im April 1530, als er sich mit Melanchthon, Jonas, Spalatin und Agricola auf der Reise zum Reichstag nach
Augsburg befand, und im Februar 1537,
unterwegs nach Schmalkalden zur Tagung des Schmalkaldischen Bundes.
   Während des Aufenthalts 1530 soll
sich folgendes zugetragen haben: Luther kam «in die Kirche, und als man
den Introitum deutsch sang in die lateinische Noten, rümpfte er sich hart.
Wie er heim zu Tische kömmt, fragt
ihn sein Wirth, was ihm gewesen wäre?
Ich dachte, spricht er, es würde mich

die kalte Base ankommen über ihren
läppischen Gesang. Will man deutsch
singen, so singe man gute deutsche Lieder; Will man lateinisch singen, wie
Schüler thun sollen, so behalte man die
alten Choral und Texte; — und beschloß: Ich bin den Leuten feind, die
immer ein neues übers andre anrichten
in Ceremonien; Denn diese werdens
der Lehre mit der Zeit auch thun.»
   Die **Stadtkirche St. Petri** (1494,
1840 stark verändert) steht am Markt.
1219 wurde schon ein Vorgängerbau
erwähnt. An einem Strebepfeiler *Sandsteinrelief* mit Jesus am Gabelkreuz,
datiert 1494. Das Gabelkreuzmotiv
wurde auch für ein Kruzifix aus dem
15. Jh. verwendet.

ZERBST, die im Bezirk Magdeburg gelegene Kreisstadt, besitzt seit dem Jahr 1209 Stadtrecht. Urkundlich erwähnt wurde es bereits 948 als slawische Siedlung «Ciervisti». Im Mittelalter bestimmten im wesentlichen Gemüsebau und Bierbrauerei die Entwicklung des Ortes. Jedoch vernichtete der große Stadtbrand von 15.06 198 Brauhäuser. Insgesamt brannte damals ein Drittel der Gebäude ab, etwa 400 bis 500 Häuser.

An dem Stadtregiment war der Klerus entscheidend beteiligt. Drei Kirchen, drei Klöster, zwei Hospitäler, drei Kapellen und mindestens auch drei Niederlassungen auswärtiger Bettelmönche (Termineien) hatte die Stadt zu verkraften. 1511 sollen von den 200 Gulden Einkommen der Kirche St. Bartholomäi ganze fünf für Arme ausgegeben worden sein, 72 dagegen bekamen die Stiftsherren.

Seit 1514 war durch den neuen vom Papst autorisierten Generalablaß der Handel mit der «heiligen Ware» schwunghaft gestiegen. Da Kursachsen Tetzel verschlossen war, bediente er die kursächsischen Bußwilligen in dem magdeburgischen Zerbst und dem kurbrandenburgischen Jüterbog. In seiner Schrift «Wider Hans Worst» nahm Luther darauf Bezug: «Als nun viel Volks von Wittenberg lief dem Ablaß nach gen Jüterbog und Zerbst, und ich ... nicht wußte, was der Ablaß wäre ..., fing ich säuberlich an zu predigen, das gewisser wäre als Ablaß lösen.»

In der Stadt wuchs die Mißstimmung gegen die Bettelei der Mönche, der einheimischen wie der fremden. Bürger und Rat verlangten die Säkularisierung der Termineien, zumal sie sich davon ökonomische Vorteile versprachen. 1522 wandte sich der Rat in dieser Angelegenheit an den Bischof von Brandenburg. An der Einführung der Reformation interessiert, ersuchte die Stadtobrigkeit 1522 Luther, der kurz vorher sein Exil auf der Wartburg verlassen hatte, nach Zerbst zu kommen. Am 23. Mai 1522 traf dieser in Begleitung eines Ordensbruders gegen Abend in Zerbst ein, wo er wahrscheinlich im Augustinerkloster am Plan (Selbstauflösung am 2. Mai 1525) Herberge nahm. Nächsten Tags predigte er vor den Mönchen wider den Verfall der reinen Lehre in der Kirche. Am 25. Mai hielt er gleich drei Predigten vor den Gemeindemitgliedern, alle wollten den Reformator hören. Nicht sicher ist, ob Luther im Kloster, in anderen Kirchen der Stadt oder auf freiem Platz predigte. Die Wirkung seines Auftretens war so groß, daß der Stiftsdekan von St. Bartholomäi damals von einer «Unglücksstunde für Zerbst» sprach.

Luther beriet sicher auch mit dem Rat, denn aus dem Stadthandbuch ist zu ersehen, daß dieser ihn im Schützenhof bewirtete. Seine angebliche Teilnahme am Schützenfest ist allerdings Legende.

Luther war später noch zweimal in Zerbst. 1524 befand er sich nur auf der Durchreise, doch 1538 unterschrieb er hier persönlich die von Melanchthon für Zerbst ausgearbeitete Schulordnung.

Der Hymnus «Ein feste Burg ist unser Gott» in dem Klugschen Gesangbuch aus dem Jahre 1533

Bibel beschäftigte, aber auch zu aktuellen politischen Ereignissen äußerte, entstanden, und seine Vorlesungen, von ihm angeleitete studentische Disputationen und Promotionsverfahren sind Legion. Ungezählte Male stand er auf den Kanzeln der Wittenberger Kirchen, um wortgewandt das neue Evangelium zu predigen. Dabei kam ihm zugute, daß er wie kein anderer «dem Volke aufs Maul» geschaut hatte, seine Sprache verstand, aufgriff und mitformte. Gelegenheit dazu bot sich ihm vielfach: ein Maß Bier hat er nie verschmäht, Feierlichkeiten, ja Völlereien war er nicht abgeneigt, auf den Straßen, in den Gassen und Wirtshäusern hatte er ein offenes Ohr. Und sein Haus war ein gastfreundliches; nicht nur seine Wittenberger Mitstreiter verkehrten hier, auch bedeutende Leute, die nach Wittenberg kamen, waren hier Gast.

Nur in groben Umrissen mag angedeutet sein, in welcher Vielfältigkeit sich die Reformation auf das Leben in Wittenberg auswirkte. Luthers Schaffen und das seiner Mitarbeiter hatte die Leucorea zum Aufblühen gebracht. Die Scholastik wurde nach 1518 Schritt um Schritt zurückgedrängt. Geschichte, Naturwissenschaften, die alten Sprachen und Mathematik erhielten feste Plätze in den Lehrplänen. Innerhalb weniger Jahre war die Wittenberger Universität zur berühmtesten in Deutschland aufgestiegen. Der Zuzug von Professoren und Studenten wiederum forderte und förderte den Ausbau der Stadt. Zwischen 1520 und 1540

Luther als Hieronymus. Kupferstich von Wolfgang Stuber, 16. Jh.

entstanden allein 39 Häuser neu, die — stattlich und massiver ausgeführt als die meisten älteren — fortan das Stadtbild prägten. Ein Gewerbe zog aus dem Lehrbetrieb und aus der ständig zunehmenden Verbreitung der reformatorischen Schriften hauptsächlich Nutzen: der Buchdruck. Die Zahl der Druckereien stieg im 16. Jahrhundert auf 30 an. Der herausragendste Drucker war Hans Lufft (1523—1584 in Wittenberg), in dessen Offizin 1534 die erste Luthersche Gesamtbibel erschien, der allein bis zu Luthers Tod elf weitere Ausgaben folgten (insgesamt 37 Ausgaben). Außer den Druckereien profitierten die Buch- und Papierhändler von den gewaltig steigenden Massenauflagen. Aus der Vielzahl derer, die an der Ausgestaltung der Prachtwerke mitwirkten, ist vor allem Lucas Cranach der Ältere zu nennen. Sein Schaffen und das seiner Werkstatt, später auch jener seines Sohnes Lucas Cranach d. J., stand von Anfang an im Dienst der Reformation.

Am 23. Januar 1546 verließ Luther Wittenberg in Begleitung seiner zwei Söhne und Melanchthons, um in (↑) Eisleben die Erbstreitigkeiten der Mansfelder Grafen zu schlichten. Dort starb er. Sein Leichnam wurde nach Wittenberg überführt. Als Angehörigen der Leucorea setzte man ihn in der Universitäts(Schloß)-kirche bei. Melanchthon und Bugenhagen hielten die Trauerreden.

Rundgang

Die weitaus meisten der Sehenswürdigkeiten befinden sich am Straßenzug Collegienstraße — Markt — Schloßstraße — Schloßplatz. Darunter sind hier nicht näher beschriebene, jedoch durch Gedenktafeln kenntliche Häuser, in denen Zeitgenossen L.s wohnten — so Kaspar Cruciger, Hieronymus Schurff und dessen Bruder Augustin in der Collegienstraße 81, Thomas Müntzer in der Schloßstraße 4 und Justus Jonas am Schloßplatz 3.

Bahnhof — Am Bahnhof — nach rechts bis zur Ecke Lutherstraße.

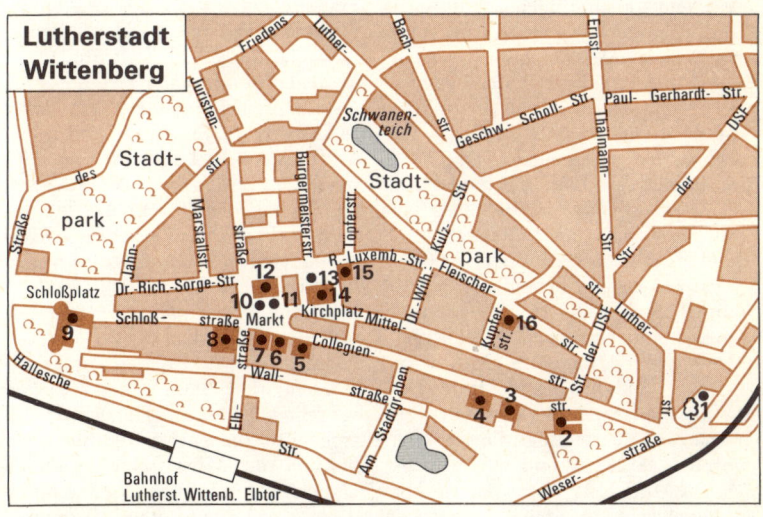

1 Luthereiche
2 Staatliche Lutherhalle
3 Melanchthonhaus
4 Fridericianum (Alte Universität)
5 Hotel „Goldener Adler"
6 Bayerhaus
7 Geburtshaus Cranachs d. J.
8 Lucas-Cranach-Haus
9 Schloß mit Schloßkirche
10 Melanchthon-denkmal
11 Lutherdenkmal
12 Rathaus
13 Bugenhagenbüste
14 Stadtkirche
15 Bugenhagenhaus
16 Ehem. Druckerei Hans Luffts

147

Luthereiche: Kleine Grünanlage anstelle des früheren Schindangers vor dem Elstertor. Hier verbrannte L. am 10. Dezember 1520 die päpstliche Bannandrohungsbulle und das Kanonische Recht. Die Eiche wurde 1830 gesetzt, nachdem die Franzosen 1813 die vorherige gefällt hatten. Der Baum ist durch Inschriften auf der Umfassung bezeichnet.

Stadteinwärts zum **Augusteum** (eigentlich «Collegium Augusti», Collegienstraße 54): Nach Kurfürst August benannt, Renaissance, 1564/83, im 18. Jh. aufgestockt und barock verändert, geschweifter Ostgiebel von 1900. Teil der 1817 erloschenen Alma mater, in dem Vorlesungen gehalten wurden und Festakte stattfanden. Das *Deckengebälk des Flurs* mit der Lutherrose, dem Ahnenwappen L.s, aus dem L. die Lutherrose entwickelte, und dem Wappen Melanchthons. Dazu ein Schriftzug, L. zitierend: «Ich hab einmal des Papstes Dekret allhier zu Wittenberg verbrannt und ich wollts wol noch einmal verbrennen.» Die Flurportale sind von 1715; das linke führt zur *wissenschaftlichen Bibliothek des Predigerseminars* mit umfangreichem Bestand an Reformationsschriften.

Lutherhof: Der Seitenflügel rechts wurde 1568 oder 1571 begonnen. *Brunnen* mit dem «Alten Wittenberger Jungfernröhrwasser» von 1556.

An der Südseite des Hofes das **Lutherhaus:** Bleibende Wohnstatt des Reformators. Zuerst Augustinerkloster, worin L. 1508/09 und ab 1511 als Mönch lebte. 1522 wurde das Kloster aufgehoben, 1524 offiziell Luther zugewiesen und ihm 1532 von Johann dem Beständigen geschenkt. Fast alle namhaften Wittenberger Zeitgenossen L.s, so auch Johann Friedrich der Großmütige, waren hier bei L. zu Gast. Der Bau wurde 1504 im spätgotischen Stil begonnen, um an der von Staupitz

mitbegründeten Universität lehrenden und studierenden Ordensbrüdern Unterkunft zu geben. Im wesentlichen etwa 1508 vollendet. Darin verbaut sind Reste des bereits 1301 erwähnten Heilig-Geist-Spitals, deshalb die Unregelmäßigkeiten der Ostwand. Dort auch kleiner Wendelstein von 1504. Das Gebäude kam 1564 in den Besitz der Universität. 1565/68 umgebaut und 1844/83 mit Unterbrechungen nach Plänen Friedrich August Stülers gotisierend erneuert und in das Reformationsgeschichtliche Museum verwandelt (Lutherhalle), das 1980/82 gründlich rekonstruiert wurde. Der Grundriß ist langgestreckt. Von Stüler stammen die kleinen Zwerchgiebel mit Dachfenstern und die Ziergiebel. Am *großen Wendelstein* von 1566 (die Haube ebenfalls Stüler, 1932 aber vereinfacht) eine Gedenktafel für Michael Agricola, der zu L.s Zeit Student in Wittenberg war; später verfaßte er die erste finnische Grammatik. Der *Erker* ist aus dem 19. Jh. Zwischen den beiden Fenstern der Lutherstube neugotischer Maßwerkbaldachin mit *Reliefbüste des Reformators* (1876). Die Inschrift: «Hier lebte und arbeitete Martin Luther von 1508−1546» ist wegen des Erfurter Aufenthalts L.s 1509/11 ungenau. Das *Katharinenportal* aus pirnaischem Sandstein war ein Geburtstagsgeschenk der Ehefrau Luthers für den Hausherrn. Es ist von schlichter Schönheit. Der Spitzbogen (sog. Eselsrücken) spätgotisch, sein Scheitel mit Meisterschild trägt die Datierung 1540; Sitznischen, die Baldachine rechts mit Lutherrose (lateinische Umschrift, Christus meinend: «Er lebt») und links mit dem Porträt L.s als

Rechts: Der Lutherhof im Augusteum
mit dem «Alten Wittenberger
Jungfernröhrwasser»

148

Vorderfront der Lutherhalle

Doktor der Theologie (lateinische Umschrift, Bibelstelle: «Durch Stillesein und Hoffen würdet ihr stark sein»). Unter den steinernen Lutherbildnissen ist dieses eines der frühesten. Das Haus beherbergt die **Staatliche Lutherhalle**, die über die umfangreichste Sammlung der Welt zur Reformationsgeschichte verfügt (unter anderem 2 500 L.-Grafiken). *Kellergeschoß:* Unter den Tonnengewölben kleines Café, Vortragsraum und Ausstellung von seit dem 16. Jh. geprägten Münzen und Medaillen zur Reformationsgeschichte. Wittenberger Buchdruck, funktionstüchtiger Nachbau einer Druckerpresse. Johann Rhau-Grunenberg, der als erster L.s Schriften auflegte, hatte in diesem Haus seine Werkstatt. *Erdgeschoß:* Das ehemalige Refektorium (Speisesaal des Klosters) mit Sterngewölbe wird nun

für Konzerte und Vorträge genutzt. Darin kostbares Tafelgemälde «Die zehn Gebote», von Lucas Cranach d. Ä. 1516 für den Gerichtssaal des Wittenberger Rathauses gemalt. *Erstes Obergeschoß:* Nach den Vorstellungen Stülers gotisierend überarbeiteter Großer Hörsaal, hauptsächliche Wirkungsstätte des Universitätslehrers L. Am barocken Katheder (etwa 1680) sein Bildnis, dazu das von Martin Pollich von Mellerstadt, dem ersten Rektor, und das farbige Siegel der Leucorea. Universitätsfahnen, Bilder von Kurfürsten und Professoren. – Die *Lutherstube,* das Familienzimmer des Luthers, wurde 1535/38 eingebaut. Dielen, Wandtäfelung, Felderdecke, die umlaufenden Sitzbänke und die Butzenscheiben sind original erhalten. Die Möbel stammen ebenfalls noch aus dem Besitz L.s. An dem Kastentisch wurden die meisten seiner Tischreden aufgezeichnet. Der Kachelofen ist von 1602, etwa gleichaltrig ist die 1967 unter mehreren Farbschichten wiedergefundene Temperabemalung. Als L. hier wohnte, war der Raum weiß getüncht. Der Große Hörsaal und die Lutherstube sind der *Hauptausstellung* «Martin Luther 1483–1546» angegliedert, die L.s Leben und Wirken gewidmet ist. Chronologischer Aufbau, zehn Teile, darunter «Wider Papst und Kaiser», «Kirchenamt und Staatsdienst», «Luthers Familienleben» und «Bleibende Spuren». Vorwiegend Schriftgut und Grafik. Ferner unter anderem: hölzerne Lutherkanzel aus der Stadtkirche, Augustinerkutte (eine Quelle des 17. Jh. behauptet, es sei diejenige L.s) prunkvolles katholisches Priestergewand (Kasel), schlichte bürgerliche Schaube (Tracht der Reformationszeit, aus welcher der Talar des evangelischen Predigers entstand), Ablaßkasten, Wittenberger Gemeiner Kasten, Bauern-

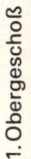

Lutherhalle Wittenberg
1. Obergeschoß

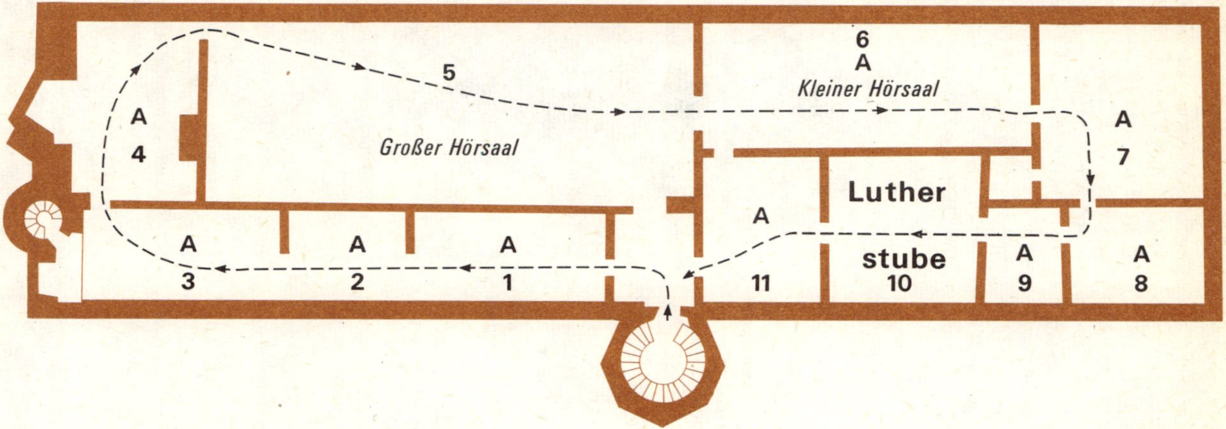

Kleiner Hörsaal

Großer Hörsaal

Luther stube

1 Gesellschaft im Umbruch (Wende 15./16. Jh.)
2 Werdegang eines Rebellen (1483–1517)
3 Vom Zweifel zur Kritik (1517–1519)
4 Wider Papst und Kaiser (1521)
5 Großer Hörsaal
6 Vom Wort zur Tat (1521–1525)
7 Kirchenamt und Staatsdienst (1526–1546)
8 Der Kampf mit der Hydra (1526–1546)
9 Luthers Familienleben
10 Lutherstube
11 Bleibende Spuren
→ Führung (Rundgang)
A Ausstellungsräume

kriegswaffen, Harnisch, Auswahl in Fremdsprachen übersetzter Werke L.s. An Kopien: silberner Mundbecher L.s (Original im Dresdener Grünen Gewölbe), Trauring Katharina von Boras (Original im Leipziger Museum für Stadtgeschichte), Totenmaske und Abguß der Totenhände L.s. An Gemälden: «Katharina von Bora» und «Martin Luther» (beide Lucas Cranach d. Ä., 1528), «Christus am Kreuz» (Lucas Cranach d. J., 1571), «Luther auf dem Reichstag zu Worms» (Hermann Freihold Plüddemann, 1864) und schließlich Friedrich Adolf Teichs «Karl V. am Grabe Luthers» (1845), die Illustration einer Legende: Nachdem der Kaiser 1547 den Schmalkaldischen Bund besiegt hat, steht er an der geöffneten Gruft L.s. Herzog Alba fordert ihn auf, die sterblichen Überreste des Reformators entfernen zu lassen, doch Karl wehrt ab: «Die Toten laßt ruhn. Ich kämpfe nur gegen Lebende.» *Zweites Obergeschoß:* L.s großes Übersetzungswerk würdigende Bibelausstellung. Die 40 Mönchskammern sind verschwunden. Eventuell war hier L.s «Thorbude, mein armes Stüblin». Seine Zelle hatte er in der Südwestecke, dieser wiederum war das Studierzimmer des Theologieprofessors — seit 1512 also L.s — benachbart. Es befand sich in einem anlehnenden Torturm, den man über Durchbrüche in der Westfassade mit dem neuen Kloster verbunden hatte. Im ersten Stockwerk jenes älteren Baus war auch der Raum, wo die frühen Tischreden L.s aufgezeichnet wurden (seit 1531). Turm nach 1728 abgetragen.

Melanchthonhaus (Museum; Collegienstraße 60): 1536 erbaut und Melanchthon vom Kurfürsten geschenkt. Hohes Haus mit Kreissegmentgiebeln an der Straßen- und Gartenseite. Renaissance. Im Rundbogenportal Sitznischen. Die geteilte Eichentür stammt

wahrscheinlich aus der Bauzeit. Im ersten Stockwerk *sog. Melanchthonstube,* M.s Arbeitszimmer, in dem er auch starb. Einige *Ausstellungsstücke:* Der Gelehrte auf Münzen und Grafiken. Büste Melanchthons von Schadow. Gouache-Malerei des Luthersbrunnens. Verkleinerte Abbildung des Tetzelschen Ablaßkastens. Studentenkleidung von 1502. Rohr des «Alten Wittenberger Jungfernröhrwassers» von

Das Melanchthonhaus in der Collegienstraße

1556, einer auf Kosten Cranachs d. J., Lufffts und anderer verlegten Wasserleitung, aus der Melanchthons Haushalt kostenlos versorgt wurde (die Quelle ist 3 km entfernt). Darstellung des Wirkens Melanchthons als Reformator und humanistischer Gelehrter. Der *Garten* des Anwesens ist heute zwar kleiner, sonst jedoch wie zu Melanchthons Zeit. Schmuckloser Röhrwasserbrunnen. Der *Steintisch* mit Inschriften: «P Melanchthon» und

«1551». Die Eiben sind mehr als 400 Jahre alt, sie standen wohl schon zur Zeit des ersten Hausherrn.

Fridericianum (ehemalige Universität, nach ihrem Bauherrn, Friedrich dem Weisen, so genannt; Collegienstraße 62): Auf dem Hof *Altes Collegium* von 1503, seit Schließung der Leucorea fast unkenntlich geworden. An der Straße das *Neue Collegium* (1509/11), durch Baumaßnahmen im 19. Jh. dem ursprünglichen Aussehen ebenfalls weit entfernt. Eine Tafel neben dem Portal nennt unter den Lehrern Andreas Karlstadt und unter den Schülern Ulrich von Hutten. Luther und Melanchthon hielten hier Vorlesungen.

Rechts von der Collegienstraße abbiegen und zur Kupferstraße 10. **Werkstatt Hans Luffts**, des berühmten Buchdruckers und Bürgermeisters, aus der 37 Ausgaben der Lutherbibel kamen. Vom damaligen Haus sind allerdings höchstens noch die Grundmauern vorhanden.

Wieder zurück und weiter die Collegienstraße hinunter. **Hotel «Goldener Adler»** (Markt 7), L.s Stammlokal. Davon sind heute nur noch Reste vorhanden. Die Fassade ist erst aus dem 19. Jh. Relief eines 1775 datierten Doppeladlers. Innen Gastraum, der als *«Lutherzimmer»* bezeichnet wird.

Beyerhof (Markt 6): Haus des kursächsischen Kanzlers Christian Beyer, der die deutsche Fassung der Augsburger Konfession im Reichstag verlas. Durchfahrt mit Tonnengewölbe. An der Hofseite mittelalterliche Laubengänge und Treppenturm.

Geburtshaus Lucas Cranachs d. J. (Markt 4): Renaissance, bald nach 1500 entstanden. Die Fassade ist im Geschmack des 18. Jh. umgestaltet. Der Flur mit Kreuzrippengewölbe.

Lucas-Cranach-Haus mit gleichnamiger Apotheke (bis 1960 «Adler-Apotheke»; Schloßstraße 1): *Gedenktafel:* «Lucas Cranach, Maler zu Wittenberg, wie er sich selbst stets geschrieben, kaufte 1520 diese Apotheke, war von 1537 bis 1544 Bürgermeister und starb am 16. October 1553 in Weimar.» Cranach hatte sich das Haus 1512 bauen lassen. Hier war seine Werkstatt untergebracht. Das Haus hatte 16 Küchen und 84 Zimmer, alle konnten beheizt werden. Portal der Durchfahrt von 1607. Auf dem Hof *Brunnen des «Alten Wittenberger Jungfernröhrwassers»* von 1556, dessen jetzige Umfassung jünger, darauf die Namen der Stifter: Cranach d. J., Hans Lufft, Hieronymus Schurff u. a. *Wendelstein* mit Sandsteinrelief Johann Friedrichs des Großmütigen als Fahnenritter (1542/43). In der Schloßstraße 1 druckte Melchior Lotter d. J. 1522 die vom Hausherrn illustrierte Erstausgabe des Lutherschen Neuen Testaments («Septemberbibel»).

Rathaus (Markt): Spätgotik und Renaissance. Bauzeit 1523/35. Das heutige Aussehen wurde erst gewonnen, als 1570/73 die stirnseitigen Giebel, die Zwerchgiebel und das Portal mit den Figuren (Justitia, Engel, Tugendallegorien; seit 1868 Nachbildungen) hinzukamen. 1793 Dachreiter aufgesetzt. — Im Amtszimmer des Bürgermeisters hängen zwei Bilder L.s und Melanchthons, beide von einem Schüler Lucas Cranachs d. Ä. mit eigener Werkstatt.

Vor dem Rathaus Standbilder L.s und Melanchthons. **Lutherdenkmal:** Entgegen dem Wunsch des Mansfeldischen Vereins, der das Geld für das Denkmal gesammelt hatte, auf Befehl des preußischen Königs statt in Eisleben hier aufgestellt. Ganzfigur L.s mit Bibel, Bronze, von Gottfried Schadow. Gotisierender Baldachin aus Eisen nach Entwurf Schinkels (Nachguß 1967). Der Grundstein wurde 1817 ge-

Blick auf den Marktplatz mit dem Rathaus, davor die Denkmale Luthers und Melanchthons, im Hintergrund die Stadtkirche

legt und das Denkmal 1821 enthüllt. Der Sockel aus Freiberger Granit ist ein Gleichnis für die Standhaftigkeit des Reformators. Inschriften erinnern an L.s Unerschütterlichkeit in Worms und an sein Liedschaffen. **Melanchthondenkmal:** Gegenstück des Lutherschen. Ganzfigur Melanchthons mit «Confessio Augustana». Bronze, von Friedrich Drake entworfen, 1865 enthüllt. Der eiserne Baldachin Johann Heinrich Stracks ist ein Nachguß (1967).

Stadtkirche (Kirchplatz): St. Marien war die bevorzugte Predigtstätte L.s. Ältestes Gebäude Wittenbergs, zum großen Teil mit Ablaßgeldern bezahlt. Seinen Ursprung hat es in einer kleinen 1300 errichteten Kapelle. Um 1400 entstand die dreischiffige Halle. Beide Türme sind spätgotisch, die achteckigen Türmerhäuser aber erst

Inneres der Stadtkirche mit dem Cranachaltar

1556 und die steinerne Brücke zwischen ihnen 1655/66 gebaut. An der Westseite meisterliches *Marienportal* unter spätgotischer Rosette und Madonna mit Baldachin. Die Ausstattung entspricht etwa der zu L.s Zeit. An dem Pfeiler gegenüber der Sandsteinkanzel von 1811 stand früher die Lutherkanzel (heute in der Lutherhalle). Die 1457 von Hermann Vischer d. Ä. gegossene *Bronzetaufe* mit Wappenlö-

wen, Fabeltieren und Aposteln überstand Karlstadts Bildersturm von 1522. Besonders wertvoll ist der *Flügelaltar* mit Gemälden Lucas Cranachs d. Ä. und seines Sohns. Links (Cranach d. J., um 1547): «Die Taufe», darauf Melanchthon, der in Wahrheit gar nicht ordiniert war, als Täufer und Lucas Cranach d. Ä. mit Taufkissen. Mitte (Cranach d. Ä., wahrscheinlich vor 1539): «Das heilige Abendmahl» — im

Johannes Bugenhagen, neben Melanchthon einer der engsten Mitarbeiter Luthers.
Nach einem Gemälde Lucas Cranachs d. Ä.

Kreis der Jünger L. als Junker Jörg, dem Lucas Cranach d. J. den Kelch reicht. Rechts (Cranach d. J., um 1547): «Die Beichte», Beichtvater ist Bugenhagen. Predella (Cranach d. J., um 1547): «Die Wortverkündung» durch Martin L., links hinten mit weißem Bart wiederum Lucas Cranach d. Ä., im Vordergrund wohl Katharina L. mit einem Sohn. — Vier *Epitaphgemälde* Lucas Cranachs d. J., darunter das für den Stadtpfarrer Paul Eber. Viele *Grabsteine*, u. a. die *Bugenhagens, Elisabeth Luthers* und *Lucas Cranachs d. J.* Im Schatten St. Mariens ihre 1377 aus Backsteinen errichtete *Begräbniskapelle zum Heiligen Leichnam*, in der Luther am 28. November 1518 vor bestellten Zeugen an ein Konzil appellierte, das über die zwischen ihm und dem Papst strittigen Fragen entscheiden sollte. Treppentürmchen, Strebepfeiler, zweiteilige Spitzbogenfenster. Innen Kreuzrippengewölbe.

Vor dem Nordportal der Kirche **Bugenhagenbüste** mit der Inschrift: «Johannes Bugenhagen Pomerius» (der Beiname wegen seiner Herkunft, B. wurde häufig auch Dr. Pommer genannt). Bronze, 1894 von Gerhard Janensch.

Bugenhagenhaus (Kirchplatz 9) mit Gedenktafel: «Hier wohnte, wirkte und starb Dr. Johannes Bugenhagen, Gen. Sup. des Kurkreises, geb. zu Wollin im Pommern d. 24. Juny 1485, gest. in Wittenberg d. 20. April 1558.» Das Gebäude ist von 1605 und wurde 1731/32 völlig verändert.

Wieder zum Markt und von dort die Schloßstraße bis zur **Schloßkirche Allerheiligen** hinunter, in der L. bestattet ist. Hier predigte L. am Grab Friedrichs des Weisen. Erbaut 1496 bis etwa 1509, vornehmlich zur Verfügung des Fürstenhauses, seit 1507 aber auch Universitätskirche. Spätgotisch, einschiffig. Im Siebenjährigen Krieg nach Beschuß niedergebrannt, Umfassungsmauern und unterer Turmteil sind erhalten geblieben. — Damals wurde auch die berühmte hölzerne Thesentür zu Asche. An ihrer Stelle schuf man 1858 ein neues Nordportal als Ehrenmonument der Reformation. *Bronzene Türflügel mit den 95 Thesen,* lateinisch in Gutenbergschen Minuskeln, dazu neun singende und musizierende Knaben. Die Farben des Gemäldes im Bogenfeld — L. mit Bibel und Melanchthon mit Augsburger Glaubensbekenntnis zu Seiten des Gekreuzigten — sind in Lavagestein gebrannt. Darüber *Standbilder Friedrichs des Weisen* (links) und *Johanns des Beständigen.* Erneuerung der Kirche im Barockstil 1767/70.

Das heutige Aussehen der Kirche wird von ihrer grundlegenden Umgestaltung zur repräsentativen Gedenkstätte der Reformation von 1885/92 geprägt. Damals von Friedrich Adler

Die Thesentür an der Schloßkirche

neu eingerichtet und der *Kirchturm* (eigentlich Schloßturm) mit einem Aufbau versehen, den, Luthers Choral zitierend, die aus Mosaiksteinchen gefügte Schriftzeile «Ein feste Burg ist unser Gott» umläuft. Die kupfergedeckte Kuppelhaube mit dem eindrucksvollen Maßwerk ringsum soll an die deutsche Kaiserkrone erinnern.

Der Dachreiter ist erneuert. Große dreibahnige Fenster mit dünnem Maßwerk. — *Inneres* (Einrichtung, wenn nicht anders angegeben, aus den Jahren der Neugestaltung): Die Chorfenster nach Dürer. Schinkels Bronzetaufe (1832) neugotisch und klassizistisch. Neben dem neugotischen Sandsteinaltar die *Kurfürstengrüfte,* deren

Luthers Grabmal und die Nachbildung
des Lutherepitaphs Cranachs
in der Schloßkirche

Beiwerk in der ersten Hälfte des 16. Jh.
entstand. Links: Grabplatte Friedrichs
des Weisen (Entwurf: Cranach d. Ä.,
Guß: Peter Vischer d. J.); von Vischer
ist auch das *Bronzeepitaph* des Verstorbenen, das beste Kunstwerk der Kirche. Steinernes Standbild des anbeten-
den Kurfürsten (unbekannter Meister). Rechts: Die Gegenstücke dazu
für Johann den Beständigen (das Epitaph von Hans Vischer). — Kaiser-
stuhl, Fürstengestühl und Kanzel sind
sehr schöne Neugotik Wittenberger
Kunsthandwerker. — Bei der Kanzel
befindet sich das *Grab Luthers*. Die
Deckplatte trägt die Inschrift: «Hier ist

begraben der Leib des Doktors der heiligen Theologie Martin Luther, der im
Jahre Christi 1546 am 18. Februar in
seiner Heimatstadt Eisleben starb,
nachdem er 63 Jahre, 2 Monate
10 Tage gelebt hatte.» Ähnlich gegenüber auf der Deckplatte des *Grabs Melanchthons:* «Hier ist begraben der Leib
des frommen Mannes Philipp Melanchthon, der im Jahre Christi 1560
am 19. April in dieser Stadt starb, nachdem er 63 Jahre, 2 Monate, 2 Tage gelebt hatte.» Beide Inschriften in Latein.
An der Wand neben der Kanzel *Nachguß* (1892) *des Cranachschen Lutherepitaphs* von 1548, das in der Jenaer Michaeliskirche aufbewahrt wird: L. in
voller Lebensgröße mit Bibel, links
oben die Lutherrose. Daneben Epitaph
für den 1521 verstorbenen Henning
Goede, den letzten katholischen
Propst Allerheiligens und berühmten
Kirchenrechtsgelehrten, bei dem L. in
Erfurt für kurze Zeit Jura gehört hatte.
Auf Kandelabersäulen vor den Strebepfeilern lebensgroße *Statuen.* Links:
Martin Luther, Justus Jonas (Reformator Halles), Johannes Brenz (Reformator Württembergs), Kaspar Cruciger
(Mitreformator Leipzigs). Rechts:
Philipp Melanchthon, Johannes Bugenhagen, Georg Spalatin, Urbanus
Rhegius (Reformator mehrerer nord-
deutscher Städte) und Nikolaus Amsdorf (Reformator Magdeburgs, erster
evangelischer Bischof). Über den Statuen *Bronzemedaillons.* Links: Friedrich der Weise (Chor), Johann der Beständige, Johann Friedrich der Großmütige, Wolfgang von Anhalt, Johannes von Staupitz, Paul Speratus, Johannes Matthesius, Heinrich von Züt-
phen, Johannes Hus, Girolamo Savo-
narola, Johannes Calvin. Rechts: Joachim II. von Brandenburg (Chor),
Albrecht von Preußen, Philipp von
Hessen, Ernst von Braunschweig-Lü-
neburg, Lucas Cranach d. Ä., Albrecht

Die Schloßkirche mit angrenzendem Schloß

Dürer, Hans Sachs, Martin Bucer, Petrus Waldus, John Wyclif, Ulrich Zwingli. 128 deutsche Städte, in denen sich die Reformation früh durchgesetzt hatte, werden durch *Wappenscheiben* in den Fenstern geehrt. Mit gleicher Absicht sind die Wappen von Fürsten und weiteren Adligen an den Brüstungen der Emporen angebracht worden. Die großen *Ölbilder* im Langhaus, «Martin Luther» und «Philipp Melanchthon», sind aus dem 18. Jh., wahrscheinlich nach Lucas Cranach d. J. In der Grabkapelle Sandsteinfries mit neun heiligen Frauen (Mitte 14. Jh.) und Tumba der Askanier.

Schloß: Sitz der ernestinischen Kurfürsten, L. war hier häufig Gast. Bauzeit im wesentlichen 1490 bis 1525, von Friedrich dem Weisen reich ausgestattet; die künstlerische Pracht inzwischen leider fast völlig verschwunden. Beide Treppenaufgänge mit Renaissancegiebeln. Wappenfries. Der Bau besonders nach 1819 entstellt, als er preußische Zitadelle wurde.

Stadtgeschichtliches Museum im Schloß: Abbildungen L.s und einiger seiner Zeitgenossen, u. a. Melanchthons und der Kurfürsten. «Das Newe Testament Deutzsch», 1522 von Melchior Lotter d. J. gedruckt.

Ferner in Wittenberg: Erweiterte Oberschule «Philipp Melanchthon» (Dr.-Wilhelm-Külz/Ecke Lutherstraße) mit Woldemar Friedrichs **Wandgemälde «Luther auf dem Reichstag zu Worms»** (1898) in der Aula. — **Luthersbrunnen:** Rechts der Dresdener Straße, in Höhe der Straße Am Luthersbrunnen, die links abzweigt. L. kam oft und gern an diesen Ort und ließ die Quelle angeblich auch einfassen. Die Brunnenanlage des 16. Jh. wurde später erneuert, mit Gratgewölben verbessert (1717) und durch ein Haus überbaut. (Das Grundstück ist der Öffentlichkeit nicht zugänglich.)

Bezirk: Halle   **Kreis:** Wittenberg
PLZ: 4600   **Einwohner:** 53 000
Information: Wittenberg-Information, Markt 4; Reisebüro, Markt 12/13.
Übernachtungsmöglichkeiten: Wittenberger Hof, Collegienstr. 56; Goldener Adler, Markt 7.
Gaststätten: Schwarzer Bär, Schloßstr. 2; Haus des Handwerks, Collegienstr. 53a; Ratsschenke, Markt 14; Kreiskulturhaus, Lutherstr. 41/42; Café am Holzmarkt, Mittelstr. 1/2; Schloßkeller, Schloß; Eiscafé, Schloßplatz; Café am Markt, Markt 5.

Ausflüge

ANNABURG (Zugverbindung). Nahe Lochau, dem heutigen Annaburg, hatte Kurfürst Friedrich der Weise ein Jagdschloß. Luther war mindestens elfmal in der Stadt, oft zu mehrtägigem Besuch. Meist wohnte er im **Pfarrhaus** am Markt (heute Karl-Marx-Platz 21). In der **Stadtkirche** hat er häufig gepredigt. Im gotischen Stil (14. oder 15. Jh.) gebaut, wurde die Kirche im Dreißigjährigen Krieg zerstört. Der Fachwerkteil blieb damals erhalten, das Mauerwerk aus Feldsteinen ist jünger. Am Turm ist eine kleine farbige Halbplastik eingelassen. Zur Ausstattung gehört ein *Kruzifixtorso* aus dem 13. Jh.

Am 30. August 1525 wurde Luther an das Sterbelager des Kurfürsten in das Schloß gerufen. Mit ihm kamen Melanchthon und Jonas. Gelegentlich wird behauptet, daß Luther damals Friedrich dem Weisen erstmals persönlich gegenüberstand. Wenige Tage später wurde der Leichnam nach Wittenberg überführt. Melanchthon hielt eine Grabrede in lateinischer, Luther eine Trauerpredigt in deutscher Sprache.

Das kurfürstliche Jagdschloß stand wahrscheinlich außerhalb der Ortschaft. Man erreicht die Stelle in knapp einer halben Stunde. Von der Kirche zum Friedhof, den Bahndamm entlang und an der Schranke links die Schienen überqueren. Rechts am Weg nach Gerbisbach, in einer Baumgruppe auf dem Feld, steht ein hoher **Steinobelisk** mit der Inschrift: «Hier starb am 5. Mai 1525 Kurfürst Friedrich der Weise von Sachsen, der Beschützer der Reformation.» Eventuell stand das Jagdschloß auch an der Stelle des 1572 errichteten Schlosses Annaburg.

In Verbindung mit Luther wird aus Lochau berichtet, daß der dortige

---

im Schmalkaldischen Krieg die Kurwürde 21, 35, 52, 83, 89, 105f., 112, 115, 127, 129, 132ff., 148, 152f., 158, 172, 182

K

L

Bauernkrieg, Pfarrer 28 f., 46, 51, 82, 87, 108 ff., 113 ff., 122, 133, 147, 179 ff.

MUTIAN, Konrad (1470/71–1526), Humanist, lebte seit 1503 in Gotha als Kanonikus am Marienstift 69

MUTIANUS RUFUS → Mutian, Konrad

MYCONIUS, Friedrich (1490–1546), Freund L.s und zuweilen dessen Gastgeber und Reisebegleiter, Pfarrer, Reformator Gothas 69 ff., 88, 118, 120, 135, 179

N

NATHIN, Johannes (vor 1455–1529), Augustiner, Lehrer L.s im Erfurter Augustinerkloster, der sich diesen zum Begleiter wählte, als er wegen eines von Staupitz ausgelösten Ordensstreits beim Erzbischof von Magdeburg um die Erlaubnis für eine Appellation beim Papst nachsuchte 78

O

OTTO I. (912–973), ab 962 deutscher Kaiser 91, 174

OTTO II. (955–983), ab 967 deutscher Kaiser, Regierungszeit aber erst ab 973 97, 132

P

PAPE, William (1859–1920), Maler und Illustrator 52

PAUL, Ernst (*1856), Bildhauer 76

PAUWELS, Ferdinand (1830–1904), Maler, vor allem Historienbildner 36

PETRUS LOMBARDUS († um 1160), L. benutzte in Erfurt seine erläuterte Quellensammlung der Kirchenväter («Sentenzen des Petrus Lombardus» genannt), die lange Grundlage des Theologieunterrichts war, italienischer Theologe 180

PETZENSTEINER (um 1500), Reisebegleiter L.s nach Worms, und erlebte dessen vorgetäuschte Gefangennahme, Wittenberger Augustiner 42

PFEFFINGER, Johann (1493–1573), kam 1539 mit L. nach Leipzig, 1540 dort erster evangelischer Superintendent, Professor für Theologie 88

PFLUG, Julius (1499–1564), Humanist und katholischer Theologe, nach Nikolaus von Amsdorf Bischof von Naumburg-Zeitz 172, 175

PHILIPP I. (1504–1567), Landgraf von Hessen, Förderer L.s und der Reformation, Initiator des Schmalkaldischen Bundes 18, 89, 117 f., 120 ff., 125, 158

PHILIPP VON FREISING († 1541), Bischof von Naumburg-Zeitz, Vorgänger Amsdorfs 105, 172

PLATHNER, Tilemann (um 1520), mehrfach Gast L.s, Reformator Stolbergs, Erzieher der Söhne des Fürsten zu Stolberg-Wernigerode 110

PLÜDDEMANN, Hermann Freihold (1809–1868), Historienmaler, Illustrator und Radierer 152

POMMER → Bugenhagen, Johannes

PROLES, Andreas von († 1503), Vorreformator, Prior des Klosters Himmelpforte, dann Vikar der anfangs fünf Klöster umfassenden Augustiner-Union, die er auf 30 Klöster ausdehnte (thüringisch-sächsische

Ortsregister

(erfaßt nicht die Einleitung und die Zeittafel)

Literaturverzeichnis
(Auswahl)

Ach, Herr Gott, wie reich tröstest Du. Luthers Freunde und Schüler in Thüringen, Bd. 1, 2. Evangelische Verlagsanstalt, Berlin 1962.

Boehmer, Heinrich: Der junge Luther. Koehler & Amelang, Leipzig 1952.

Bornkamm, Heinrich: Martin Luther in der Mitte seines Lebens. Vandenhoeck & Ruprecht, Göttingen/Zürich 1979.

Brecht, Martin: Martin Luther. Sein Weg zur Reformation. 1483—1521. Calwer Verlag, Stuttgart 1981.

Brendler, Gerhard: Martin Luther — Theologie und Revolution. VEB Deutscher Verlag der Wissenschaften. Berlin 1983.

Dehio, Georg: Der Bezirk Halle. Handbuch der deutschen Kunstdenkmäler. Akademie Verlag, Berlin 1976.

Ders.: Der Bezirk Magdeburg. Handbuch der deutschen Kunstdenkmäler. Akademie Verlag, Berlin 1974.

Ders.: Die Bezirke Dresden, Karl-Marx-Stadt, Leipzig. Handbuch der deutschen Kunstdenkmäler. Akademie Verlag, Berlin 1965.

Ders.: Handbuch der deutschen Kunstdenkmäler, Band I, Mitteldeutschland. Wasmuth, Berlin 1927.

Giesecke, Hans: Das alte Erfurt. Koehler & Amelang, Leipzig 1972.

Gotha. Geschichte einer Stadt. VEB Hermann Haack, Gotha/Leipzig 1979.

Halle. Geschichte der Stadt in Wort und Bild. VEB Deutscher Verlag der Wissenschaften, Berlin 1979.

Heinrich, Wolfgang/Lothar Lepper: Jena. Landschaft, Natur und Geschichte. Urania Verlag Leipzig, Jena/Berlin 1969.

Historischer Führer (Erfurt/Gera/Suhl). Urania Verlag, Leipzig/Jena/Berlin 1978.

Historischer Führer (Leipzig/Karl-Marx-Stadt). Urania Verlag, Leipzig/Jena/Berlin 1981.

Hotzel, Siegfried: Luther im Augustinerkloster. Evangelische Verlagsanstalt, Berlin 1971.

Junghans, Helmar: Wittenberg als Lutherstadt. Union Verlag, Berlin 1979.

Ders.: Martin Luther 1526—1547. Union Verlag, Berlin 1982.

Kühne, Heinrich: Lutherstadt Wittenberg. Tourist-Stadtführer. VEB Tourist Verlag, Berlin/Leipzig 1981.

Leipzig. Geschichte der Stadt in Wort und Bild. VEB Deutscher Verlag der Wissenschaften, Berlin 1978.

Lindner, Kurt: Lutherstätten in Eisleben. Eisleben 1981.

Lohse, Bernhard: Martin Luther. Eine Einführung in sein Leben und sein Werk. Verlag C. H. Beck, München 1982 und Evangelische Verlagsanstalt, Berlin 1982.

Luther, Martin: Luther Deutsch. Die Werke Martin Luthers. Auswahl, Band 9 Tischreden. Evangelische Verlagsanstalt, Berlin 1948.

Ders.: Martin Luthers Werke. Kritische Gesamtausgabe, Bd. 1—60. Böhlau, Weimar 1883—1980.

Ders.: Predigten. Union Verlag, Berlin 1959.

Luther in Thüringen. Evangelische Verlagsanstalt, Berlin 1952.

Magdeburg und seine Umgebung. Akademie Verlag, Berlin 1972.

Piltz, Georg: Kunstführer durch die DDR. Urania Verlag, Leipzig/Jena/Berlin 1969.

Quandt, Willi: Martin Luther als Schüler in Eisenach und das Eisenacher Luther-haus. Evangelische Verlagsanstalt, Berlin 1965.

Rogge, Joachim: Martin Luther. Sein Leben — Seine Zeit — Seine Wirkung. Evangelische Verlagsanstalt, Berlin 1982.

Schade, Werner: Die Malerfamilie Cranach. VEB Verlag der Kunst, Dresden 1974.

Thulin, Oskar: Martin Luther. Evangelische Verlagsanstalt, Berlin 1963.

Ders.: Die Lutherstadt Wittenberg und ihre reformatorischen Gedenkstätten. Evangelische Verlagsanstalt, Berlin 1960.

Touristischer Plan Eisenach und Umgebung. VEB Tourist Verlag, Berlin/Leipzig 1983.

Wiegand, Fritz: Erfurt. Tourist Stadtführer-Atlas. VEB Tourist Verlag, Berlin/Leipzig 1979.

Zschäbitz, Gerhard: Martin Luther. VEB Deutscher Verlag der Wissenschaften, Berlin 1967.

Bildnachweis